* 本书入选“十三五”国家重点图书出版规划增补项目

* 本书获 2020 年国家出版基金项目资助

* 本书获 2019 年贵州省出版传媒事业发展专项资金资助

国家出版基金项目
NATIONAL PUBLICATION FOUNDATION

国际视野中的贵州人类学·水学辑

文化的延续：水族文化传承人实录

樊敏 蒙畅 潘建南◎编著

贵州大學出版社
Guizhou University Press

图书在版编目（C I P）数据

文化的延续：水族文化传承人实录 / 樊敏，蒙畅，潘建南编著. -- 贵阳：贵州大学出版社，2021.5
（国际视野中的贵州人类学. 水学辑）
ISBN 978-7-5691-0396-0

Ⅰ. ①文… Ⅱ. ①樊… ②蒙… ③潘… Ⅲ. ①水族－民间艺人－介绍－黔南布依族苗族自治州 Ⅳ. ①K825.7

中国版本图书馆CIP数据核字(2021)第048570号

文化的延续：水族文化传承人实录

WENHUA DE YANXU : SHUIZU WENHUA CHUANCHENGREN SHILU

编　　著：樊　敏　蒙　畅　潘建南

出 版 人：闵　军
策划编辑：王印娟
责任编辑：杨臻圆　郁　艳　赵广示
装帧设计：陈　艺　陈　丽

出版发行：贵州大学出版社有限责任公司
地址：贵阳市花溪区贵州大学北校区出版大楼
邮编：550025　电话：0851-88291180
印　　刷：深圳市和谐印刷有限公司
开　　本：710 毫米×1000 毫米　1/16
印　　张：23
字　　数：370千字
版　　次：2021年5月第1版
印　　次：2021年5月第1次印刷

书　　号：ISBN 978-7-5691-0396-0
定　　价：88.00元

樊敏，女，布依族，中共黔南州委党校（黔南行政学院、黔南州社会主义学院、中共黔南州委讲师团）民族宗教研究处处长、五级副研究员，曾任黔南州民族宗教工作研究中心（州水书研究所）主任、《黔南民族》主编，“十二五”“十三五”期间贵州省民族古籍专家库专家。从事民族研究工作28年，主持参与国家级、省级、州级科研课题20余项，出版著作3部，编著书籍10余部，发表研究报告和学术论文100余篇。学术成果曾获省级、州级社科奖、文艺奖、专业文艺奖等奖项30余次。

蒙畅，男，布依族，黔南州民族宗教工作研究中心（州水书研究所）副主任、馆员，兼任黔南州布依学会副秘书长、黔南州民间文艺家协会理事。从事民族研究工作15年，主持参与省级、州级科研课题4项，发表调研报告和学术论文10余篇。

潘建南，男，水族，黔南州民族宗教工作研究中心（州水书研究所）助理翻译（水语），曾任《黔南民族》执行主编，编校文章50余万字。从事民族研究工作8年，主持参与省级、州级科研课题2项，多次进行水书、水书习俗田野调查。

编者的话

中国的文化地理，可以进行多种解读。以秦岭—淮河线为界，北为北方旱地小麦文化，南为南方稻作文化；以瑷珲—腾冲线为界，东为农耕文化，西为游牧文化；以地方特色为名，又有齐鲁文化、巴蜀文化、岭南文化、吴越文化等。大概划之，中国可分为三大文化圈——蒙藏的佛教文化圈、新疆的伊斯兰教文化圈和儒家文化圈。除前两者所占区域外，其余地区均属儒家文化圈。在此，编者想说的是，处于儒家文化圈内的云贵、湘西、桂北，似乎更应独立划分为“巫文化圈”。巫文化是中国最原始的文化。上古时期，巫官文化与史官文化并立庙堂，而后独尊史官文化传统的儒家文化呈一统天下之势，“巫”的处境每况愈下：被逐出庙堂、逐出中原，退而居于西南一隅，在世居民族中苟延。如此看来，西南世居民族中保有的巫文化，恰是中华文明的渊源之一。

贵州现已建省600余年。昔以中原为中心的儒教文化依“五服制度”分野，贵州地处“要荒”，位列边缘。但若以“巫文化”视之，贵州却正是“巫文化圈”之中心，所谓“西南之奥区”。在中原未得到重视的巫文化体系，恰好在贵州得以保存。今天，我们将梳理研究“礼失而求诸野”的古训。

以人类学的角度来看，贵州本土文化有100多年的历史。19世纪末，人类学的研究方法传入中国，贵州成为重要的研究对象。从早期的传教士、西方学者到中期的国内学者，再到近期的本土学者，文化人类学在贵州大致经历了三个重要阶段，并取得大量成果，成为研究贵州省情和地域文化特征的重要视角。

我们期望，这套丛书能成为研究贵州文化史和少数民族史不可或缺的重要文库，推动地方文化史和贵州“原生”精神文明的研究，甚至促成“贵州学”和“贵州学派”的诞生。

前言

千百年来，水族人民在历史的发展进程中坚守文化根脉，守住民族之魂，创造和保存丰富的文化遗产，推动民族传统文化的传承与发展，进一步培育民族精神和时代精神，增强文化自觉和文化自信，巩固国家文化软实力的根基，中华文化的国际影响力显著提升。

水族自称“虽”(sui³)，译作“水”，是水语读音的近似音译，而非意译。关于水族的来源，民间和学术界存在殷人后裔说、百越（两广）源流说、江西迁来说、江南迁来说等各类说法。实际上，这些都是针对水族发展史上某一时段或某一分支来说的，都有一定的历史性与合理性。

2010 年第六次全国人口普查数据显示，水族总人口约为 41.2 万人，主要分布于黔桂交界的龙江、都柳江上游及云南东部。贵州省黔南布依族苗族自治州（以下简称黔南州）三都水族自治县（以下简称三都县）是中国唯一的水族自治县，全国 60% 以上的水族人口都聚居于此。贵州省黔南州的都匀市、福泉市、荔波县、独山县，黔东南苗族侗族自治州（以下简称黔东南州）的榕江县、雷山县、丹寨县、黎平县、从江县等地为水族散居区，毕节市、六盘水市等地有少量水族居住。此外，广西壮族自治区的南丹县、金城江区、融水苗族自治县、环江毛南族自治县等地及云南省的富源县也有水族村落分布。水族与周边的汉族、苗族、布依族、侗族、瑶族、壮族等民族友好相处，共建家园。

“水语”是水族自己的语言，属汉藏语系壮侗语族侗水语支。“水书”是水族民间保存的一种古老文字，被誉为象形文字的活化石。铜鼓舞、皮鼓舞、斗角舞、芦笙舞，双歌、单歌、丢歌等是水族的传统民间歌舞，斗牛、赛马、水棋等是水族颇具特色的民间娱乐活动。马尾绣是水族独特的民间传统工艺。水族的传统节日皆以“水历”推算，端节、卯节、额节和苏宁喜节（娘娘节）等节日富有特色，传承至今。水族为丰富和发展中华文化做出了自己的贡献，在中华民族的发展史上留下了光辉的一页。

黔南州水族文化资源丰富，传承人资源亦丰富。水族共有59项非物质文化遗产项目入选国家、省、州、县（市）四级非物质文化遗产名录。其中，国家级非物质文化遗产项目有水书习俗、水族端节、水族马尾绣、水族剪纸、水族双歌旭早5项；省级非物质文化遗产项目有水族婚俗、婚礼、卯节、敬霞节、祭祖、服饰、医药、九阡酒酿造技艺、民间酿酒工艺、冲冲糕制作技艺、银饰制作技艺、豆浆染制作技艺、牛角雕制作技艺、石雕、古歌、双歌、“夺咚”、铜鼓舞、弦鼓舞、棋艺等22项；州级非物质文化遗产项目有水族赛马、辣糟酸制作技艺等3项；县（市）级非物质文化遗产项目有水族苏宁喜节、糯米节习俗、祭稻田、葬礼、银饰锻造技艺、杆栏式建筑营造技艺、百鸟衣制作技艺、银佛帽制作技艺、皮鼓制作工艺、弦鼓制作工艺、芦笙制作技艺、染制工艺、调歌、诘俄伢、水经、蒞歌、单歌、情歌、山歌、水语、斗角舞、角鼓舞、花架舞、格鞋等29项。相关部门对每一项非物质文化遗产项目都明确责任单位，为下一步制定保护规划，明确责任目标，加强组织协调，落实各项措施，为切实保护好、管理好、利用好非物质文化遗产提供保障。

黔南州共有州级以上水族非物质文化遗产项目代表性传承人54名。其中，“水书习俗”代表性传承人有国家级2名、省级7名、州级14名；“水族马尾绣”代表性传承人有国家级2名、省级5名、州级11名；“水族剪纸”代表性传承人有省级1名、州级2名；“水族‘夺咚’”代表性传承人有省级1名、州级2名；“水族婚俗”代表性传承人有州级1名；“水族银饰制作技艺”代表性传承人有省级1名、州级3名；“水族牛角雕制作技艺”代表性传承人有省级1名；“水族辣糟酸酿制技艺”代表性传承人有州级1名。每一名代表性传承人都在各自的项目领域默默地耕耘着，传承水族文化，延续水族历史。

2014年3月27日，习近平总书记在联合国教科文组织总部的演讲中指出：“中国人民在实现中国梦的进程中，将按照时代的新进步，推动中华文明创造性转化和创新性发展，激活其生命力，把跨越时空、超越国度、富有永恒魅力、具有当代价值的文化精神弘扬起来，让收藏在博物馆里的文物、陈列在广阔大地上的遗产、书写在古籍里的文字都活起来，让中华文明同世界各国人民创造的丰富多彩的文明一道，为人类提供正确的精神指引和强大的精神动力。”党的十八大以来，党中央高度重视中华优秀传统文化的传承发展，始终从中华民族最深沉精神追求的深度看待优秀传统文化，从国家战略资源的高度继承优秀传统文化，从推动中华民族现代化进程的角度创新发展优秀传统文化，使之成为实现“两个一百年”奋斗目标和中华民族伟大复兴中国梦的根本性力量。2017年初，中共中央办公厅、国务院印发了《关于实施中华优秀传统文化传承发展工程的意见》，将传承中华优秀传统文化推上新的历史高度。

水族文化是人类文化的重要组成部分。随着全球化浪潮的推进，各个民族文化联系日益紧密，人类文化的发展呈现出全球化的趋势。这就对各民族的文化观念、文化审美方式、文化行为和文化语境等方面提出更加严峻的考验。水族文化生存环境的封闭性正逐渐消失，世界各民族文化的融合与互动已成为历史的必然。而如何在全球化浪潮中保护好、传承好、发展好水族文化，水族文化传承人的存在就显得尤为重要。

实现中华文化的创造性转化和创新性发展，是习近平总书记高度重视的一件大事。在地方进行考察调研时，他曾多次为非物质文化遗产项目点赞。党的十九大后的首次调研，他在江苏徐州马庄村买下村民制作的徐州香包，并笑着说“我也要捧捧场”；在内蒙古赤峰博物馆，他观看《格萨（斯）尔》说唱展示，并表示“要重视少数民族文化保护和传承”；在杭州西溪湿地，看过手工炒制龙井茶的技艺后，他鼓励传承人要将这些传统手工艺等非物质文化遗产传承好……习近平总书记考察调研的“非遗”足迹，彰显了党中央对传承发展非物质文化遗产的高度重视和对非遗传承人的关怀、期望，铺开了新时代保护、传承、弘扬中华优秀传统文化的生动画卷。

水族文化传承人是民族文化的活宝库、活化石，是活着的历史。对民族学、历史学、语言学、文化学、文艺学等学科来说，水族文化传承人具有一定的研究意义，是一笔珍贵的民族文化财富。在全省乃至全国来说，水族文化传承人实录的系统整理工作尚属首次。我们旨在对水族文化传承人相关书籍和影像资料进行一种补充。这种尝试挂一漏万，不足之处在所难免。因此，我们希望本书能抛砖引玉，期待有识之士各抒己见，形成“百家争鸣”之势，从而将对水族文化传承人的研究提升到一个更令人关注的高度，探索到一个更令人瞩目的深度。

《文化的延续：水族文化传承人实录》采用访谈、录音、录像等方式，对贵州省黔南州的水族文化传承人进行资料收集，从水书习俗、水族婚俗、手工技艺、表演艺术、水族棋艺、水族医药六个方面选取100名具有代表性的水族文化传承人，图文并茂地从传承人简介、传承生态环境、传承情况、传承发展和传承人风采五个方面对其进行描述。其中，水书习俗传承人51名（国家级代表性传承人2名、省级代表性传承人5名、州级代表性传承人9名）；水族婚俗传承人1名（州级代表性传承人）；手工技艺传承人38名（国家级代表性传承人2名、省级代表性传承人7名、州级代表性传承人9名）；表演艺术传承人8名（省级代表性传承人1名、州级代表性传承人1名）；水族棋艺传承人1名；水族医药传承人1名。

《文化的延续：水族文化传承人实录》以全中国水族最为集中的贵州省黔南州（占全国水族人口的78%）为研究区域，总结归纳该地区100名水族文化传承人的分布位置，让人们能够了解水族文化传承人的大致分布和传承情况，立体诠释水族文化传承人，打造人类学研究的亮点，为树立文化自信、铸牢中华民族共同体意识，实现中华民族伟大复兴的中国梦做出努力和贡献。

目录

第一章　水书习俗

第一节　水书习俗概述

水文是水族自身的古老文字，在水语中被称为“泐濉”。除水文外，还有与水语相对应的国家创制的拼音文字。在20世纪50年代，国家为少数民族创制了壮文、苗文、布依文、侗文等，但当时的水语并没有成熟的拼音方案或试点。改革开放后，广西、贵州正式恢复民族语言文字的试点推行工作。1986年，在三都县民族工作部门的主持下，姚福祥等有关专家整理了《水语拼音方案（草案）》，并在水族部分地区选点试用。目前，世界上正在使用的象形文字只有三种：中国的汉字、中国纳西族的东巴文字以及中国水族的古文字——水书。古朴、浑厚的“水书”是水族先民创制的一种独具一格的雏形文字，汉译为水文或水书。从文字角度来说，应确切地称之为水文，而使用水文记载下来的资料则称为水书，水书主要流传于西南地区的水族聚居地。

传说，水书的创造者是陆铎公。关于水书的来源，水族有着自己的传说，如“陆铎求学”“泐濉被焚”“借书奔月”等，表示水族人民用本民族的文化学来解释本民族文字的起源。

水书的一些字形与书写形式同甲骨文极其类似。曾有学者认为，水书可能是后世的水族智者仿效甲骨文而造。但早在1899年河南安阳甲骨文出土前，水族社会便一直使用着与甲骨文类似的文字，水书不是后人模仿甲骨文创制的文字。此外，宋代的水书大钱、明代弘治年间的三都县拉下水文字碑、三都县都江大坝水书摩崖等，年代均早于甲骨文的问世时间。入选“国家珍贵古籍名录”的水书《九星诵读》的成书时间也在清嘉庆年间，比甲骨文的出土时间要早 100 多年。贵州民族大学人文科技学院还收藏有清乾隆六十年（1795）的水书文献。

贵州清代著名学者莫友芝（1811—1871），在河南安阳甲骨文出土前 39 年的清咸丰十年（1860）便开始研究水书，其成果展现于《红崖古刻歌》：

叔重古文换秦篆，十不存一苦斟铨。
稍从乘马究虞寽，水书竹历参摩研。

莫友芝认为许慎所著的《说文解字》几乎将秦朝以前的古文字全都改成了秦篆，先秦的古文字已经十不存一，后人难以研究与诠释。要想考究周朝虞国等小诸侯国钱币上的古文字，可用水书、竹书纪年等简牍文字来进行对比和研究。关于水族文字，莫友芝在注中还说：

吾独山土著有水家一种，其师师相传，有医、历二书云，自三代舍弟祥芝曾录得其六十纳音一篇。甲子、乙丑金作，丙寅、丁卯火，戊辰、己巳木作。且云其初本皆从竹简过录，其声读迥与今异，而多合古音，核其字画，疑斯篆前最简古文也。

水书的创制历史悠久，但不及甲骨文的发展充分，一度滞留于文字的初期阶段，有一定的局限性。

通过对水书的分析，我们把水书的造字构形分为象形字、象意字、假借字和形声字。水书的文字符号体系独特，既有类似甲骨文、金文的汉字，也有众多的象形文字符号，还有段落表义的图画文字。但因其字数少、文字符号体系独特，文本难以独立表达含义，需要依靠有师承关系的水书先生（即能看懂读通和会使用水书的“祭师”）来解释和传承。他们会依据水书所载的相关条目，结合口传内容做出有意义的解释。千百年来，水书靠着一代又一代的水书先生以口传、手抄的形式传承下来，是水族古文字抄本和口传心授文化传承的结合。

水书文献、水书习俗、水书先生，可以说是水书习俗中的“三位一体”。水族社会中的水书先生，是水书和水书习俗的传承人。用水族古文字书写成的水书文献，是水书赖以生存与发展的载体。

水书是水族古老的文化典籍，是水族先民卜筮成文的经典著作。同中国的许多方术一样，水书导源于古代哲学的最高层次，然后演化为普遍的民间信仰。水书不仅收藏了水族古老的语言文字资料，还保存了珍贵的水族天文、历法、气象、原始宗教、文学艺术等资料，这给后人研究水族古代社会历史提供了重要帮助。千百年来，水书一直被用于水族社会生活的各个领域，如婚姻、丧葬、起造、出行、过节、占卜、取名、农事等活动，充满着神奇、诡秘的色彩，对水族人民的社会生活和文化心态的塑造起着极其重要的作用。

“水书是水族先祖所创制，独具一格并存活至今，有着巨大社会功能的雏形文字和用之编撰而成的大量巫术书籍之总称。因其字少，难于表现水族社会种种事象，故不能单独运用。如在占卜事象吉凶时，须由有师承关系的巫师（俗称水书先生）据水书所载相关条目做出具体的判断、诠释……”这是贵州省文化厅于2005年9月组织专家组对贵州申报国家级非物质文化遗产代表作项目进行评审时专家的意见。因水书抄本具有难以独立运用的特点，有关专家将其更名为“水书习俗”。顾名思义，水书是在水族特色浓郁、活态的民俗活动中传承的，要靠水书先生的配合解读才能完成。离开了水书先生，水书文献便会失去灵魂。

水书习俗是水书形成、发展和传承并以此构成与水族生活相关的习俗。水书习俗的传承方式构成了水书的两大组成部分：一部分是用水族雏形古文字编著的手抄本，另一部分是通过水书先生的口传心授，用以弥补因水文发展不完善而无法记录的大量要义、仪式、祝词等。水书文献的各类卷本繁多，主要分为诵读卷本和应用卷本两大类。诵读卷本主要包括《正七卷》《亥子卷》等，应用卷本主要包括《诵读卷》《时辰卷》《二十八宿卷》等。

在水族社会，能用水族文字书写水书文献的水书先生与甲骨文时期的文化贞人一样受人敬重。他们虽不是什么史学家或文学家，但他们会抱着水书文献出没于水族祭祀及婚丧嫁娶等各种重要场合，是水族的尊者。他们用水书文献中的天干地支、阴阳五行、九星八卦、二十八宿等进行推算，将归纳出的吉凶罗列为各类条目，而条目与鬼名合一，依此为人们趋吉避凶。

水书的传承和发展使水族古文字得以传承和发展。水族古文字依赖水书而存在，水族古文字的学习与水书的学习密切相关。关于水书和水族古文字的教学，水族社会通常采用祖传和择徒传授两种方式，且都只传男性，不传女性。

祖传方式：水书从祖辈传到父辈，再由父辈传到子辈，一辈辈地往下传。一般的传授条件是，所传子辈愿意接受且具有接受的基本能力和素质。子辈在水族社会中耳濡目染，加上父辈有意识的指点，就有希望成为掌握水书的传人。

择徒传授：在水书先生的儿子不愿意学或者不具备条件学的情况下，水书先生会另外选择徒弟进行传授。水书先生在水族社会中有很高的地位，因此，水族青年人中有不少人想学习水书。徒弟可由别人推荐，也可主动上门求师，但最终人选都由水书先生亲自决定。水书先生选择徒弟的要求很高：首先，这个人要品性端好、生辰八字硬朗；其次，还得在同辈中具有一定威望；最后，还要对学习水书有浓厚的兴趣，最好有一定的汉文化基础。只有具备了以上条件，才有可能成为水书先生的徒弟。这样的徒弟可以是一个，也可以是几个。徒弟拜师，一般要送给水书先生 1 只大公鸡、6 条鱼及一定数量的酒肉和钱粮。数量不多，但通常是吉祥的数字。在正式传授水书之前，要专门择吉日杀鸡设宴，并邀请德高望重的寨老或家族老人敬祭师祖陆铎公。拜师仪式举办过后，方可正式传授。这个仪式，一是向社会公告已确定的正式传人关系，二是为传人树立威信与地位。确定传人后，只要有机会，水书先生在活动中便会带着传人。作为水书先生的助手，传人在各种祭祀活动中会一边帮忙一边学习。

有时，这两种传授方式是穿插在一起的。水书先生所传弟子既有自己的儿子，也有其他弟子。三至五人同时学习，学得好的就能得到先生的真传，就能执掌大宗祭祀。

但凡要用水书执掌祭祀中的大事，水书先生在世并能出面时，必由先生出面。若先生不在世或不能出面时，往往由师兄出面。当然，人们也可以选择能力强、口碑好的长者出面主持祭祀活动。

水书文献的主要载体有原始纸质水书、木刻书、石碑文、牛角书、马尾绣书、陶瓷书和古钱币书等，水书和水族古文字就以此种方式代代相传。为保存和发展水书、水族古文字，一代又一代的水书先生做出卓绝的贡献。水书和水族古文字能够流传且发展至今，其中凝聚着无数水书先生的心血。

水书的性质决定了其不仅有学术研究价值、社会生活价值，还有经济开发的价值。随着时代与科学技术的发展，水书文献所记录的原始宗教内容的作用不再明显，但其所使用的特殊文字符号及天象、历法、文学、艺术资料，却蕴藏着丰富的学术文化价值。

（一）水书是世界上为数不多的完整地、活态地保存并应用至今的少数民族古老文字。“人类现已发现的象形古文字，如公元前3500年苏美尔人的丁头字、公元前3000年左右流行于尼罗河流域的圣书字、中国公元前1300年的殷商甲骨文以及20世纪50年代在中美洲尤卡坦半岛发现的玛雅字等都是已经死亡的古文字。”[①] 在这些谁也不认识的“天书”中，水书一直保存并沿用至今。

（二）水书不仅仅为水族社会所应用，水族聚居区周围的汉族、布依族、苗族也相信水书、认可水书、应用水书。就其应用范围来说，水书是开放型的，可为任何一个民族服务。因此，水书是中华民族悠久的历史文化遗产。

（三）水书具有整体性和系统性，内容博大精深。相传，水书有“六家”——《正七卷》《春寅卷》《亥子卷》《丑牛卷》《甲己卷》《黑书》。水书记录了水族的历史、哲学、天文、历法、气象、原始宗教、语言、民俗、舞蹈、文学、书法等，其表现出的内容、形式、图像有着各自的系统，又共同组成一个和谐整体，表现出体系化、系列化的文化特征。

（四）水书是我们今天推断文字历史的重要依据。水书有助于解开“夏都”之谜。水书先生对河南偃师二里头文化遗址出土的夏代陶器上的24个符号进行辨认、识读，已翻译出其中一半以上的符号含义。更令人惊奇的是，在现存的水书文献中，可以找到与夏陶符号相同的文字。有关专家认为，水书可能是夏文化遗存的一脉，有助于认定夏陶符号就是一种原始文字，“解开困扰考古界

① 和力民：《试论东巴文化的传承》，《云南社会科学》2004年第1期。

40 多年二里头遗址关于‘夏都’的千古之谜”①。

（五）水书包含着浓厚的神本意识和丰富的易学思想。②神本意识和易学思想是从古华夏文化中传承下来的，这表明水书具有开放进取、不断吸取其他民族先进文化来充实自己的精神。

（六）水书的文字载体折射出独特的逆反文化。③这是水族古文字在自身的演变过程中形成的特色，既再现了历史，也表现了水族人民独具一格的韧性。

（七）水书分为两类，一类为普通水书，一类为秘籍水书。④秘籍水书与奇门遁甲有一定的关系，其神秘性、奇特性贯穿始终。

（八）水书是水族先民认识自然、征服自然、改造自然的智慧结晶。因而，水书具有以自然为本、崇尚自然、与自然和谐共处的思想。这种思想使水书穿越历史的时空轨道，超出今天的时空范围，富含人文性。

（九）千百年来，水书以水书先生为载体，活态传承，活态展现。只有水书先生才能解读水书、应用水书，水书先生是水书永葆生命力的关键所在。

从以上几个方面我们得知，水书不仅是世界文化的精品，还是当今水族人民社会生活、精神文化和思想意识形态的一部分。

旧时，收藏、传承水书的人多是富有之家或水书先生，普通收藏者极少。在“文化大革命”期间，水书被当作“四旧”而焚毁，大量散失，水书的传播遭到冲击和取缔，水书的传承遭到空前的历史劫难，但在水族民间的抢救传承现象仍然此起彼伏、延绵不绝。党的十一届三中全会以来，在党和政府的领导关心下，水书取得了前所未有的传承与发展，其标志性成果如下：

（一）1979 年 12 月 6 日，三都县的潘国炯、潘朝霖、潘朝鼎、王品魁、潘绍猷、韦廷龙、韦锦昌、石国义 8 位同志，联名向各级领导和有关单位呈送了《请求落实民族政策解决水族文史资料等有关问题的情况报告》（简称《报告》），抢救水书是其中的一个重要内容。《报告》很快便得到国家民委肯定性

① 应春华：《水书源头可溯至夏代》，《中国民族报》2004 年 5 月 14 日，第 1 版。
② 向宗鼎：《活着的“甲骨文”》，《重庆与世界》2004 年第 2 期。
③ 同上。
④ 王品魁：《〈水书〉与其抢救》，《民族古籍》2002 年第 3 期。

的答复："你们反映的问题很重要。抢救民族文化遗产，有条件要执行，没有条件的创造条件也要执行。"[①] 这表明水书的抢救、传承和发展工作得到了政府的重视。

（二）1980 年 3 月，中共三都县委批文建立"三都县民族文史研究组"，组长为王品魁，成员有潘国炯、潘朝霖、石国义、姚福祥。[②] 这标志着水书的传承和发展工作正式在政府的支持下启动。

（三）1986 年 9 月，贵州省少数民族古籍整理出版规划小组在贵阳主持召开"水族古籍'七五'规划会议"，会议决定把搜集、整理、编审水书工作列入重点项目。

（四）1986 年，在贵州省档案局、黔南州档案局的支持下，三都县档案局首次将水书作为民族特色档案，开展征集抢救工作。1996 年 9 月，贵州省档案局摄制的《一个没有句号的水族档案》专题片在北京第三十届国际档案节会上放映，引起与会代表的极大兴趣，大大提高了水族、水书的知名度。[③] 2002 年 3 月，水书被列入首批"中国档案文献遗产名录"进行收藏保管。

（五）1990 年 6 月，贵州省水家学会组建了水书搜集整理翻译研究小组，把水书列为重要科研课题，制订了水书研究计划，使水书的研究工作有了一个良好的开端。

（六）1994 年，在贵州省、黔南州及三都县民宗部门的共同努力下，王品魁先生出版了《水书・正七卷・壬辰卷》。水书的首次翻译出版，为水书研究做出了开拓性的工作。

（七）2002 年 7 月 30 日，由贵州省人大常委会颁布的《贵州省民族民间文化保护条例》使水书的保护走上了法治化轨道。2003 年初，文化部联合有关部门启动的"中国民族民间文化保护工程"使长期自觉从事水书保护的人们甚感欣慰，信心倍增。2008 年 10 月 1 日颁布实施的《三都县水书文化保护条例》

① 王品魁：《〈水书〉与其抢救》，《民族古籍》2002 年第 3 期。
② 同上。
③ 同上。

与2019年1月1日颁发实施的《黔南州水书文化保护条例》，为黔南州抢救保护水书文化及开发利用提供了法律依据。

（八）2002年7月与2003年8月，荔波、三都两县分别成立水书抢救工作领导小组，并征集水书文本原件6486本。其中，征集到出自明朝弘治年间（距今500多年）的木刻版水书1册，建立了水书展示厅。从此，水书受到社会各界的广泛关注，抢救、开发水书的社会氛围蔚然形成。

（九）2004年5月24日，黔南州成立了水书抢救工作领导小组。2004年5月27日，黔南州召开了水书抢救工作领导小组第一次会议。会议强调，全州按照“统一规划、整体推进、分县实施、重点突破”的原则，抓好水书的抢救保护和开发利用工作，以此打造民族文化品牌。2005年8月31日，黔南州成立了水书抢救翻译专家组，使水书翻译工作科学有序地进行。

（十）2006年3月，教育部批准贵州民族学院民族学硕士学位授予权，以水族古籍为研究方向的文学硕士获准招生，水族学者潘朝霖、韦宗林成为该专业的首批硕士生导师。

（十一）2006年，水书习俗被列入“国家级首批非物质文化遗产保护名录”，并明确黔南州非物质文化遗产保护中心为水书习俗责任单位。自2007年开展“国家珍贵古籍名录”和“全国古籍重点保护单位”申报评定工作以来，贵州省共有79部水书文献入选“国家珍贵古籍名录”。2008年，贵州省荔波县档案馆成功申报为首批“全国古籍重点保护单位”。

（十二）2006年，黔南州首次举办“国家级非物质文化遗产（水书习俗）培训班”，聘请专家和水书先生为水书传承人及水书研究者授课。2008年，黔南州民族民间文化保护委员会对“水书习俗”首批代表性传承人进行授牌并表彰。同年7月，三都县举办“水书抢救工作总结表彰颁奖晚会”，表彰了一批在水书抢救保护传承工作中做出贡献的先进集体、先进工作者和优秀水书先生。这是水书文化史上史无前例的举动，对推动水书文化的抢救保护与研究产生了深远影响。

（十三）2006年，在黔南民族师范学院建立黔南州水书文化展览馆。2011年，将该馆扩建为黔南民族文化展览馆，水书是馆内展示的主要内容。2007年，在贵州民族大学人文科技学院设置水书文化展示厅；同年，三都县民族宗教事务局建成民俗博物馆，随后改建为中国水书展览馆，同时在三都县档案馆设置水书展示厅。2013 年，三都县开始建设中国水族文化博物馆，该馆占地面积 3 万平方米，总建筑面积 6000 平方米，是水书文献藏品最多的展馆；同年，水书作为民族文献在贵州民族大学民族文化展示厅专柜展出。2004 年至今，荔波县在档案馆一直设有水书文化展示厅。

（十四）2006 年以来，水族地区多所学校编写教材，将水书文化作为地方课程纳入日常教学，都匀市编写的《水书》教材进入了阳和、基场、奉合三个水族乡的学校课堂，三都县编写的《水族文化进校园小读本》在全县中小学推广。三都县鹏城希望学校、三洞中学分别于 2007 年和 2011 年被评为省级民族民间文化教育项目学校，水书文化是进校园、上课堂的主要项目。

（十五）黔南州和三都县倾力打造了四台以水书为主基调的歌舞剧：一是 2007 年的大型原生态水族歌舞《远古走来的贵族》，二是 2010 年的大型原生态水上歌舞《水歌大地》，三是 2013 年的水族歌舞风情剧《水家人》，四是 2017 年的水族舞剧《木楼古歌》。歌舞风情剧《水家人》荣获第五届贵州省少数民族文艺会演的创作金奖、最佳人气奖、最佳编剧奖。舞剧《木楼古歌》荣获第六届贵州省少数民族文艺会演剧目银奖、最佳舞美奖、最佳表演奖，获 2018 中国长江文化艺术节暨第八届（张家港）长江流域戏剧艺术节“优秀展演剧目”，是党的十九大召开后贵州省首部进京展演的舞剧。

（十六）2008 年 6 月，由黔南州人事局主持的“黔南州水书翻译专业职务任职资格暨水书、马尾绣民间艺人专业技术等级资格评审座谈会”在三都召开。2008 年，由黔南州水书研究专家组起草的《贵州省水书师专业等级资格申报评审条件》被贵州省人事厅采纳，以黔人通〔2008〕228 号文件《关于印发〈贵州省水书师专业等级资格申报评审条件（试行）〉的通知》颁布，水书先生评定职称工作全面展开。2009 年，评定高级水书师 23 人、中级水书师 13 人、初级水书师 41 人，真正做到“救书先救人”。

（十七）各地出版了百余本关于水族和水书研究的著作，发表了百余篇与水书研究相关的学术论文，为水家学的形成和水书的研究奠定了坚实基础。

出版水书原件影印三种，一是由贵州民族出版社出版的中国水书文献系列全真彩色影印本《水书》1 函 5 卷；二是由巴蜀书社出版的 8 开影印本《中国水书》32 函 160 册；三是由上海太一文化艺术有限公司出版的制旧如旧的《泐金纪日卷》《庚甲卷》《正七卷》《壬辰卷》《放棺木卷》《子午卷》6 卷。

整理水书译稿《丧葬卷》《祭祖卷》《秘籍卷》《时辰卷》《超度卷》《婚嫁卷》《起造卷》等 20 余种。2011 年，由黔南州人民政府编的中国水书译注丛书《麒麟正七卷》（上下卷）、《金用卷》《婚嫁卷》《秘籍卷》《正五卷》5 卷 6 册出版及《水书泐金纪日卷》《水书・六十年日历解读》《水书阴阳五行卷》《水书・九星卷》出版，由水书先生口述历史的《揭秘水书——水书先生访谈录》出版。此外，还有《中国水族文化研究》《水书揭秘》《水族水书语音语料库系统研究》《中国水书探析》《水书与水族历史研究》《水书文化与中华断代文明》《水书常用字典》等出版。科研院所成功申报《象形文字的最后领地——水书解读》《水书抢救保护与开发利用》《释读旁落的文明——濒危水族古文字与古汉字的对比研究》《水族水书语音语料库系统研究》《水书版本与内容调查研究》《水族水书传承文化研究》6 项“水族水书文化”国家社科课题。

召开学术研讨会 10 余次。2007 年，在都匀市召开“中国水书文化首届国际学术研讨会”，来自美国、澳大利亚、斯里兰卡、韩国等国外专家和国内专家共 120 余人参加会议。2008 年，在三都县召开第二届水书国际学术研讨会。2009 年，在贵阳市召开“水书暨南方民族古文字研讨会”。2006 年，在荔波县召开“贵州省易经研究会年会暨水书易交流会”。2010 年，在三都县召开“中国水书・易经三都论坛”，来自巴西、德国、香港及国内专家 40 余人参会。2016 年，在三都县召开“水书习俗与殷商文化国际学术研讨会”。此外，贵州省水家学会还先后召开 5 次学术研讨会，深度聚焦水书。

（十八）2015 年 8 月 31 日，由贵州省水家学会主办《中国水书国际编码提案》初审会在黔南民族师范学院召开，会议通过《中国水书国际编码提案》评审意见。同年 10 月 22 日，国际编码标准化组织第 64 次会议在日本松江召开，水书获得受理，被列入名单。2016 年 1 月与 6 月，三都县第十五届人民代表大会第 5 次会议、黔南州十三届人大常委会第 32 次会议审议通过水书申报“世界记忆遗产名录”，标志中国水书在三都县、黔南州申报“世界记忆遗产名录”获得地方立法机构的认可。同年9月，《中国水书国际编码提案》顺利通过了国际编码标准化组织第65次会议专家评审，为中国水书申报“世界记忆遗产名录”工作奠定了坚实基础，更为水书申报“世界非物质文化遗产代表作名录”、走向世界迈出了重要一步。2017年，黔南州成立水书申遗领导小组，相关县市相应成立水书申遗工作领导小组，申遗工作经费纳入财政预算，为水书申遗工作提供了强有力的保障。2018年6月，水书申报《世界记忆遗产名录》的文本被提交到国家档案局外宣办，助力水书申遗。同年8月，水书文化国际外宣片《水书——古代象形文字的活化石》在央视科教频道播放，向世界展示神秘绚烂的水书文化。

这些水书保护发展工作的累累硕果，是在贵州省委、省政府的高度重视，特别是在省民宗委、省档案局、省文化厅等相关部门的大力支持和省古籍办的具体指导下，黔南州统一思想、凝聚力量、振奋精神，进一步坚持“抢救第一、翻译第二、出版第三、开发利用第四”的原则，按照“征集、整理、翻译、出版”的工作程序，按照翻译工作采取“集中、分散、科研单位相结合”的原则，力求做到规范化和程序化，促进民族文化大发展、大繁荣的结果，更是坚持“救书、救人、救学科”的结果。

（一）高度重视，加强保障，加大水书抢救工作力度

黔南州各级政府高度重视水书抢救工作，把水书抢救工作列入政府重要工作内容，研究、部署水书抢救工作，加强水书抢救工作人、财、物等方面投入和保障。2004年，黔南州人民政府成立水书抢救工作领导小组，加强对水书抢救工作的领导。2006年，黔南州人民政府成立正科级事业单位水书研究所，现有研究人员9名。全州投入500余万元（含省民宗委支持）专项经费用于水书抢救保护工作。按照黔南州委、州人民政府的总体部署和要求，三都、荔波、独山和都匀等水族同胞聚居的县市分别成立具有事业编制的专门的工作机构和研究所，整合党政、民间和学术界的力量，落实工作场所，保障投入，定期召开会议研究部署水书抢救工作，确保水书抢救工作顺利开展。

（二）严格规范，强化管理，提高水书抢救质量

黔南州制定了《黔南州抢救“水书”工作规划》，按照“统一规划、整体推进、分县实施、重点突破”的原则，坚持“救书、救人、救学科”的基本工作要求，以翻译水书原件为重点，以宣传水书文化为主线，以征集水书原件精品和口传水书为基础，以申报“世界记忆遗产名录”和“世界非物质文化遗产名录”为阶段性目标，确立水书抢救工作职责，建立健全规章制度，严格规范水书抢救工作程序，保障水书抢救工作有序开展。

目前，全州已搜集水书原件2万余册，并对这些水书原件进行科学保护、分类整理。翻译整理水书近50卷。出版《秘籍卷》等水书译本、《水书与水族历史研究》等水书研究丛书20余本，配合省民宗委完成入选“国家珍贵古籍名录”的精品——《泐金纪日卷》等6册水书原件“修旧如旧”的工作，完成“水族文字输入法软件”的申报注册。同时，《万年经镜》《金银》等79本水书文献入选“国家珍贵古籍名录”，荔波县档案馆被评选为“全国古籍重点保护单位”，提升了水书抢救、保护质量，进一步保护、利用和宣传水书文化资源。

（三）科学严谨，重视传承，充分发挥专家作用

水书抢救工作是水书传承的基础和起点，也是水书传承的一个重要环节。黔南州把抢救水书和保护水书专家、水书传承人放在首位，对水族聚居地区的中小学生进行水、汉双语教学，开展丰富多样的水族文化进校园、进课堂活动。开办“水书习俗”项目传承人培训班，为水书习俗的研究、保护、传承和发展培养后备人才。经过黔南州的争取，贵州省人力资源和社会保障厅出台了《贵州省水书师专业等级资格申报评审条件（试行）》。

目前，全州有国家级水书习俗代表性传承人2人、省级7人、州级14人，有72名水书先生获得了“水书师”职称。按照“救书先救人”的原则，黔南州对水书先生开展调查、录制音像工作，建立个人档案，进行年度健康体检，开展学习培训，给予适当待遇、补助和慰问，表彰在水书抢救、保护和传承工作中做出积极贡献的先进集体、先进工作者和优秀水书专家。

黔南州水书抢救保护专家组自2005年建立以来，以科学严谨的态度，对相关县（市）送审的水书译本开展审读、出版的工作；在《黔南民族师范学院

学报》开辟专栏，刊载水书研究论文；申报立项国家、省级水书研究课题 4 个；成功举办中国水书国际学术研讨会等富有成效的工作 2 次，使水书抢救保护、翻译研究、出版开发等工作科学有序地进行。

（四）广泛宣传，加快申遗，将水族文化推向世界

为了更好地开展水书抢救、翻译、研究、开发利用和申报“世界记忆遗产名录”和“世界非物质文化遗产名录”等工作，黔南州成立了相关工作机构，并组织专家赴北京、云南丽江、广东广州等地，向国家和地方知名档案馆、考古研究所等单位学习申遗工作经验。目前，黔南州拟定了申遗方案和相关措施，各相关县（市）积极配合做好水书抢救和申遗工作。

黔南州十分重视水书文化的宣传工作，抢救水书系列工作取得良好成绩。世界自然遗产组织的专家到荔波县考察期间，水书文化引起了世界级专家的关注和重视，世界自然遗产和文化遗产专家桑塞尔先生为水书题词。在 2015 北京・黔南布依族苗族自治州 60 周年成就展上，水书文化同样吸引了众多眼球。在民族文化旅游专题展厅观看水书现场书写后，时任中央政治局委员、中央书记处书记、中央办公厅主任、中央直属机关工委书记的栗战书同志强调，要加强对文化遗产的传承和保护。

水书不仅是水族人民世代相传的文化财富，是水族生存的内在动力，还是我们发展先进文化的精神资源与民族根基。水书需要传承和发展。我们认为，水书应该成为且能够成为现阶段水族人民科学、大众的文化的一部分。只要切实做好包含水书文献在内的少数民族古籍的保护、抢救、搜集、整理、翻译、出版和研究工作，让“书写在古籍里的文字都活起来”，必将为中华文明的延续与中华民族的繁荣做出新的贡献。

第二节 水书习俗传承人

一、潘老平

（一）传承人简介

姓名：潘老平

性别：男

出生年月：1937 年 3 月

民族：水族

身份：农民

文化程度：小学

居住地址[①]：荔波县佳荣镇拉易村三组

（二）传承生态环境

荔波县佳荣镇拉易村三组位于山林地带，距佳荣镇政府约 14 千米，距荔波县城约 61 千米。全组共有 65 户水族居民，姓氏均为潘姓。房屋以水族传统杆栏式吊脚木楼为主，有少量砖房。

潘老平家里共有 6 人，除他本人外，还有儿子、儿媳、2 个孙子和 1 个孙女。家有水族传统杆栏式吊脚木楼 1 栋，田 5 亩[②]。家庭经济的主要来源是儿子、儿媳在家务农或外出务工，主要种植水稻、玉米等农作物。在日常生活中，主要使用水语和本地方言交流。

（三）传承情况

1948 年，潘老平拜祖父潘顺为师，开始学习水书，后又跟随潘荣生、潘阿唯学习水书。主要学习《正七卷》《春寅卷》《丧葬卷》等水书，启蒙读本为《亥

① 本书所涉及的水族文化传承人的居住地均隶属于贵州省黔南布依族苗族自治州。
② 亩，市制单位，1 亩约等于 666.667 平方米。后文不另注。

子丑卷》。目前，潘老平擅长婚嫁、丧葬、起造、择日等方面的内容，主要服务于荔波县城与佳荣一带、三都县、榕江县及从江县的邻近村寨等，当地群众认可度较高。家中现收藏有《通书》《记开姓名列左》《六甲反书》等水书。

解读水书

潘老平有9名徒弟，分别是潘永根、潘永壳、潘胜平、潘美兴、潘永卓、潘小章、潘仕平、潘永会和姚覃军。

（四）传承发展

2002年，参加荔波县第一次抢救水书座谈会并讲解水书，被荔波县政府特聘为“荔波县水书研究员”；参加荔波县在水尧水族乡[①]召开的抢救水书培训会；参加在荔波县城召开的水书保护传承经验交流会。

2004年12月，参加中央电视台拍摄的《水书之谜》，担任主祭人。

2005年8月，被黔南州水书抢救工作领导小组聘为“水书专家”。同年11月，到都匀市参加水书译注培训会。

2006年6月，参加贵州卫视《发现贵州》栏目在拉易村拍摄的水书实践活动，担任主祭人。同年11月，参加在荔波县城召开的水书保护传承知识培训会。

2007年，与蒙熙能等人合作翻译《泐金·纪日卷》《金银卷》《庚甲卷》；应邀到都匀市参加水书译稿审定知识培训会；被贵州省文化厅授予“贵州省非

① 2014年11月，撤销水尧水族乡建制，并入新设置的玉屏街道办事处。

物质文化遗产传承人”荣誉称号。

2008 年 7 月，被黔南州民族民间文化保护委员会授予“黔南州首批非物质文化遗产传承人”荣誉称号。同年 12 月，获得高级水书师资格。

2009 年 6 月，被文化部授予“国家级非物质文化遗产项目（水书习俗）代表性传承人”荣誉称号。

（五）传承人风采

所获荣誉

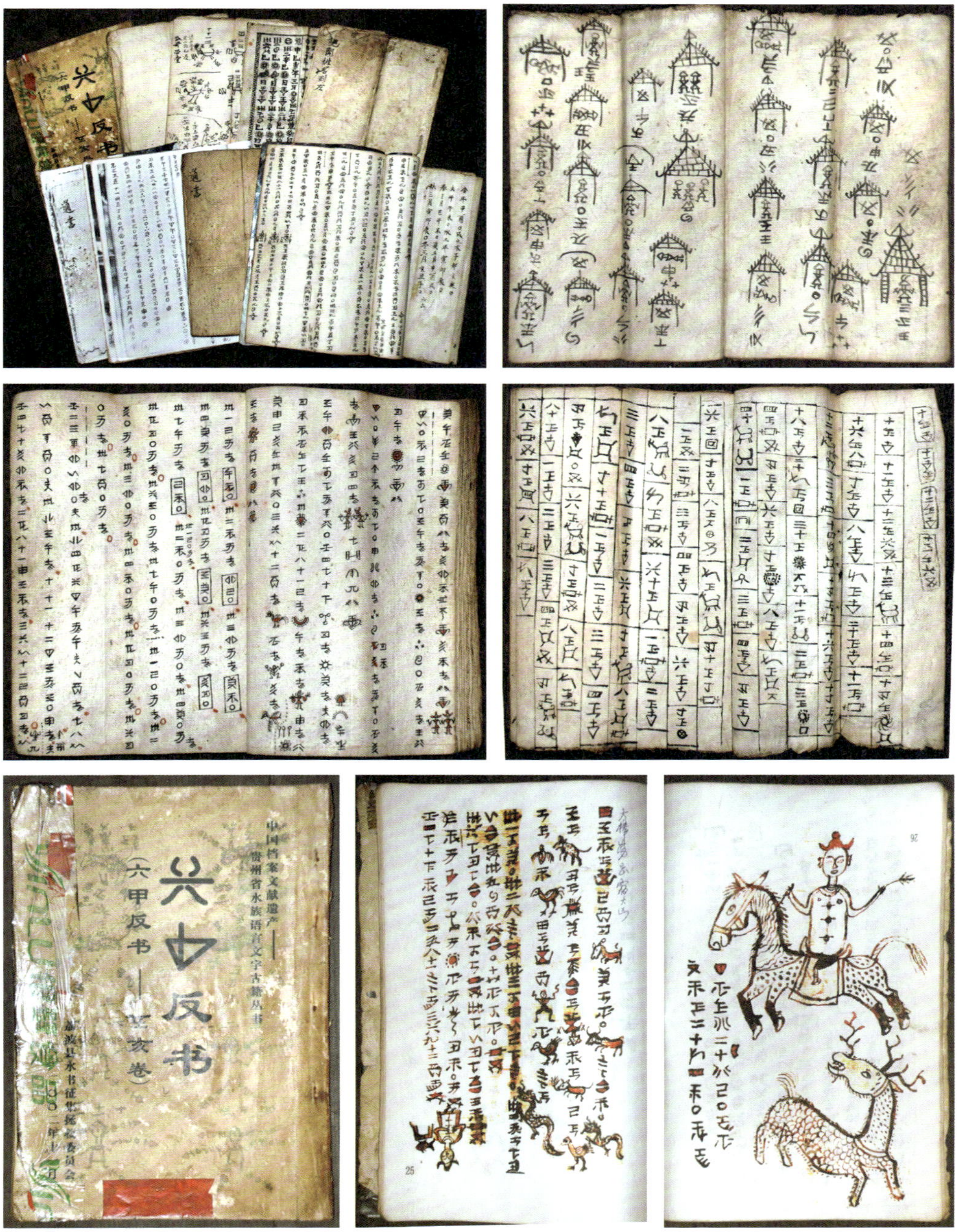

收藏的水书

村寨一角

所住房屋

二、欧海金

（一）传承人简介

姓名：欧海金

性别：男

生卒年月：1934 年 7 月—2019 年 3 月

民族：水族

身份：农民

文化程度：中专

居住地址：荔波县玉屏街道办事处水捞村水捞组

（二）传承生态环境

荔波县玉屏街道办事处水捞村水捞组位于山脚，距荔波县城约 15 千米。全组共有 71 户水族居民，姓氏以欧姓为主。房屋以水族传统杆栏式吊脚木楼为主，有少量砖房。

欧海金家里共有 10 人，是一户四世同堂的大家庭。家有水族传统杆栏式吊脚木楼 1 栋，田 6 亩，地 0.2 亩。家庭经济的主要来源是子女外出务工和个人在家务农，主要种植水稻、玉米等农作物。在日常生活中，主要使用水语、布依语和本地方言交流。

（三）传承情况

1963 年，欧海金拜大伯欧正平为师，开始学习水书。主要学习《六道根源》《正七卷》《春寅卷》《丧葬卷》等水书，启蒙读本为《亥子丑卷》。目前，欧海金擅长择日、婚嫁、丧葬、起造等方面的内容，主要服务于荔波县周边地区，当地群众认可度较高。家中现收藏有《吉书》《宫书》《胜门书卷一》《上吉通书》等水书。

欧海金有 3 名徒弟，分别是欧庆能、欧文春和蒙文兵。

（四）传承发展

1958—1988 年，与姚福祥共译家传水书《亥子丑卷》。

1988—2008 年，接受中央、贵州电视台的采访，介绍水书习俗。

2002 年 11 月，参加荔波县水书抢救交流大会。

2003 年，参与荔波县水书抢救办破译夏陶符号工作。同年 9 月，协助荔波县档案馆著录、翻译水书。

2005 年 10 月，被黔南州水书办聘为水书研究员。

2007 年 10 月，被贵州省文化厅授予“贵州省非物质文化遗产传承人”荣誉称号。

2008 年 7 月，被黔南州民族民间文化保护委员会授予“黔南州首批非物质文化遗产传承人”荣誉称号。同年 12 月，获得高级水书师资格。

2009 年 6 月，被文化部授予“国家级非物质文化遗产项目（水书习俗）代表性传承人”荣誉称号。

（五）传承人风采

所获荣誉

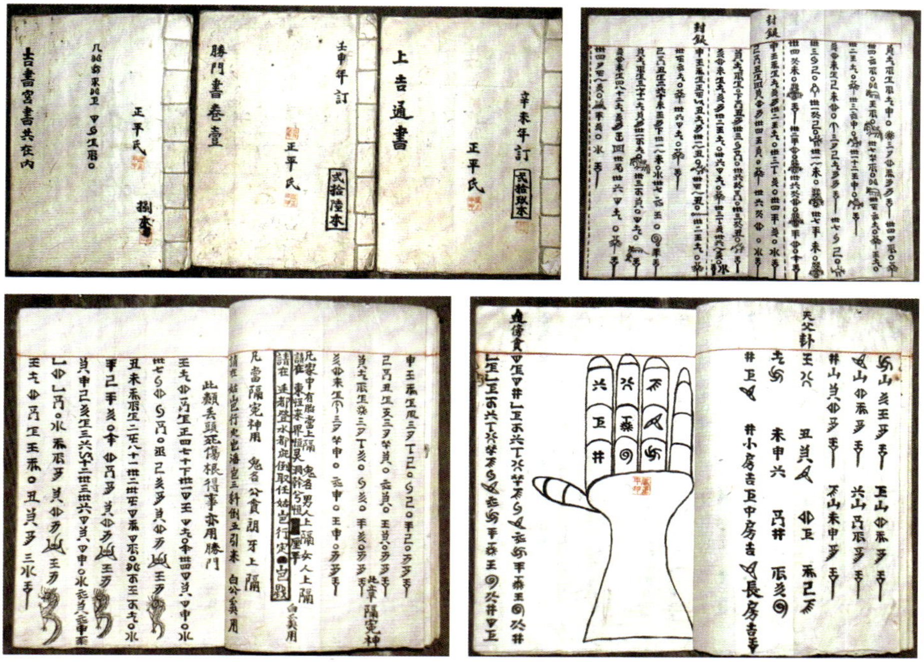

收藏的水书

解读水书

三、谢朝海

（一）传承人简介

姓名：谢朝海

性别：男

出生年月：1937 年 7 月

民族：水族

身份：农民

文化程度：初中

居住地址：三都县周覃镇廷牌社区福安村高母组（现居三都县三合街道老机械厂）

（二）传承生态环境

三都县周覃镇廷牌社区福安村高母组位于平地，距三都县城约 41 千米。全组共有 47 户水族居民，姓氏以谢姓为主。房屋以水族传统杆栏式吊脚木楼为主，有少量砖房。

谢朝海与妻子育有 2 子 2 女，子女均已成家。家有木砖混合结构住房 1 栋，田 4 亩，地 3 亩。家庭经济的主要来源是子女外出务工和个人从事婚丧嫁娶服务。在日常生活中，主要使用水语和本地方言交流。

（三）传承情况

1946 年，谢朝海拜祖父谢光龙为师，开始学习水书，启蒙读本为《正七卷》。1955 年，谢朝海拜独山县本寨乡价少村二组的杨会为师，主要学习《连散》等水书。目前，谢朝海擅长丧葬、婚嫁、起造、命里、解灾等方面的内容，主要服务于都匀市、三都县、荔波县、独山县、惠水县、平塘县及广西壮族自治区等地，当地群众认可度较高。家中现收藏有《婚嫁》《贪巨》《宫掌》等水书。

谢朝海有 10 余名徒弟，分别是三都县的谢仁初、谢仁将，荔波县的姚覃军、姚万奎、潘鋅献以及独山县的林玉祥、孟季和等人。

（四）传承发展

2004 年 12 月，被荔波县水书征集抢救工作领导小组聘为水书研究员。

2007 年 10 月，被贵州省文化厅授予“贵州省非物质文化遗产传承人”荣誉称号。

2008 年 7 月，被黔南州民族民间文化保护委员会授予“黔南州首批非物质文化遗产传承人”荣誉称号；在三都县组织的水书抢救工作中，被评为优秀水书先生。

2010 年 12 月，被三都县人民政府授予“三都水族自治县首批非物质文化遗产代表性传承人”荣誉称号；被贵州省水家学会聘为学会顾问。

（五）传承人风采

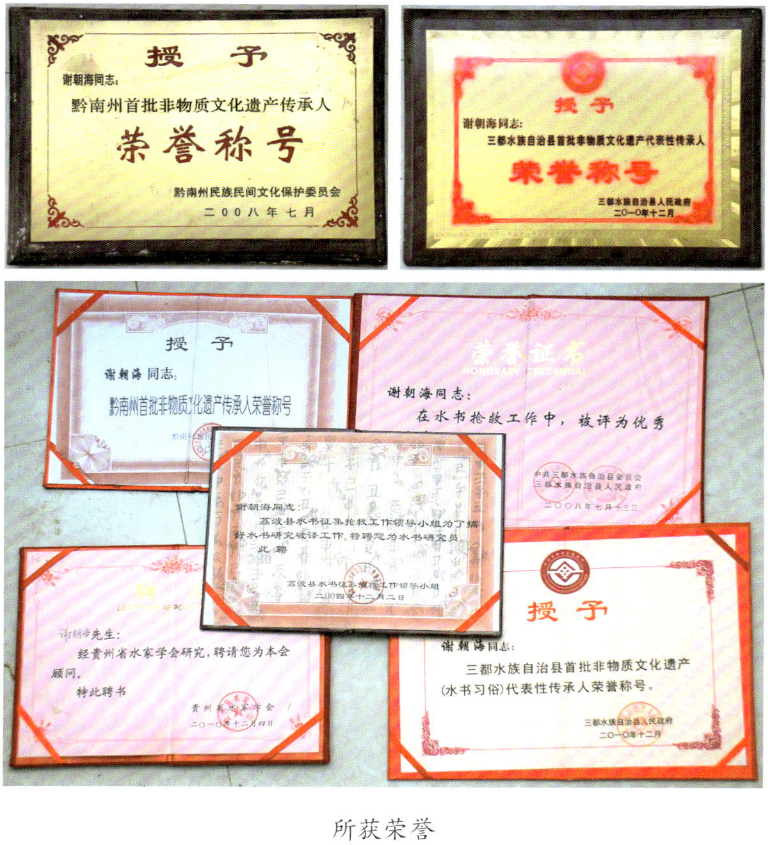

所获荣誉

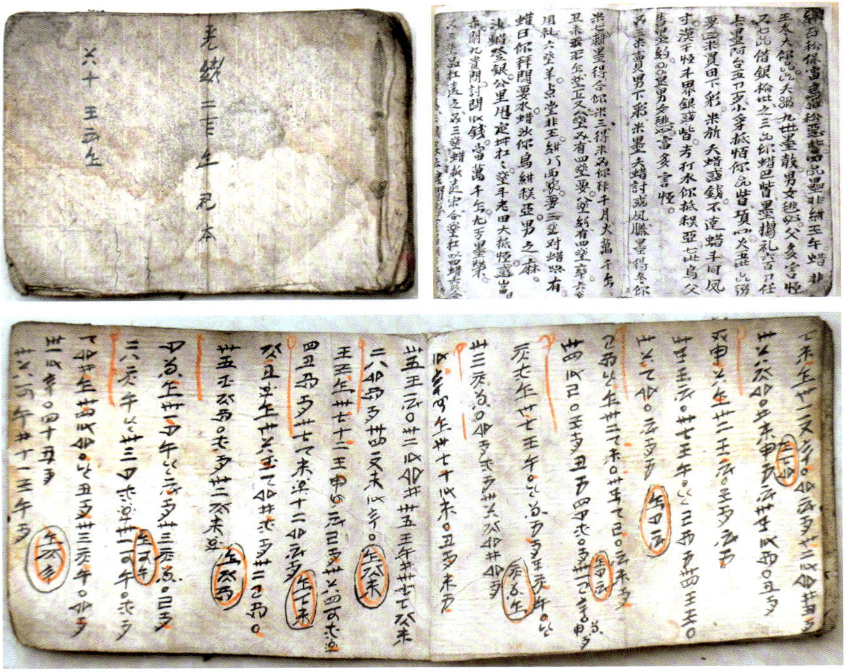

收藏的水书

所住房屋

四、杨胜凡

（一）传承人简介

姓名：杨胜凡（帆）

性别：男

生卒年月：1919 年 3 月—2020 年 12 月

民族：水族

身份：农民

文化程度：私塾

居住地址：三都县中和镇中和社区华阳村西洋三组

（二）传承生态环境

三都县中和镇中和社区华阳村西洋三组位于半山坡，距中和镇政府约 4 千米，距三都县城约 26 千米。全组共有 42 户水族居民，姓氏均为杨姓。房屋以木砖混合结构为主。

杨胜凡家里共有 8 人，除他本人外，还有儿子、儿媳和 5 个孙子，子孙均已成家。家有水族传统杆栏式吊脚木楼 1 栋，田 3 亩，地 1 亩。家庭经济的主要来源是子孙在外务工或在家务农。在日常生活中，主要使用水语和本地方言交流。

（三）传承情况

杨胜凡在世时是中国目前所知的年龄最大的水书先生。1960 年，杨胜凡拜潘福星为师，开始学习水书。学成之后，杨胜凡便不计报酬地为水族群众的婚丧嫁娶择吉避凶，当地群众认可度较高。他曾受邀参加三都县举办的各种与水族文化有关的重大活动。家中现收藏有《正七卷》《时辰卷》《金堂卷》《寿寅卷》等水书。

杨胜凡有 2 名徒弟，分别是杨秀程、潘儒，二人都是优秀的水书习俗传承人。

（四）传承发展

2007 年 10 月，被贵州省文化厅授予“贵州省非物质文化遗产传承人”荣誉称号。

2008 年 7 月，被黔南州民族民间文化保护委员会授予“黔南州首批非物质文化遗产传承人”荣誉称号。

2010 年 12 月，被三都县人民政府授予“三都水族自治县首批非物质文化遗产代表性传承人”荣誉称号。

（五）传承人风采

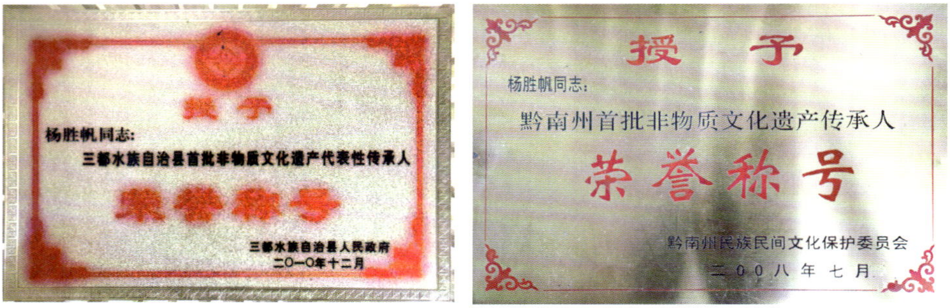

所获荣誉[①]

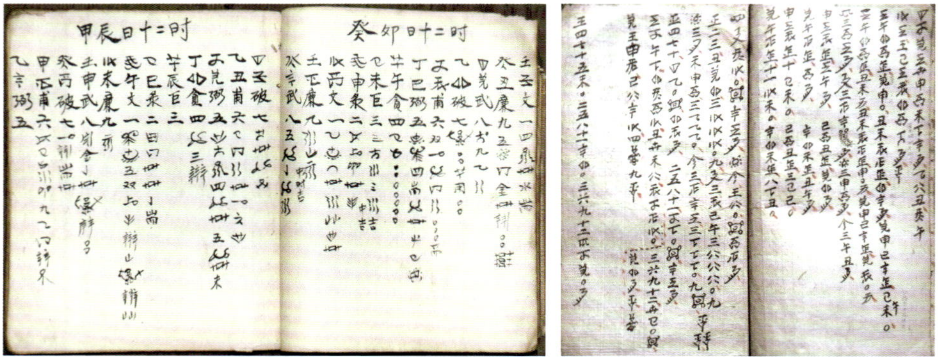

收藏的水书

---

① 因存放时间较长，左图所获奖牌中部分字体模糊，模糊字体由上至下分别为“授予”“荣誉称号”。

五、韦见

（一）传承人简介

姓名：韦见

性别：男

出生年月：1954 年 3 月

民族：水族

身份：农民

文化程度：初中

居住地址：三都县中和镇水龙社区拉佑村合规组

（二）传承生态环境

三都县中和镇水龙社区拉佑村合规组位于凹地，距中和镇水龙社区约 6 千米，距三都县城约 22 千米。全组共有 83 户水族居民，姓氏均为韦姓。房屋以木砖混合结构为主。

韦见与妻子育有 5 子 1 女，子女均已成家。家有木砖混合结构住房 1 栋，田 3 亩，地 2 亩。家庭经济的主要来源是子女外出务工和夫妻二人在家务农，主要种植水稻、玉米等农作物。在日常生活中，主要使用水语和本地方言交流。

（三）传承情况

韦见出生于水书世家，是第三代水书习俗传承人。1962 年，韦见开始跟随父亲和祖父学习水书，启蒙读本为《正七卷》。目前，韦见擅长丧葬、测日、择吉选穴、起造房屋等方面的内容，主要服务于三都县城及周边乡镇，当地群众认可度较高。家中现收藏有《象吉备要通书》《天机会元》等水书。

（四）传承发展

2008 年 7 月，在三都县组织的水书抢救工作中，被评为优秀水书先生；被黔南州民族民间文化保护委员会授予"黔南州首批非物质文化遗产传承人"荣誉称号。同年 12 月，获得高级水书师资格。

2010 年 12 月，被三都县人民政府授予"三都水族自治县首批非物质文化遗产（水书习俗）代表性传承人”荣誉称号。

2015 年 12 月，被贵州省文化厅授予“非物质文化遗产项目（水书习俗）省级代表性传承人”荣誉称号。

（五）传承人风采

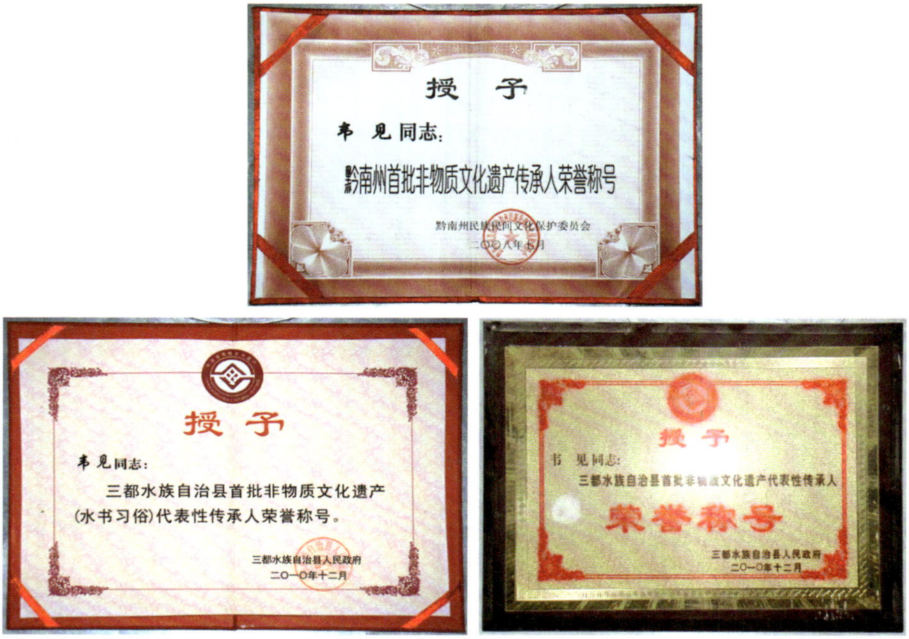

所获荣誉

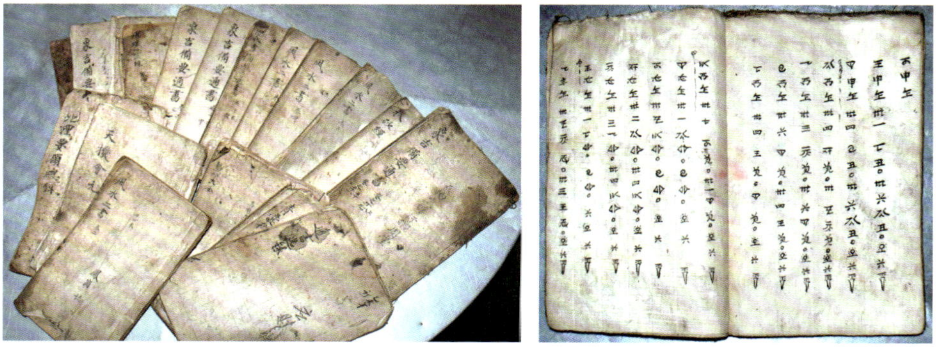

收藏的水书（一）

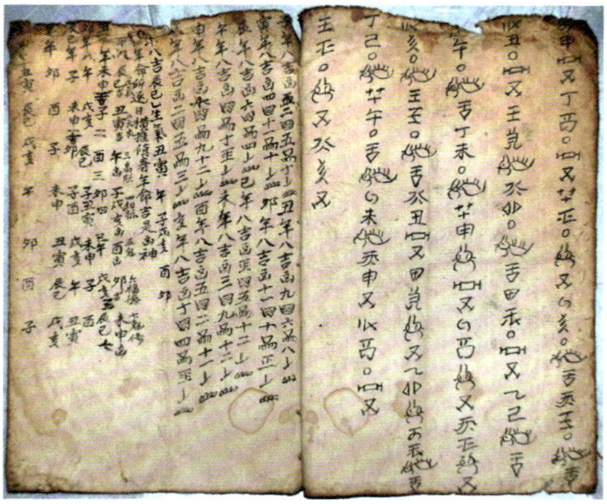

收藏的水书（二）

六、韦佩君

（一）传承人简介

姓名：韦佩君

性别：男

出生年月：1940 年 1 月

民族：水族

身份：小学教师

文化程度：中师

居住地址：都匀市归兰乡[1]福庄村七组

（二）传承生态环境

都匀市归兰乡福庄村七组位于山地，距都匀市城区约 41 千米。全组共有 60 余户水族居民，姓氏均为韦姓。房屋以水族传统杆栏式吊脚木楼为主。

① 归兰乡，全称为归兰水族乡，以下简称归兰乡。后文不另注。

韦佩君与妻子育有2子2女，子女均已成家。大儿子在都匀市卫生健康局工作，小儿子在阳和派出所工作。家有木砖混合结构住房1栋，田3亩，地2亩，家庭经济的主要来源是个人的工资。在日常生活中，主要使用水语和本地方言交流。

韦佩君及其所住房屋

（三）传承情况

韦佩君是第二代水书传承人。1953年，韦佩君拜父亲为师，开始学习水书。主要学习《正五卷》《正七卷》《正五卷·白书》《八生寅卷》《纵善卷》《贪巨卷》等水书，启蒙读本为《正五卷》。目前，韦佩君擅长驱灾驱邪、丧葬、起造、婚嫁、祭祀、布经等方面的内容，主要服务于归兰乡附近村寨，当地群众认可度较高。

此外，韦佩君还是归兰乡奉合中心校的教师，他非常重视水族文化进校园工作。在课外活动时间，他会教学生们认、读水书里的基础文字，将水书文化带进校园。同时，他还培养了一批年轻的水书传承人，为水族文化的传承做出一定贡献。

韦佩君有2名徒弟，分别是蒙富春和蒙邦敏。他们均学有所成，服务于都匀市区、三都县及周边乡镇的学校，开展水书文化进校园工作。

（四）传承发展

2006 年 11 月，被聘为都匀市奉合乡[1]中心学校水书课程教师。

2007 年 10 月，被贵州省文化厅授予“贵州省非物质文化遗产传承人”荣誉称号。

2008 年 7 月，被黔南州民族民间文化保护委员会授予“黔南州首批非物质文化遗产传承人”荣誉称号。

2016 年 6 月，被都匀市归兰乡阳和中心校聘为《水族丧葬文化》一书的审稿员。

2018 年 7 月，被聘为中国非物质文化遗产传承人群研修研习培训计划——黔南州 2018 第一期《水书习俗》培训班授课老师。同年 11 月，被聘为中国非物质文化遗产传承人群研修研习培训计划——黔南州 2018 第二期《水书习俗》培训班授课老师。

2019 年 8 月，被聘为中国非物质文化遗产传承人群研修研习培训计划——都匀市 2019 年《水书·习俗》书法培训班授课教师。同年 11 月，被聘为都匀市水家学会第一届理事会顾问。

（五）传承人风采

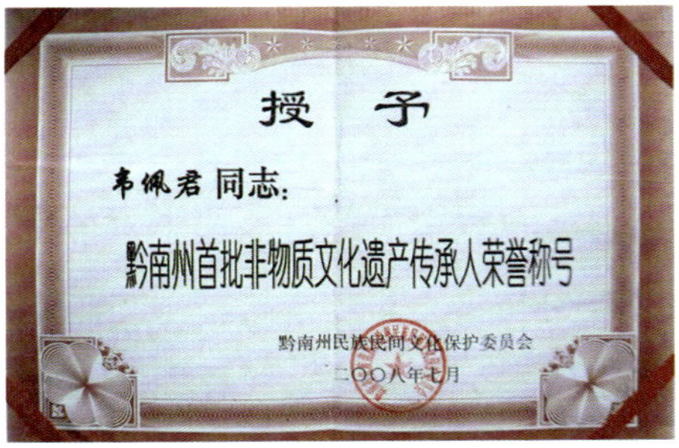

所获荣誉（一）

---

① 奉合乡，全称为奉合水族乡，以下简称奉合乡。后文不另注。2014 年 11 月，撤销奉合水族乡建制，并入新设置的归兰水族乡。

聘书
经学校研究决定，聘请韦佩君先生为我校组织编写的《水族丧葬文化》一书的审稿员。
特发此证
都匀市归兰水族乡阳和中心校
二〇一六年六月二日
聘书
CONGRATULATION
韦佩君 同志：
诚聘您为中国非物质文化遗产传承人群研修研习培训计划——“黔南州2018年《水书习俗》培训班”授课教师。
黔南州非物质文化遗产保护中心
2018年7月12日
聘书
CONGRATULATION
韦佩君 先生：
诚聘您为中国非物质文化遗产传承人群研习培训计划——“黔南州2018第二期《水书·习俗》培训班”授课教师。
黔南州非物质文化遗产保护中心
2018年11月6日
聘书
韦佩君先生：
诚聘您为都匀市水家学会第一届理事会顾问。
特发此证
都匀市水家学会
2019年11月23日

所获荣誉（二）

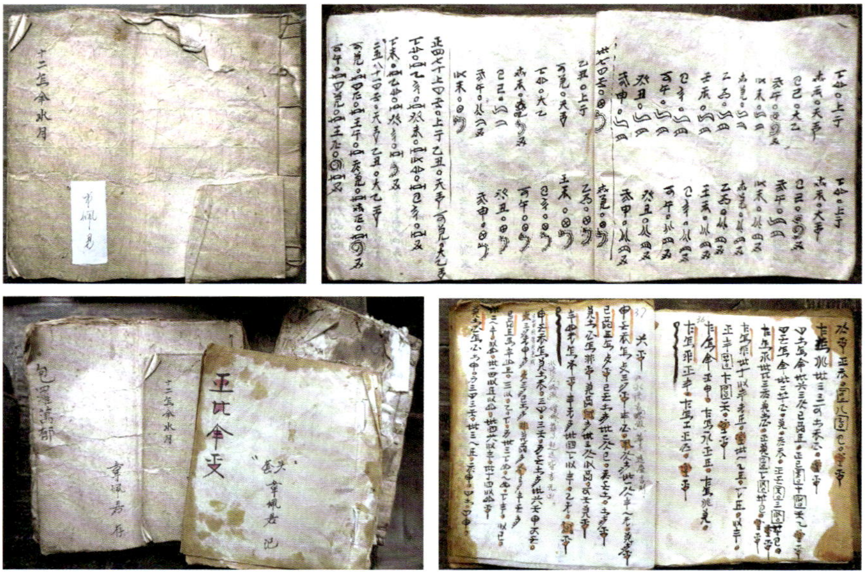

收藏的水书

七、蒙文兵

（一）传承人简介

姓名：蒙文兵

性别：男

出生年月：1964 年 1 月

民族：水族

身份：农民

文化程度：初中

居住地址：荔波县黎明关乡[1]太吉村三组

（二）传承生态环境

荔波县黎明关乡太吉村三组处于山间盆地，距荔波县城约 14 千米。全组共有 53 户水族居民，姓氏以蒙姓为主。房屋以水族传统杆栏式吊脚木楼为主，有少量砖房。

蒙文兵与妻子育有 1 子 2 女，子女均已成家。家有水族传统杆栏式吊脚木楼、木砖混合结构住房各 1 栋，田 1 亩，地 3 分[2]。家庭经济的主要来源是个人在家务农，主要种植水稻、玉米等农作物。在日常生活中，主要使用水语和本地方言交流。

（三）传承情况

1983 年，蒙文兵拜祖父蒙芳明为师，开始学习水书。后又师承欧海金，主要学习《春寅卷》《亥子卷》等水书，启蒙读本为《春寅卷》。目前，蒙文兵擅长丧葬、起造、婚嫁、推八字等方面的内容，主要服务于荔波、都匀、三都等地，当地群众认可度较高。家中现收藏有《小儿关煞卷》《诸神各类卷》《朗读本卷》《分辨卷》等水书。

蒙文兵有 4 名徒弟，分别是蒙振鹤、蒙振旺、蒙振业和蒙振威。

---

① 黎明关乡，全称为黎明关水族乡，以下简称黎明关乡。后文不另注。

② 分，市制单位，1 分约等于 66.67 平方米。后文不另注。

（四）传承发展

解读水书

2002 年，被荔波县人民政府聘为水书研究员。

2004—2006 年，参加荔波县水书抢救办为中央电视台、贵州电视台拍摄水书祭祖、祭树神等活动，担任主祭人。

2006 年 1 月，参加荔波县举办的首届“梅花节”水书习俗祭祀活动。同年 3 月，参加贵州电视台“发现贵州”栏目在荔波县永康乡[①]拍摄水书习俗、牛角上水书文字五辑系列片，担任主祭人。同年 8 月，在荔波县水书抢救办著录水书 176 本。

2007 年 6 月，参加黔南州文化局举办的水书先生培训班、国标音标培训会。同年 11 月，参加中国生物圈保护区网络第九次大会暨东南亚地区生物圈保护网络第五次会议（以下简称“生物圈保护网络会议”）在永康乡拉桥寨举办的祭祀活动，担任主祭人。

2007—2008 年，在荔波县水书抢救办参加《泐金·纪日卷》《金银·择吉卷》的著录、翻译工作。

2012 年 12 月，获得高级水书师资格。

2015 年 3 月，参加黔南州（水书习俗）项目传承人培训班。

2017 年 2 月，被聘为荔波县水族古文字研究中心专家库专家。

2018 年 6 月，参加黔南州少数民族古籍普查培训班。

2019 年 7 月，参加荔波县举办的黔南州水族文化传承培训班。同年 10 月，

① 永康乡，全称为永康水族乡，以下简称永康乡。后文不另注。2014 年 11 月，撤销永康水族乡建制，并入新设置的黎明关水族乡。

被黔南州文化广电和旅游局授予“黔南州非物质文化遗产（水书习俗）代表性传承人”荣誉称号。

（五）传承人风采

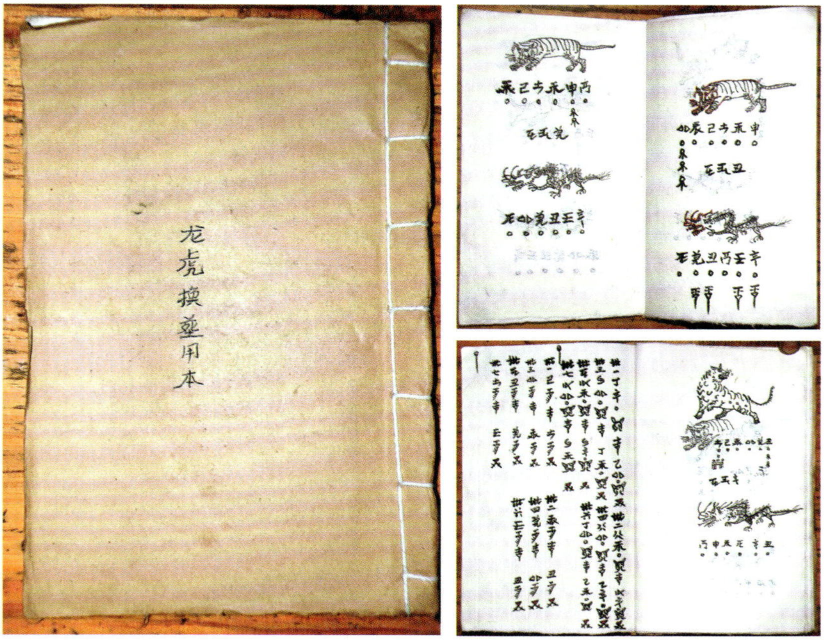

收藏的水书《龙虎换葬用本》

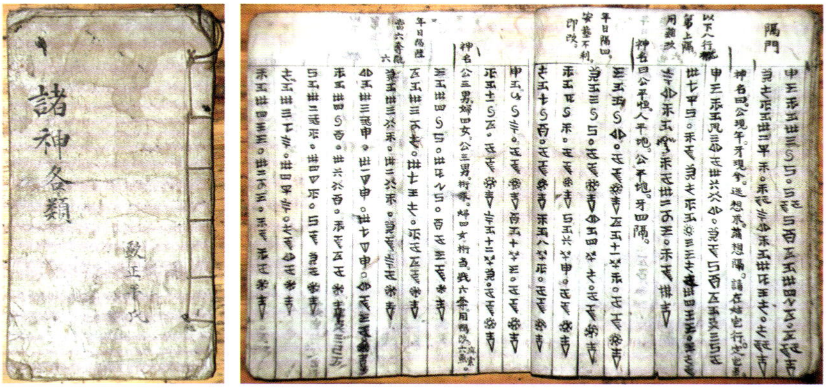

收藏的水书《诸神各类》

所住房屋

八、潘老尖

（一）传承人简介

姓名：潘老尖

性别：男

出生年月：1939 年 7 月

民族：水族

身份：农民

文化程度：小学

居住地址：荔波县佳荣镇拉易村三组

（二）传承生态环境

荔波县佳荣镇拉易村三组位于山林地带，距镇政府约 14 千米，距荔波县城约 61 千米。全组共有 65 户水族居民，姓氏均为潘姓。房屋以水族传统杆栏式吊脚木楼为主，有少量砖房。

潘老尖家里共有 5 人，除他本人外，还有儿子、儿媳、孙子和孙女。家有水族传统杆栏式吊脚木楼 1 栋，田 3 亩。家庭经济的主要来源是子孙在家务农或在外务工，主要种植水稻、玉米等农作物。在日常生活中，主要使用水语和本地方言交流。

解读水书

（三）传承情况

1952 年，潘老尖拜祖父潘顺为师，开始学习水书。后又跟随潘荣生和潘阿唯学习水书。主要学习《春寅卷》《丧葬卷》等水书，启蒙读本为《亥子丑卷》。目前，潘老尖擅长石卜问卦、婚嫁、丧葬、起造、择日等方面的内容，主要服务于荔波县城与佳荣一带、榕江县邻近村寨等。家中现收藏有《通书》《记开姓名列左》《六甲反书》等水书。

潘老尖有 4 名徒弟，分别是潘永卓、潘永根、潘永壳和潘永会。

（四）传承发展

2002 年 7 月，带着祖传水书古籍参加荔波县水书抢救会议，并在会上介绍水书。同年 11 月，与兄长潘老平带着祖传水书古籍参加“荔波县水书捐赠仪式”，并向荔波县档案局捐出祖传的“梅花鹿”水书。

2004 年，被荔波县水书征集抢救工作领导小组聘为荔波县水书研究员。

2005 年 9 月，参加荔波县水书抢救办举办的水书始祖祭祀展演。

2006 年 3 月，参加贵州卫视举办的宣传水书祭树神习俗展演。

2007 年 6 月，参加西班牙鲁纳制片厂水书习俗家祭风俗展演。

2010 年 2 月，到荔波县城参加水书习俗祭祀活动。

2019年10月，被黔南州文化广电和旅游局授予“黔南州非物质文化遗产（水书习俗）代表性传承人”荣誉称号。

（五）传承人风采

所获荣誉

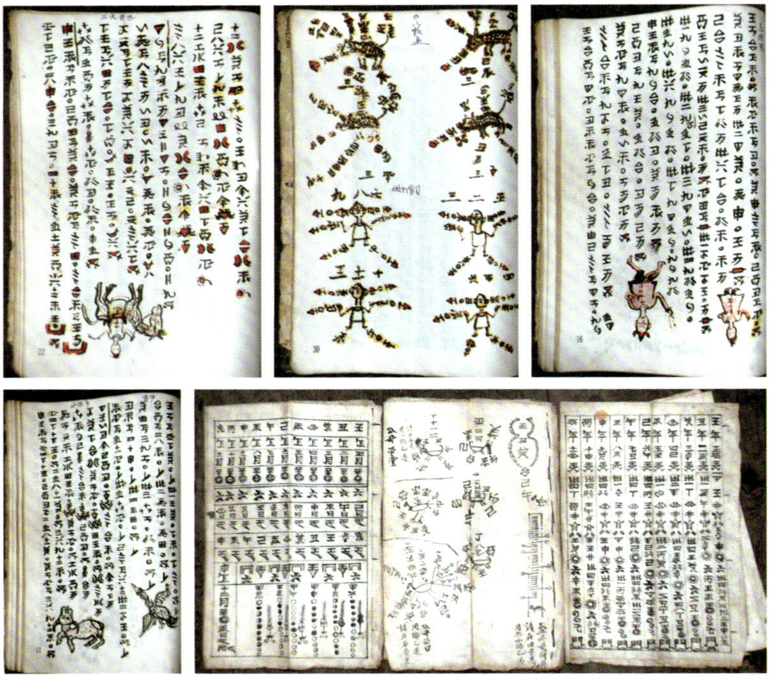

收藏的水书

村寨一角

所住房屋

九、蒙熙能

（一）传承人简介

姓名：蒙熙能

性别：男

出生年月：1941 年 8 月

民族：水族

身份：农民

文化程度：大专

居住地址：荔波县黎明关乡德门村四组（现居荔波县玉屏街道马道巷）

（二）传承生态环境

荔波县黎明关乡德门村四组位于丘陵地带，距黎明关乡政府约 18 千米，距荔波县城约 16 千米。全组共有 48 户水族居民，姓氏以蒙姓为主。房屋以砖房为主，有少量水族传统杆栏式吊脚木楼。

蒙熙能家里共有 6 人，除他本人外，还有女儿、女婿、2 个孙子和 1 个孙女。家有水族传统杆栏式吊脚木楼、木砖混合结构住房各 1 栋，田 3.2 亩，地 2.7 亩，种有柚子等水果。家庭经济的主要来源是女婿的工资和个人在家务农。在日常生活中，主要使用水语、布依语和本地方言交流。

（三）传承情况

蒙熙能自幼受到水族文化的熏陶，在父亲的指导和自己的努力下，他很快便成为当地闻名的水书习俗代表性传承人。目前，蒙熙能擅长背诵口传秘诀、推定水书条目、遁宫掌、抛卦片、割蛋卜、查图表等方面的内容，主要服务于荔波县附近村寨，当地群众认可度较高。家中现收藏有《水书贪巨》《六甲反书》《十二个凶》《六甲反书吉凶》《泐金·纪日卷》等水书。

蒙熙能有 6 名徒弟，分别是蒙学义、姚龙建、姚学锋、蒙勤辉、韦克昌和姚覃军。他们均已学有所成，服务于周边群众。其中，姚覃军是荔波县水族古文字研究中心副译审、贵州省水书专家组的成员、黔南州第五批州管专家，对各类水书尤为精通。蒙熙能经常参加各种水族文化活动，为水族文化的传承做出一定贡献。

（四）传承发展

2002 年，被荔波县人民政府聘为荔波县水书研究员。

2002—2012 年，参与荔波县水书抢救办水书著录、翻译工作。

2003—2004 年，参加破译宋代八莲瓣碗上的 10 个符号以及夏陶碎片上的 24 个符号，具体内容已载入荔波县政协文史委出版的《荔波水族》一书中。

2003—2006 年，翻译家藏水书 4 部。

2005 年 8 月，被黔南州人民政府聘为黔南州水书专家组成员。

2006—2007 年，参加荔波县水书抢救办组织的水书著录工作，独立著录 59 部。

2007 年 6 月，参加黔南州文化局举办的“水书习俗”培训班。

2007—2008 年，参加翻译水书《泐金・纪日卷》《金银・择吉卷》，并担任《金银・择吉卷》的主编。

2008 年 7 月，被黔南州民族民间文化保护委员会授予“黔南州首批非物质文化遗产传承人”荣誉称号。同年 8 月，为《泐金・纪日卷》撰写 3000 字的解说文。同年 12 月，获得高级水书师资格。

（五）传承人风采

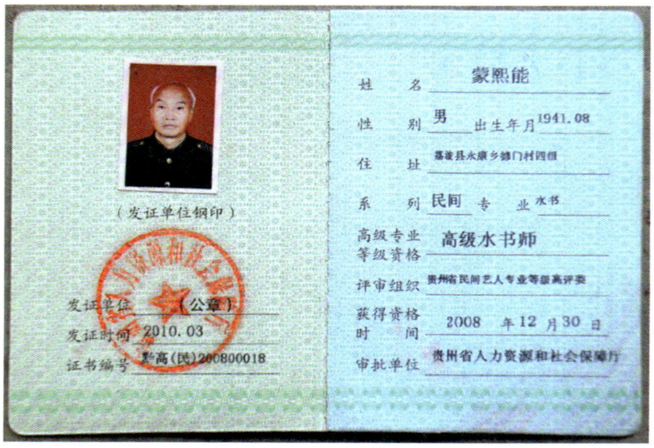

所获荣誉（一）

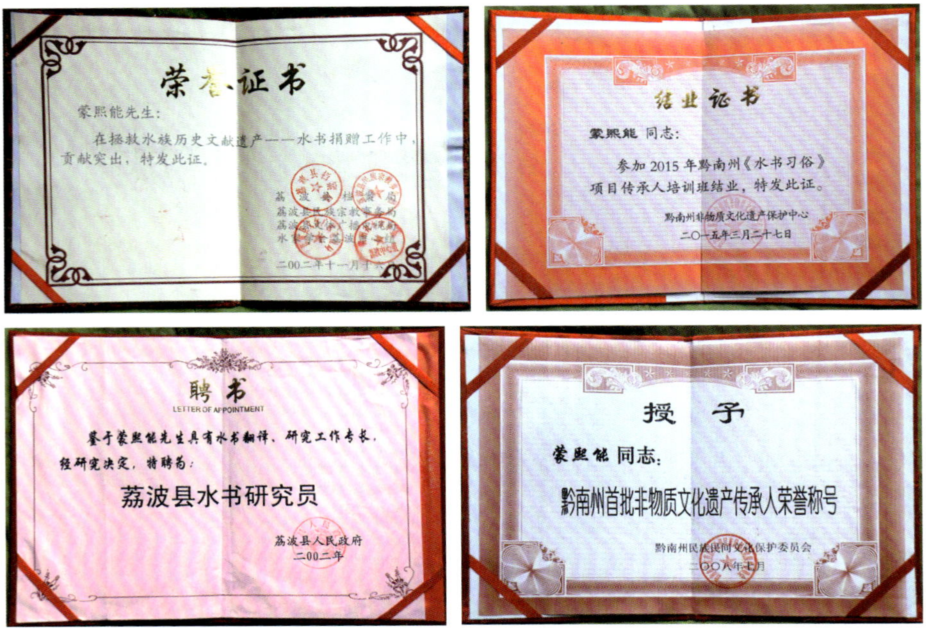
荣誉证书
蒙熙能先生：
在拯救水族历史文献遗产——水书捐赠工作中，贡献突出，特发此证。
结业证书
蒙熙能 同志：
参加2015年黔南州《水书习俗》项目传承人培训班结业，特发此证。
黔南州非物质文化遗产保护中心
二○一五年三月二十七日
聘书
LETTER OF APPOINTMENT
鉴于蒙熙能先生具有水书翻译、研究工作专长，经研究决定，特聘为：
荔波县水书研究员
荔波县人民政府
二00二年
授予
蒙熙能 同志：
黔南州首批非物质文化遗产传承人荣誉称号
黔南州民族民间文化保护委员会

所获荣誉（二）

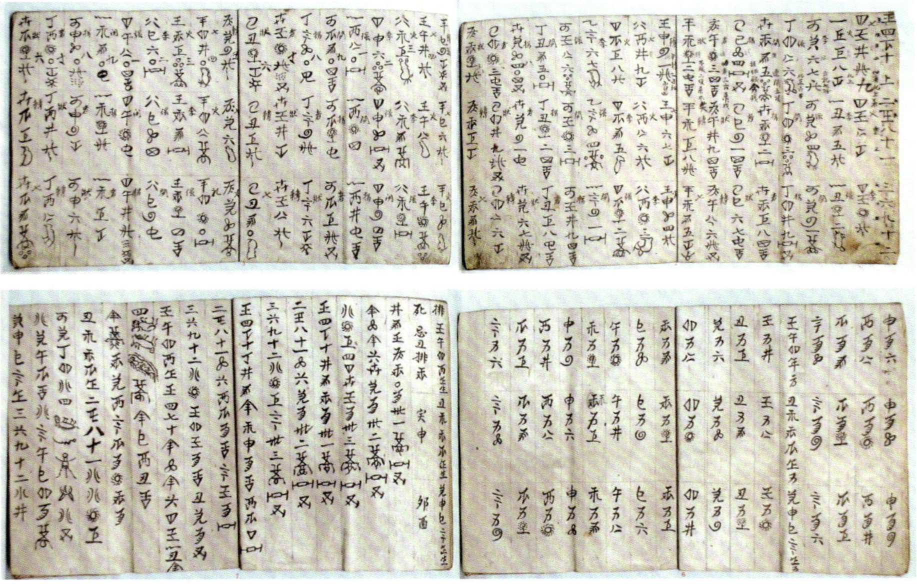

收藏的水书

所住房屋

十、杨胜昭

（一）传承人简介

姓名：杨胜昭

性别：男

出生年月：1955 年 10 月

民族：水族

身份：小学教师

文化程度：中师

居住地址：三都县都江镇坝街社区羊瓮村里古组

（二）传承生态环境

解读水书

三都县都江镇坝街社区羊瓮村里古组位于半山坡，距坝街社区约5千米，距三都县城约35千米。全组共有66户水族居民，姓氏以潘姓、杨姓为主。房屋为水族传统杆栏式吊脚木楼。

杨胜昭家里共有13人，除他和妻子外，还有3个儿子、3个儿媳、3个孙子和2个孙女。大儿子在羊瓮村当主任，二儿子在罗甸县工作，三儿子在三都县城工作。家有水族传统杆栏式吊脚木楼1栋，田3.5亩，地1.2亩。家庭经济的主要来源是个人的退休金。在日常生活中，主要使用水语和本地方言交流。

（三）传承情况

1970年，杨胜昭拜大伯杨锦春为师，开始学习水书。主要学习《正七卷》，启蒙读本为《正七连庚甲》。目前，杨胜昭擅长驱灾驱邪、婚嫁丧宴、起房造屋、祭祀布经等方面的内容，主要服务于三都县城周边乡镇，当地群众认可度较高。曾受邀到湖南、深圳、贵阳等地服务。家中现收藏有《正七连庚甲》《反书》《十二大吉》等水书。

此外，杨胜昭还是羊瓮小学的校长。在课外活动时间，他会教学生认、读水书里的基础文字，将水书文化带进校园，为水族文化的传承做出一定贡献。

杨胜昭有3名徒弟，分别是潘左、潘考和杨桃，均为本村居民。他们均学有所成，服务于周边乡镇。

（四）传承发展

2010年12月，获得“三都水族自治县首批非物质文化遗产代表性传承人”

荣誉称号；被黔南民族师范学院聘为水书先生顾问。

2016 年 3 月，成立首个“水书习俗少儿弟子班”，收有 8 名弟子，其中 4 名是女弟子，打破水书习俗“传男不传女”的戒律，拓展传承渠道。

2018 年 6 月，被贵州民族大学聘为贵州民族大学古籍研究所特聘研究员。

2019 年 10 月，被黔南州文化广电和旅游局授予“黔南州非物质文化遗产（水书习俗）代表性传承人”荣誉称号。

2020 年 8 月，被三都县人才工作领导小组办公室评为文化巧匠类“优秀乡土人才”。同年 12 月，被贵州省文化和旅游厅授予“贵州省非物质文化遗产（水书习俗）代表性传承人”荣誉称号。

（五）传承人风采

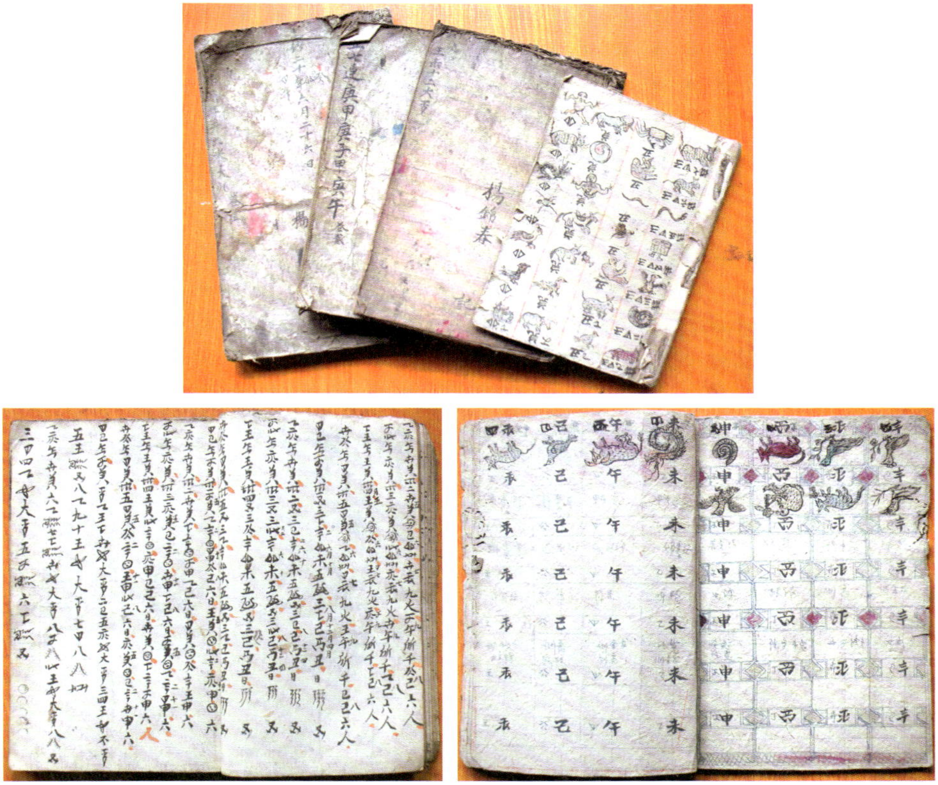

收藏的水书

村寨一角

所住房屋

十一、潘秀业

（一）传承人简介

姓名：潘秀业

性别：男

出生年月：1936 年 1 月

民族：水族

身份：农民

文化程度：小学

居住地址：三都县中和镇三洞社区红星村善宏一组

（二）传承生态环境

三都县中和镇三洞社区红星村善宏一组位于山脚，距中和镇政府约 11 千米，距三都县城约 36 千米。全组共有 71 户水族居民，姓氏均为潘姓。房屋以水族传统杆栏式吊脚木楼为主，有少量木砖混合结构住房。

潘秀业与妻子育有 3 子 2 女，子女均已成家。3 个儿子均在政府部门工作，2 个女儿嫁入外地。家有木砖混合结构住房 1 栋，田 4.7 亩，地 1.8 亩。家庭经济的主要来源是子女的工资和个人在家务农。在日常生活中，主要使用水语和本地方言交流。

（三）传承情况

1958 年，潘秀业拜潘龙麟为师，开始学习水书。主要学习《正七卷》，启蒙读本为《子午卷》。目前，潘秀业擅长丧葬择日、避邪驱灾等方面的内容。主要服务于三都县境内，当地群众认可度较高。家中现收藏有《子午卷》《忌》《正七卷》《金堂书》等水书。潘秀业是三洞社区、中和镇、三都县水族文化活动的主祭人，参与《六十龙备要》《吉春》等水书的翻译工作。

潘秀业有 4 名徒弟，分别是中和镇塘州社区塘州村的王金整、廷牌社区新仰村的韦树远以及周覃镇群力大寨的韦跃、韦仕在。

（四）传承发展

2004 年，被聘为“三都水族自治县水书顾问”。

2008 年 7 月，在三都县组织的水书抢救工作中，被评为优秀水书先生；被黔南州民族民间文化保护委员会授予“黔南州首批非物质文化遗产传承人”荣誉称号。同年 12 月，获得高级水书师资格。

2010 年 12 月，被三都县人民政府授予“三都水族自治县首批非物质文化遗产（水书习俗）代表性传承人”荣誉称号。

2016 年，电影《山那边有匹马》在三都县取景拍摄，潘秀业参演，并于影片中展示了水书独特的民族文化魅力，该影片荣获中国电影金鸡奖提名；在水族文化藏品捐赠活动中，捐赠水书 11 本。

（五）传承人风采

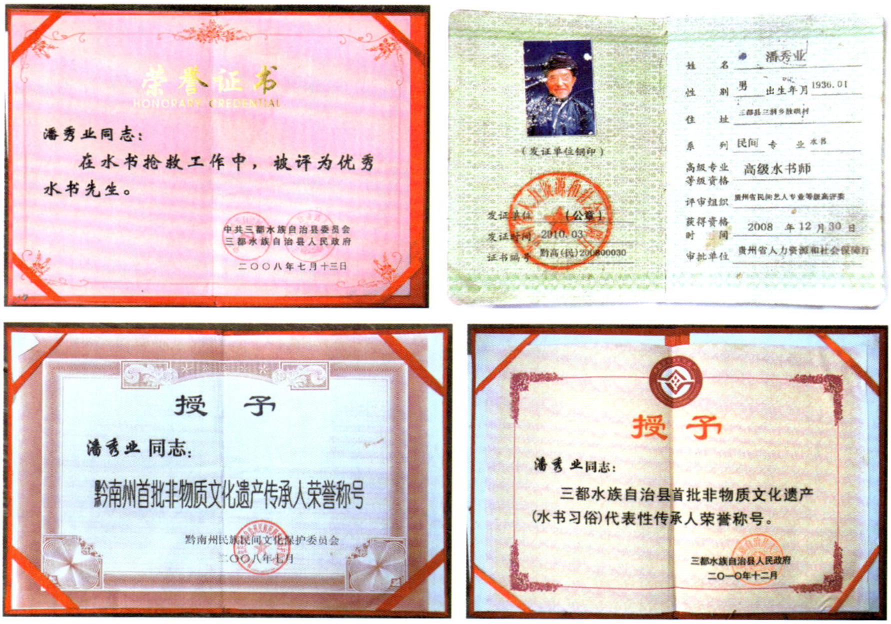

所获荣誉

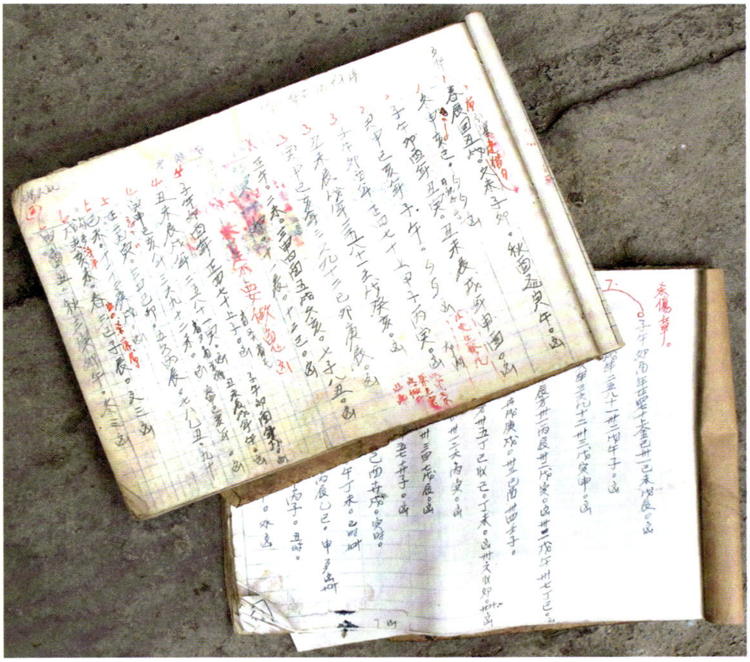

收藏的水书

解读水书

作者樊敏走访潘秀业

村寨一角

所住房屋

十二、韦学信

（一）传承人简介

姓名：韦学信

性别：男

出生年月：1958 年 4 月

民族：水族

身份：农民

文化程度：小学

居住地址：三都县大河镇大河社区大河村苗草七组（现居三都县凤羽街道城南社区移民安置点）

（二）传承生态环境

三都县大河镇大河社区大河村苗草七组位于坡顶，距三都县城约 24 千米。全组共有 93 户水族居民，姓氏均为韦姓。房屋以木砖混合结构为主。

韦学信与妻子育有 2 子 1 女，子女均已成家。妻子王金芬在县城周边做临时工。家有木砖混合结构住房 1 栋，田 4.5 亩，地 13 亩。家庭经济的主要来源是妻子在外务工和个人在家务农。在日常生活中，主要使用水语和本地方言交流。

（三）传承情况

1971 年，韦学信开始跟随父亲韦金堂学习水书，主要学习《正七卷》《八井生年》《掌诀吉凶》等水书。目前，韦学信擅长婚嫁、丧葬、起造、择日等方面的内容，主要服务于三都、都匀、独山、平塘、荔波和榕江，当地群众认可度较高。家中现收藏有《正七卷》《八井生年》《寸门大吉》《选房笠柱》《壬辰吉》《扫粪吉》《砍牛》《逢精吉》《婚姻部》《大利姑油壬辰》《掌诀吉凶》《流年宫掌》《堵门户》等水书。

韦学信有 6 名徒弟，分别是三合街道行偿村的陆和、蒙大，苗草组的韦国敏，石奇村的韦朝宝、韦光池以及都江镇打习组的韦天，他们现均已学成，服务于周边群众。

（四）传承发展

2010 年 12 月，被三都县人民政府授予“三都水族自治县首批非物质文化遗产（水书习俗）代表性传承人”荣誉称号。

2012 年 11 月，被黔南州民族民间文化保护委员会授予“黔南州第三批州级非物质文化遗产（水书习俗）代表性传承人”荣誉称号。

（五）传承人风采

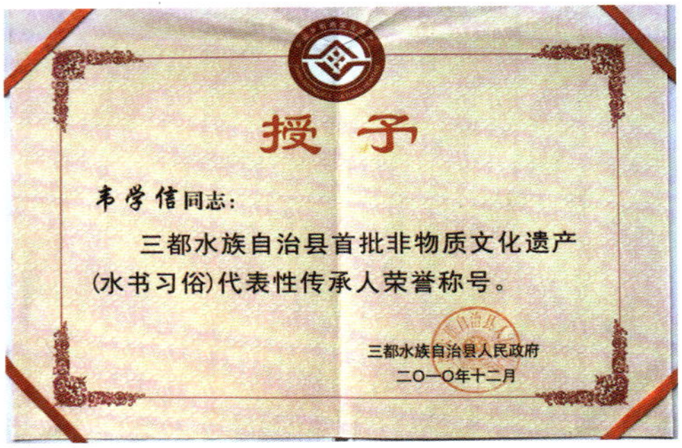

所获荣誉

解读水书

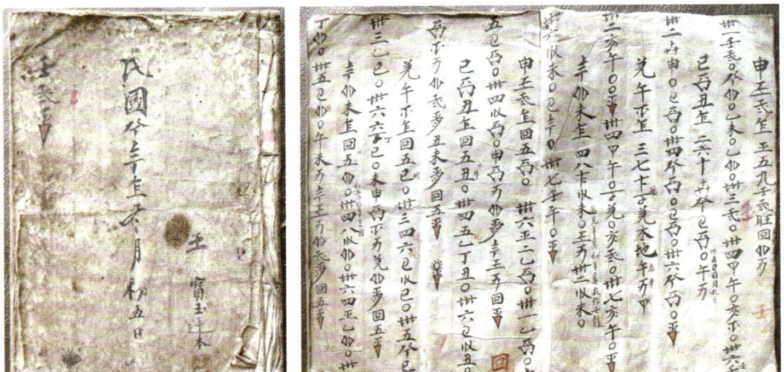

收藏的水书《壬辰吉》

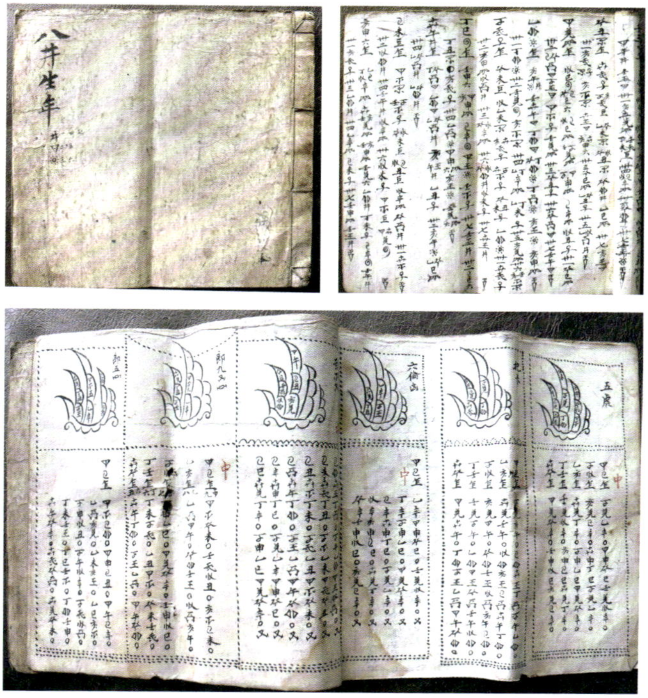

收藏的水书《八井生年》

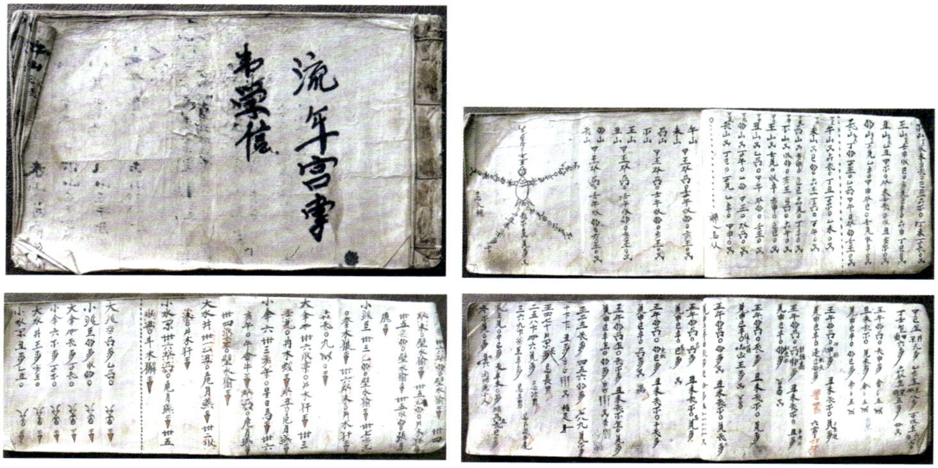

收藏的水书《流年宫掌》

十三、韦章炳

（一）传承人简介

姓名：韦章炳

性别：男

出生年月：1957 年 6 月

民族：水族

身份：党校高级讲师

文化程度：大学本科

居住地址：独山县玉水镇合力村塘年组（现居独山县独秀小区）

（二）传承生态环境

独山县玉水镇合力村塘年组位于山间盆地，距独山县城约 54 千米。全组因易地扶贫搬迁，现仅剩 5 户人家，姓氏均为韦姓。

韦章炳与妻子育有 1 女，女儿已成家。妻子陈荣慧曾就职于独山县人民医院。家有商品房 1 栋，地 12 亩（后分给兄长）。家庭经济的主要来源是夫妻二人的退休金。在日常生活中，主要使用水语和本地方言交流。

（三）传承情况

2007 年，韦章炳从独山县委党校抽调至独山县水书办，开始跟其二伯韦毛为学习水书，后又跟杨开学习水书，启蒙读本为《正七卷》。韦章炳在水书与易经的联系及易理考究等方面有较高水平，其目前的主要研究方向是水书的来源、水族文化源考及对水书的翻译等。家中现收藏有《正七卷》《八山卷》《太平卷》《丧葬卷》等水书。

如今，大多数人认为学习水书文化耗时长且无法解决经济上的窘境，难以维持生计，故不愿学习水书。因为愿意学习并传承水书文化的年轻人越来越少，韦章炳一直没有正式收徒。授教的水书先生大多都是高龄，且人数越来越少，传承水族文化的资金与投入的不足，致使很多水书习俗文化不断失传。针对这一现象，韦章炳建议加大对水书文化的投入，设置专业的民族文化传承班，通过学校教学的形式来传承。

（四）传承发展

作为黔南州水书专家组成员和首批非物质文化遗产代表性传承人，韦章炳致力于水书文化研究和水书翻译。完成了《太平卷》《八山卷》等水书译丛，并著有《水书文化与中华断代文明——水书历史档案文献探究》等3部共100余万字的水书研究性专著。撰有《刍议水书、〈连山〉与含山玉版之谜》（刊于《国际易学研究》第10辑）、《试析水书与〈连山〉的亲缘关系》（刊于《国际易经》第32期）等数十篇颇有影响的学术论文。在成功破解含山玉版千古之谜后，韦章炳又以充分论据论证水书是连山易遗存，国内外学术界称其研究成果改写了古易《连山》已失的认定结果。韦章炳曾获得贵州省“哲学社会科学优秀成果”及贵州省“十佳著人”等奖项，曾多次参加全国性学术交流，并受邀到清华大学等高校讲学。

（五）传承人风采

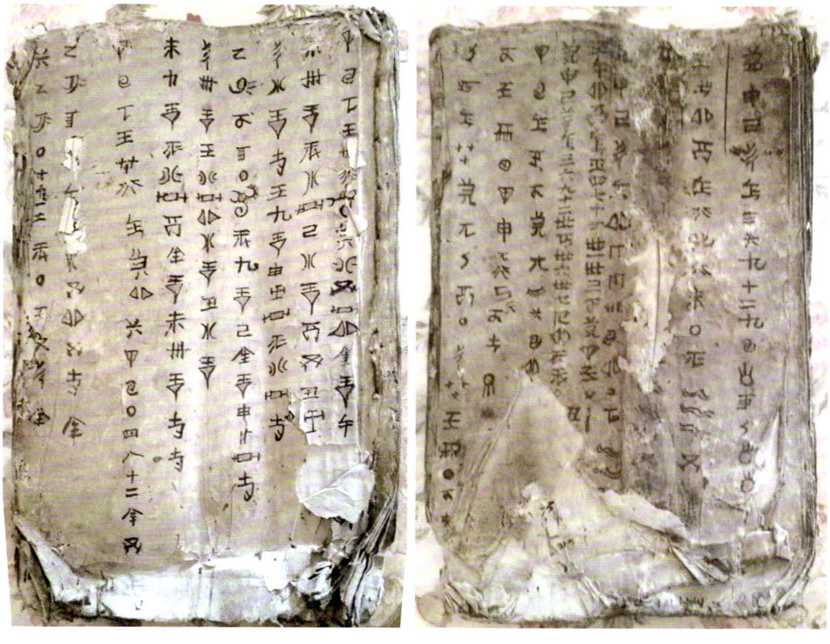

收藏的水书

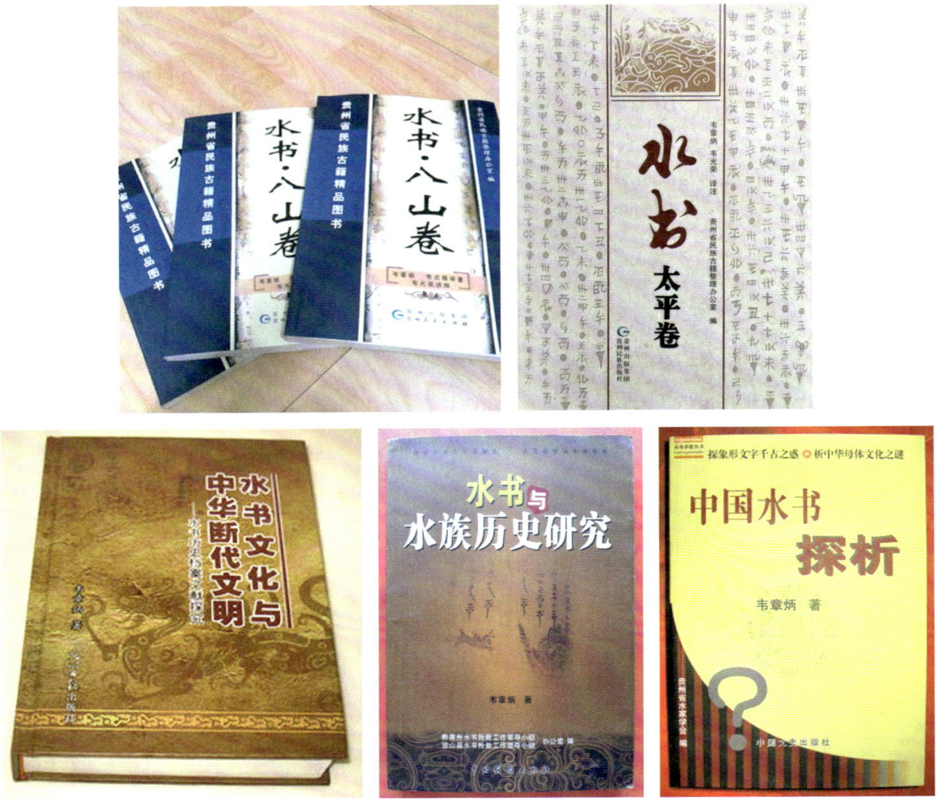

出版的著作

十四、吴佩君

（一）传承人简介

姓名：吴佩君

性别：男

出生年月：1942 年 10 月

民族：水族

身份：小学教师

文化程度：中师

居住地址：都匀市归兰乡翁高村

（二）传承生态环境

都匀市归兰乡翁高村位于山地，距乡政府约 9 千米，距都匀市区约 40 千米。全村共有 85 户水族居民，姓氏均为吴姓。房屋以水族传统杆栏式吊脚木楼为主，有少量砖房。

吴佩君家里共有 15 人，是一户四世同堂的大家庭。家有水族传统杆栏式吊脚木楼 1 栋，田 3 亩，地 2 亩。家庭经济的主要来源是个人的退休金和子女在外务工。在日常生活中，主要使用水语和本地方言交流。

（三）传承情况

1961 年，吴佩君拜蒙时高为师，开始学习水书，启蒙读本为《正七卷》。后又得到蒙时茂、蒙光尧、韦玉昌等水书先生的指点。目前，吴佩君擅长驱灾驱邪、丧葬、起造、婚嫁、祭祀、布经等方面的内容，主要服务于附近村寨，当地群众认可度较高。家中现收藏有《反书》《通书推用吉凶》《正七庚甲》《子午正七庚甲》《大旺寸门》《水书推吉正七卷》等水书。

此外，吴佩君还是翁高村洒洋小学的教师。在课余时间，吴佩君会教学生读、写水书里的基础文字，并对水书文化有兴趣爱好的老师进行重点培养，将水书文化带进校园，为水族文化的传承做出一定贡献。

吴佩君有 6 名徒弟，分别是吴兴培、吴兴远、吴兴平、蒙富春、蒙光海和潘可夫。其中，长子吴兴培和次子吴兴远已能熟练掌握和运用《正七卷》及婚丧嫁娶、起房造屋等方面的内容，服务于周边乡镇。

（四）传承发展

2008 年 12 月，获得中级水书师资格。

2016 年 6 月，被都匀市归兰乡阳和中心校聘为学校组织编写的《水族丧葬文化》一书的审稿员。

2017 年，经黔南至德文化研究会选举，被任命为黔南至德文化研究会常务委员会委员。

2018 年 5 月，被都匀市文化和旅游局授予“非物质文化遗产项目（水书习俗）市级代表性传承人”荣誉称号；参加黔南州少数民族古籍培训。同年 7 月，被聘为中国非物质文化遗产传承人群研修研习培训计划——黔南州 2018 第一期《水书习俗》培训班授课教师。同年 11 月，被聘为中国非物质文化遗产传承人群研修研习培训计划——黔南州 2018 第二期《水书习俗》培训班授课教师。

2019 年 10 月，被黔南州文化广电和旅游局授予“黔南州非物质文化遗产（水书习俗）代表性传承人”荣誉称号。

（五）传承人风采

所获荣誉

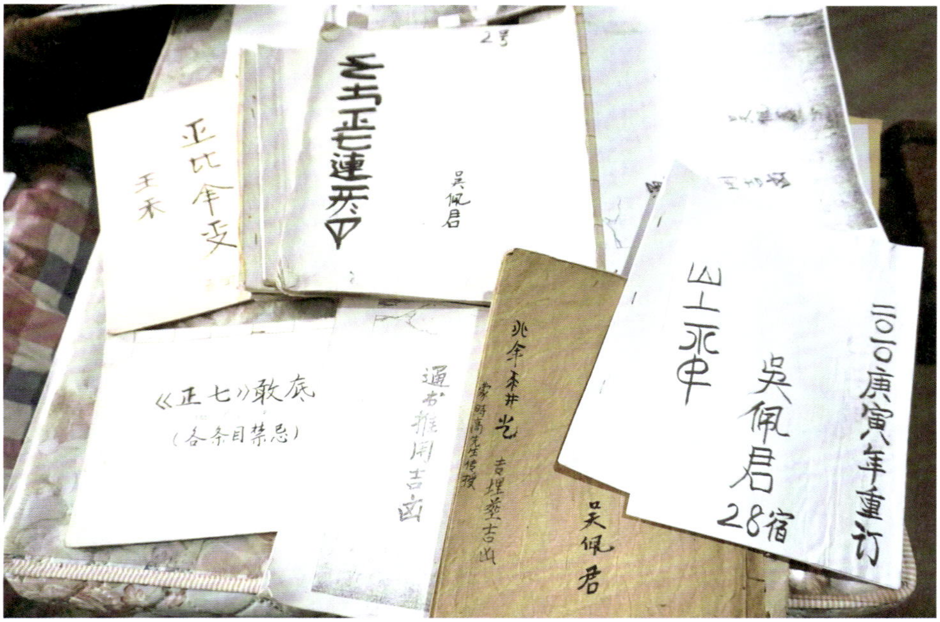

收藏的水书

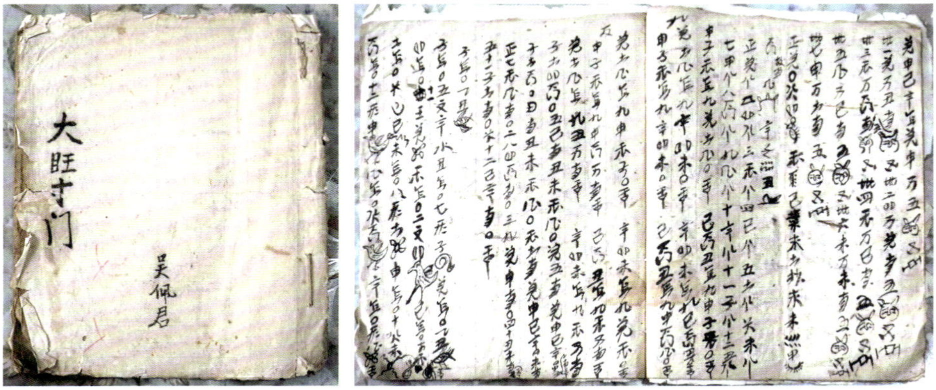

收藏的水书《大旺寸门》

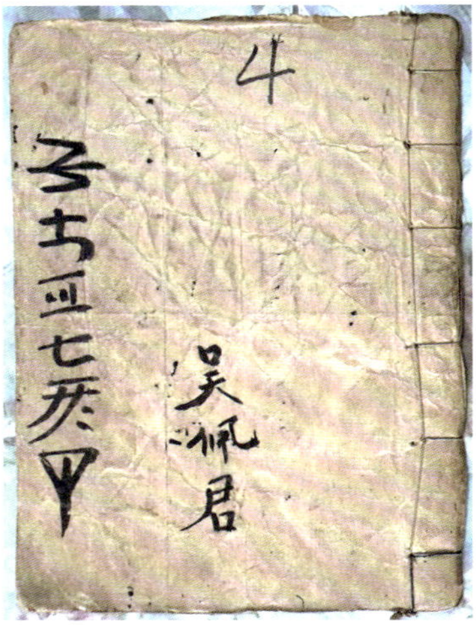

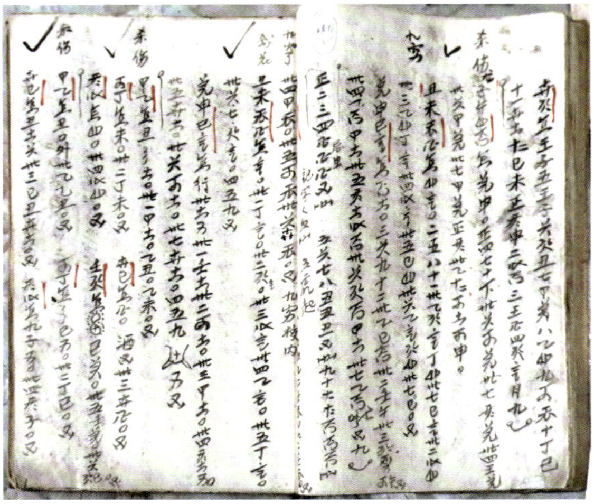

收藏的水书《子午正七庚甲》

解读水书

十五、潘美兴

（一）传承人简介

姓名：潘美兴

性别：男

出生年月：1953 年 12 月

民族：水族

身份：农民

文化程度：小学

居住地址：荔波县佳荣镇拉易村三组

（二）传承生态环境

荔波县佳荣镇拉易村三组位于山林地带，距镇政府约 14 千米，距荔波县城约 61 千米。全组共有 65 户水族居民，姓氏均为潘姓。房屋以水族传统杆栏式吊脚木楼为主，有少量砖房。

潘美兴家里共有 8 人，除他本人和妻子外，还有儿子、儿媳、孙女、孙子、孙媳和重孙。家有水族传统杆栏式吊脚木楼 2 栋，田 7 亩，地 1 亩。家庭经济的主要来源是儿子、儿媳外出务工或在家务农。在日常生活中，主要使用水语和本地方言交流。

（三）传承情况

1998 年，潘美兴开始跟随父亲潘荣生和大哥潘老平学习水书。主要学习《亥子丑卷》《春寅卷》《丧葬卷》等水书，启蒙读本为《亥子丑卷》。目前，潘美兴擅长卜石问卦、婚嫁、丧葬、起造、择日等方面的内容，主要服务于荔波县城与佳荣一带、榕江县邻近村寨等。家中现收藏有《通书》《通书请用》《通书用发》《册通书用》等水书。

潘美兴有 2 名徒弟，分别是潘永根和潘永壳。

（四）传承发展

2015 年，参加荔波县水书传承人培训。

（五）传承人风采

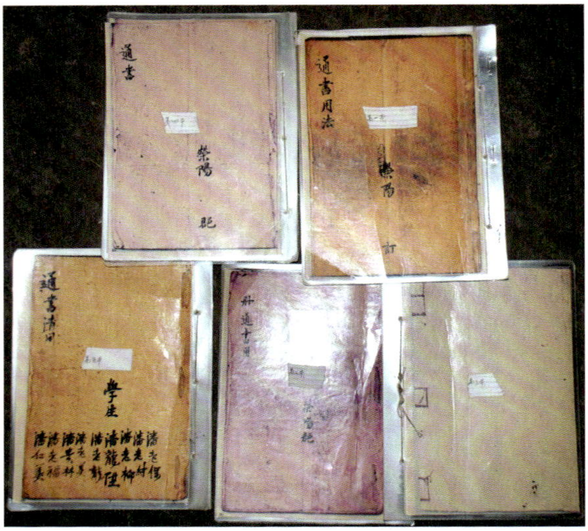
收藏的水书

解读水书

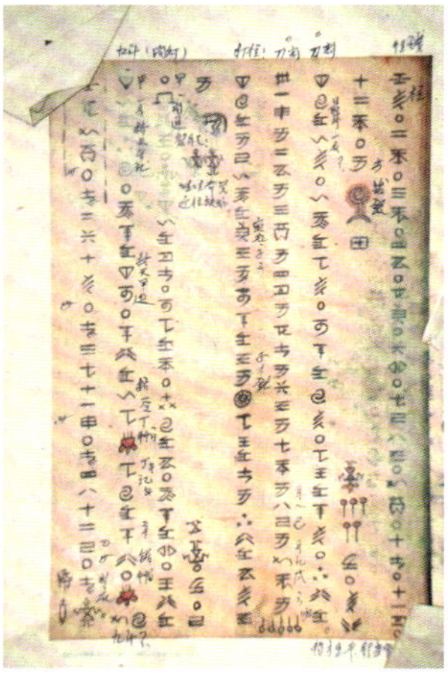
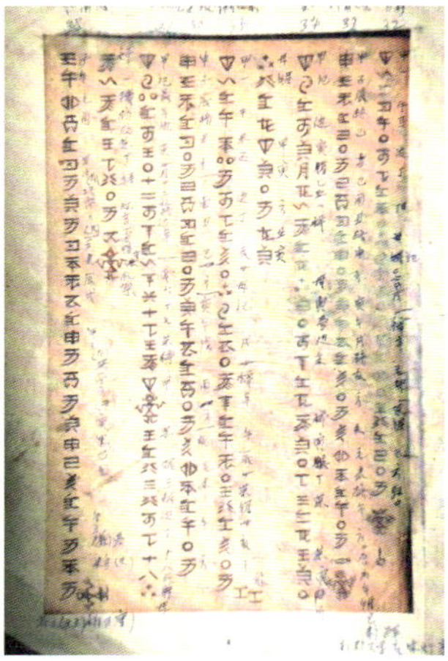
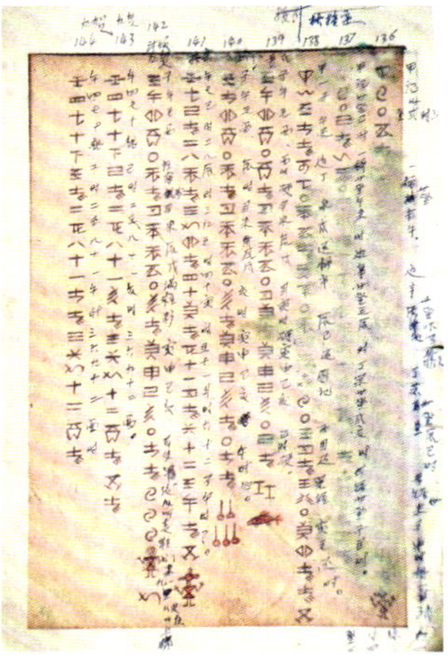
收藏的水书

水书习俗

村寨一角

所住房屋

十六、欧庆能

（一）传承人简介

姓名：欧庆能

性别：男

生卒年月：1952 年 4 月—2017 年 5 月

民族：水族

身份：农民

文化程度：初中

居住地址：荔波县玉屏街道办事处水捞村水捞组

（二）传承生态环境

荔波县玉屏街道办事处水捞村水捞组位于山脚，距荔波县城约 15 千米。全组共有 71 户水族居民，姓氏以欧姓为主。房屋以水族传统杆栏式吊脚木楼为主，有少量砖房。

欧庆能家里共有 10 人，除他和妻子外，还有 2 个儿子、2 个儿媳和 4 个孙子。家有水族传统杆栏式吊脚木楼 1 栋，田 6 亩，地 0.2 亩。家庭经济的主要来源是子女外出务工和夫妻二人在家务农，主要种植水稻、玉米等农作物。在日常生活中，主要使用水语、布依语和本地方言交流。

（三）传承情况

1980 年，欧庆能开始跟随父亲欧海金学习水书，启蒙读本为《亥子丑卷》和《婚嫁》。目前，欧庆能擅长择日、冲关煞、婚丧嫁娶等方面的内容，主要服务于荔波县、三都县和罗甸县等地，当地群众认可度较高。家中现收藏有《亥子丑卷》《诸星精择论》《神煞解化》等水书。

（四）传承发展

因村里的年轻人不愿意学习水书，且多外出务工，欧庆能未正式收徒。

（五）传承人风采

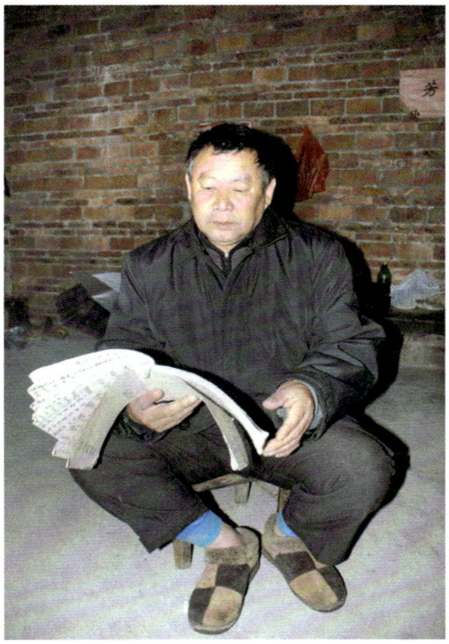

解读水书

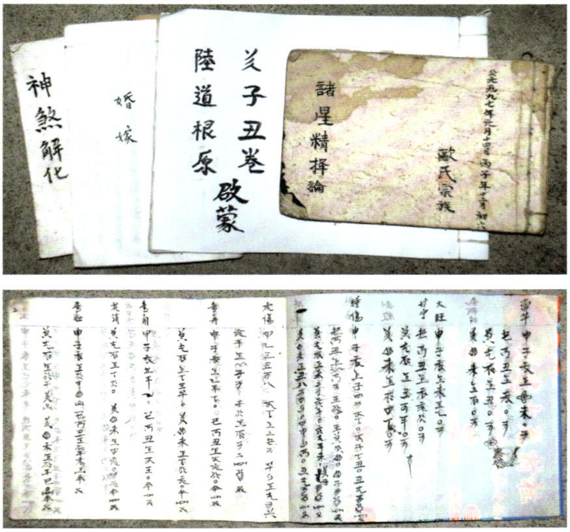

收藏的水书

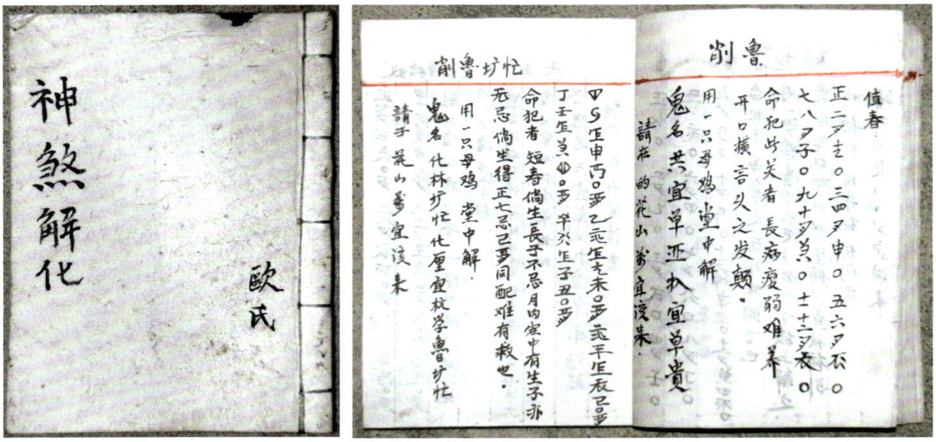

收藏的水书《神煞解化》

十七、欧文春

（一）传承人简介

姓名：欧文春

性别：男

出生年月：1980 年 2 月

民族：水族

身份：农民

文化程度：初中

居住地址：荔波县玉屏街道办事处水捞村水捞组

（二）传承生态环境

荔波县玉屏街道办事处水捞村水捞组位于山脚，距荔波县城约 15 千米。全组共有 71 户水族居民，姓氏以欧姓为主。房屋以水族传统杆栏式吊脚木楼为主，有少量砖房。

欧文春与妻子育有 1 子 1 女，子女均在上学。家有木砖混合结构住房 1 栋，田 9 亩，地 2 亩。家庭经济的主要来源是夫妻二人在家务农及在周边务工，主要种植水稻、玉米等农作物。在日常生活中，主要使用水语、布依语和本地方言交流。

（三）传承情况

1998 年，欧文春开始学习水文、国际音标。2005 年，欧文春跟随祖父欧海金学习水书，主要学习《亥子丑卷》《泐竿》《泐瓜》等水书，启蒙读本为《亥子丑卷》。后又参加荔波县档案局水书翻译培训的系统性学习，学习对照水书条目择吉避凶、推遁宫掌，运用国际音标记录口传秘诀等。目前，欧文春擅长择日、冲关煞、推遁宫掌等方面的内容，主要服务于荔波县佳荣镇、朝阳镇，三都县九阡镇及罗甸县等地，当地群众认可度较高。家中现收藏有《亥子丑卷》的《陆道根源》翻抄本、吉书卷《泐瓜》翻抄本和其他水书常用手册。

欧文春自谦学习水书习俗的时间较短，所学知识不够精深，尚未正式收徒。但会经常在空闲时间与自家兄弟欧文欢、欧文天、欧文刊等人讨论水书，并教他们认识水书文字、水文及国际音标。他们现已基本能够识别、朗读水书。

（四）传承发展

2006 年 12 月—2007 年 1 月，在祖父欧海金的帮助下，著录、翻译水书《正七卷》。

2008 年 3 月，在荔波县水书抢救办参加《金银·择吉卷》的著录、翻译工作。

2019 年 10 月，被黔南州文化广电和旅游局授予“黔南州非物质文化遗产（水书习俗）代表性传承人”荣誉称号。

（五）传承人风采

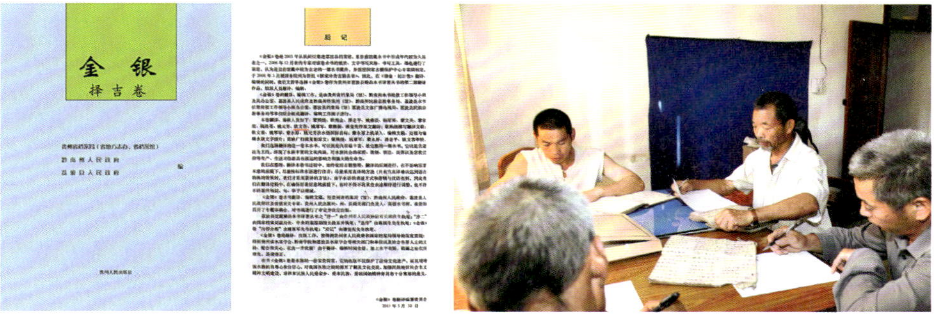

翻译水书《金银·择吉卷》

水书习俗

学习水书

十八、姚舜坛

（一）传承人简介

姓名：姚舜坛

性别：男

出生年月：1942 年 10 月

民族：水族

身份：农民

文化程度：初中

居住地址：荔波县玉屏街道办事处水尧村坡顶五组

（二）传承生态环境

荔波县玉屏街道办事处水尧村坡顶五组位于山顶，距荔波县城约 11 千米。全组共有 39 户水族居民，姓氏均为姚姓。房屋以水族传统杆栏式吊脚木楼为主，有少量砖房。

姚舜坛与妻子育有 2 子 1 女，子女均已成家。家有水族传统杆栏式吊脚木楼 1 栋，田 3 亩，地 0.2 亩。家庭经济的主要来源是儿子、儿媳在家务农或在外务工，主要种植水稻、玉米等农作物。在日常生活中，主要使用水语和本地方言交流。

（三）传承情况

1978 年，姚舜坛跟随父亲姚树荣开始学习水书，主要学习《朗读卷》《白黑卷》《五寅卷》《分解卷》《吉凶卷》《贪狼九星卷》《紫白九卷》《关煞卷》《壬辰卷》等水书。目前，姚舜坛擅长祭祀等方面的内容，主要服务于荔波县境内的乡镇，当地群众认可度较高。

姚舜坛有 3 名徒弟，分别是吴永仁、吴有张和姚万书。

（四）传承发展

2003 年，被荔波县人民政府聘为水书研究员。

2006 年 11 月，参加荔波县水书抢救办举办的“水书先生抢救水书”学习班。

2006—2007 年，参加荔波县举办的两届“梅花节”水书习俗祭祀活动。

2007 年 6 月，参加在永康乡拉桥寨举办的水书习俗祭祀活动，担任主祭人，为欧盟西班牙摄制组拍摄水书习俗提供素材。同年 11 月，参加在永康乡拉桥寨举办的水书习俗祭祀活动，担任主祭人，为“生物圈保护区网络会议”与会人员拍摄水书习俗提供素材。

2008 年 4 月，参加在永康乡拉桥寨举办的水书习俗祭祀活动，担任主祭人，为中央电视台《乡村大世界》走进荔波栏目组拍摄水书习俗提供素材。

2006—2011 年，参加荔波县档案馆组织的水书著录工作，著录 4000 余册水书，翻译水书《泐金·纪日卷》《金银·择日卷》。

2012 年 6 月，在荔波小七孔龟背山水族文化园担任水书讲解员。同年 12 月，在北京参加中国民族古文字研究会第九次学术研讨会暨会员代表大会；获得高级水书师资格。

2015 年 3 月，参加黔南州（水书习俗）项目传承人培训班。

2017 年 2 月，被聘为荔波县水族古文字研究中心专家库专家。

2019 年 7 月，参加黔南州非遗中心在荔波县举办的黔南州水族文化传承培训班。

（五）传承人风采

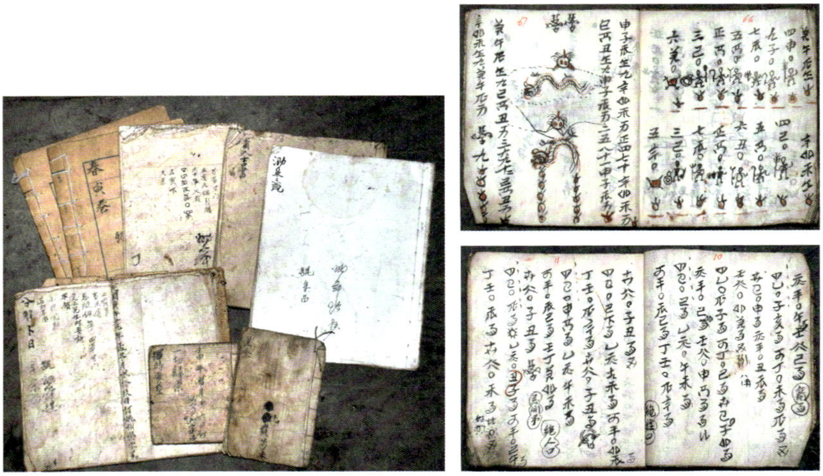

收藏的水书

所住房屋

十九、姚进强

（一）传承人简介

姓名：姚进强

性别：男

出生年月：1944 年 11 月

民族：水族

身份：农民

文化程度：小学

居住地址：荔波县玉屏街道办事处水尧村坡顶五组

（二）传承生态环境

荔波县玉屏街道办事处水尧村坡顶五组位于山顶，距荔波县城约 11 千米。全组共有 39 户水族居民，姓氏均为姚姓。房屋以水族传统杆栏式吊脚木楼为主，有少量砖房。

解读水书

姚进强与妻子育有1子3女，子女均已成家。家有砖房1栋，田7亩，地0.6分。家庭经济的主要来源是子女的工资或在家务农，主要种植水稻、玉米等农作物。在日常生活中，主要使用水语和本地方言交流。

（三）传承情况

1978年，姚进强拜大伯姚树荣为师，开始学习水书习俗。主要学习《春寅卷》《丧葬卷》等水书，启蒙读本为《春寅卷》。目前，姚进强擅长婚丧嫁娶、起房造屋、择日等方面的内容，主要服务于荔波县城及周边乡镇，当地群众认可度较高。家中现收藏有《选择备要》《贵人书》《丧葬卷》《神》等水书。

姚进强有3名徒弟，分别是姚舜伟、姚必宋和姚必雄，均为荔波县水尧村坡顶五组人。

（四）传承发展

2002年7月，参加荔波县人民政府召开的第一次“抢救水书”会议。同年11月，参加荔波县人民政府召开的第二次“抢救水书”会议，并在会上捐赠水书。

2003年8月，参加贵州电视台举办的水书习俗祭祀表演，担任主祭人。

2006年11月，参加荔波县水家学会、荔波县水书抢救办召开的水书先生培训会。

2007年1月，参加荔波县举办的第二届“梅花节”水书习俗祭祀活动，担任主祭人；被荔波县水书征集抢救工作领导小组授予“荔波县水书研究员”荣誉称号。同年11月，参加“生物圈保护区网络会议”在荔波县举办的水书习俗祭祀表演，担任主祭人。

2008年11月，参加文化部举办的水书习俗祭祀拍摄表演，担任主祭人。

2009 年 10 月，参加贵州省文化厅举办的水书习俗祭祀表演，担任主祭人。

2015 年 3 月，参加黔南州（水书习俗）项目传承人培训班。

2016 年，参加荔波县水书普查翻译工作。

2017 年 2 月，被聘为荔波县水族古文字研究中心专家库专家。

2019 年 7 月，参加黔南州非遗中心在荔波县举办的黔南州水族文化传承培训班。

（五）传承人风采

收藏的水书

所住房屋

二十、姚必松

（一）传承人简介

姓名：姚必松

性别：男

出生年月：1953 年 12 月

民族：水族

身份：农民

文化程度：小学

居住地址：荔波县玉屏街道办事处水尧村坡顶五组

（二）传承生态环境

荔波县玉屏街道办事处水尧村坡顶五组位于山顶，距荔波县城约 11 千米。全组共有 39 户水族居民，姓氏均为姚姓。房屋以水族传统杆栏式吊脚木楼为主，有少量砖房。

姚必松与妻子育有2子3女，子女均已成家。家有木砖混合结构住房1栋，田2亩，地0.2分。家庭经济的主要来源是子女在外务工或在家务农，主要种植水稻、玉米等农作物。在日常生活中，主要使用水语和本地方言交流。

解读水书

（三）传承情况

1978年，姚必松拜姚树荣为师，开始学习水书，启蒙读本为《春寅卷》和《井巨卷》。目前，姚必松擅长择吉避凶、婚丧嫁娶、起房造屋等方面的内容，主要服务于荔波县城及周边乡镇，当地群众认可度较高。家中现收藏有《春寅卷》《贪局时吉用》《反书》《八卦全掌图》《择吉凶》等水书。

姚必松有3名徒弟，分别是姚孟兵、姚孟文和姚孟远，均为荔波县水尧村坡顶五组人。

（四）传承发展

2003年8月，参加贵州电视台举办的水书习俗祭祀拍摄表演，担任主祭人。

2006年11月，参加荔波县水家学会、荔波县水书抢救办召开的水书先生培训会。

2007年1月，参加荔波县举办的第二届“梅花节”水书习俗祭祀活动，担任主祭人。同年11月，参加“生物圈保护区网络会议”在荔波县举办的水书习俗祭祀表演，担任主祭人。

2009 年 11 月，参加荔波县土风计划《水书表情》表演。

2010 年 5 月，参加文化部举办的“水书习俗文化数据库”音像录摄诵读水书活动。

2011 年 5 月，参加荔波县档案局举办的“水书习俗文化数据库”音像录摄诵读水书活动。

2012 年 3 月，被荔波县水尧小学聘为校外兼职水书教师。

（五）传承人风采

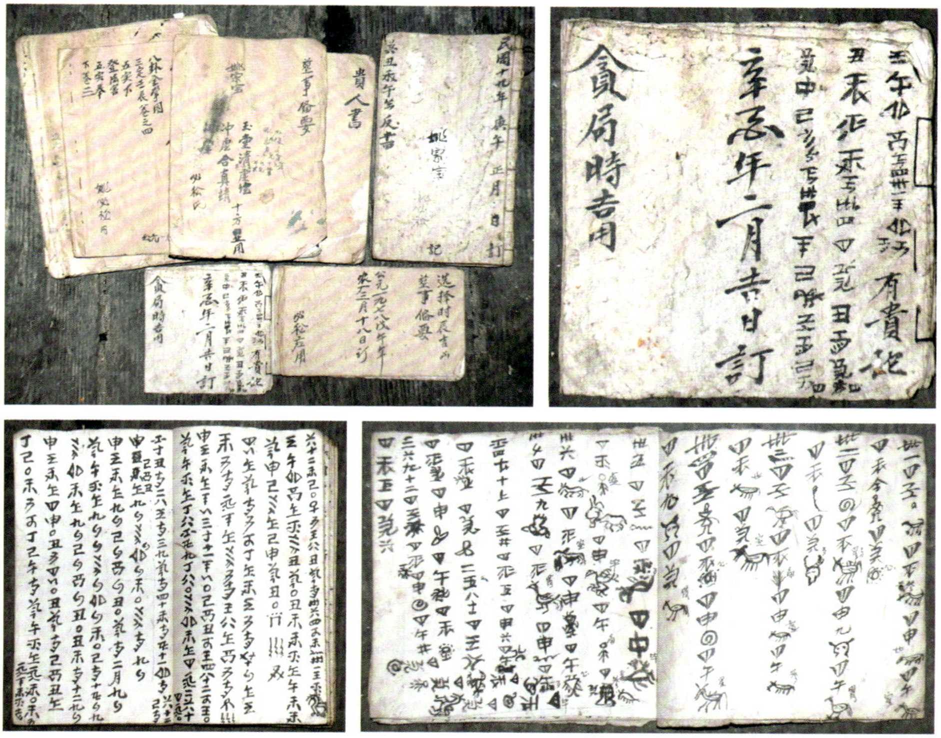

收藏的水书

所住房屋

二十一、姚元芳

（一）传承人简介

姓名：姚元芳

性别：男

出生年月：1949 年 12 月

民族：水族

身份：农民

文化程度：高中

居住地址：荔波县玉屏街道办事处水捞村上岜合组

（二）传承生态环境

荔波县玉屏街道办事处水捞村上岜合组位于山地，距荔波县城约 19 千米。全组共有 19 户水族居民，姓氏以姚姓为主。房屋以砖房为主，有少量水族传统杆栏式吊脚木楼。

姚元芳与妻子育有2子1女，子女均已成家。家有水族传统杆栏式吊脚木楼、砖房各1栋，田4.2亩，地1.3亩。家庭经济的主要来源是子女在外务工和夫妻二人在家务农，主要种植水稻、玉米等农作物。在日常生活中，主要使用水语和本地方言交流。

解读水书

（三）传承情况

姚元芳曾任民办教师，后回家务农。1999年，姚元芳拜潘继先为师，开始学习水书。主要学习《春寅卷》《寅子丑卷》《壬辰卷》等水书，启蒙读本为《春寅卷》。目前，姚元芳擅长择日、起房造屋、婚丧嫁娶、解关煞等方面的内容，主要服务于荔波县城及周边乡镇，当地群众认可度较高。家中现收藏有《亥子丑卷》《解关煞》《保佑吉利本》《小儿关煞》《宫掌》《贪巨吉星书》《八宫开山立问择日》《吉书》《正七卷》《贪巨九星书》等水书。

姚元芳对水书的钻研影响着下一代，长子姚文鑫和次子姚文锐跟随其学习水书。此外，姚元芳还收蒙兄平为徒，致力于将水书文化传承下去。

（四）传承发展

2006年，被荔波县人民政府聘为“荔波县水书研究员”。

2009年，被荔波县人民政府聘为民间艺人初级水书师。

2012年，在荔波县水书抢救办著录、翻译水书；获得中级水书师资格。

2015年，参加黔南州《水书习俗》项目传承人培训班，为民族文化、水书习俗文化的传承做出一定贡献。

（五）传承人风采

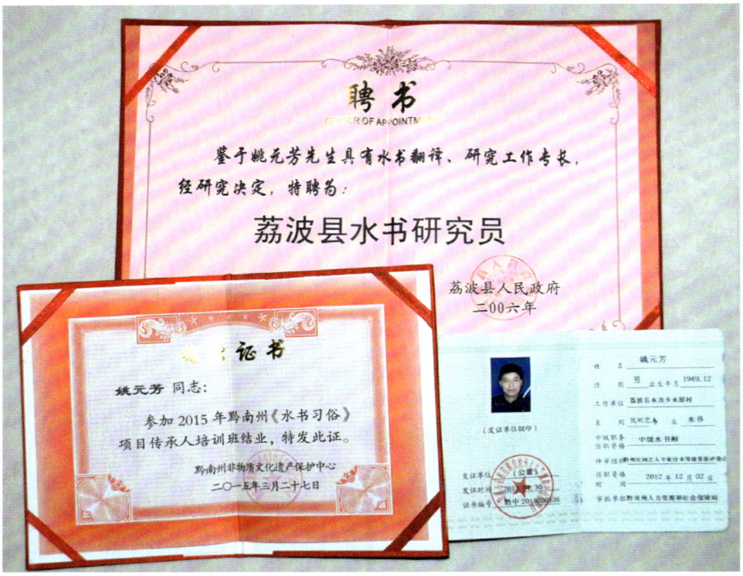

所获荣誉

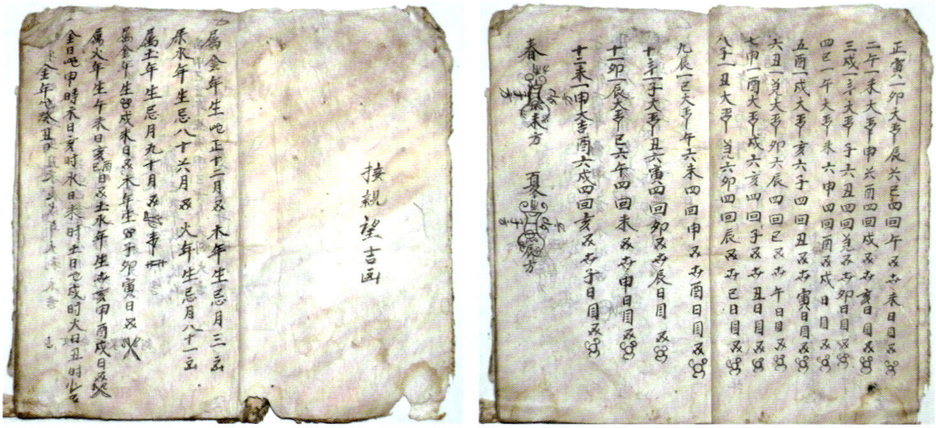

收藏的水书（一）

收藏的水书（二）

二十二、欧万米

（一）传承人简介

姓名：欧万米

性别：男

出生年月：1949 年 2 月

民族：水族

身份：农民

文化程度：初中

居住地址：荔波县玉屏街道办事处水尧村董伟组

（二）传承生态环境

荔波县玉屏街道办事处水尧村董伟组位于山间盆地，距荔波县城约 15 千米。全组共有 28 户水族居民，姓氏以欧姓为主。房屋以水族传统杆栏式吊脚木楼为主，有少量砖房。

欧万米与妻子育有 3 子 3 女，子女均已成家。家有水族传统杆栏式吊脚木楼 1 栋，田 2.5 亩，地 0.3 亩。家庭经济的主要来源是子女在家务农或在外务工，主要种植水稻、玉米等农作物。在日常生活中，主要使用水语和本地方言交流。

（三）传承情况

1984 年，欧万米拜伯父欧木生为师，开始学习水书。主要学习《亥子丑卷》等水书，启蒙读本为《亥子丑卷》。目前，欧万米擅长择吉避凶、推遁宫掌、禳解各类关煞等方面的内容。1995 年以来，欧万米多次为百姓择日出行、经商、婚丧嫁娶服务，广受当地百姓好评。家中现收藏有《亥子丑》《天点》《九星宿》《正七卷》等水书。

欧万米有 3 名徒弟，分别是大儿子欧水新、二儿子欧水希和小儿子欧水兵。他们均已学有所成，服务于周边群众。

（四）传承发展

2002 年 11 月，参加荔波县水书抢救办召开的抢救水书经验交流会暨捐赠仪式，并捐赠水书《亥子丑》。

2005 年 11 月，参加荔波县民宗局在水浦村水葩寨举办的祭石神活动。同年 12 月，参加中央电视台在玉屏镇水扒寨拍摄的水书习俗祭祀活动，担任主祭人。

2006 年 3 月，参加中央电视台在水浦石棺墓举办的水书习俗活动。同年 6 月，参加荔波县水书抢救办在荔波县档案馆组织的著录水书原件工作，参加在水扒寨拍摄的水书习俗祭祀活动，担任主祭人；参加中央电视台拍摄的祈雨祭祀活动，担任主祭人；参加中央电视台在永康乡德门村拍摄的水书习俗祭祀活动，担任主祭人。同年 7 月，在荔波县水书抢救办著录水书，被荔波县人民政府聘为水书研究员；参与荔波县档案馆的水书著录工作，独立著录水书 158 册。同年 11 月，参加荔波县水书抢救办举办的水书先生培训班。

（五）传承人风采

著录水书

水书先生互相交流水书

水书习俗

参与水书习俗祭祀活动

二十三、姚家敖

（一）传承人简介

姓名：姚家敖

性别：男

出生年月：1947 年 9 月

民族：水族

身份：农民

文化程度：小学

居住地址：荔波县玉屏街道办事处拉交村五组

（二）传承生态环境

荔波县玉屏街道办事处拉交村五组位于山地，距荔波县城约 16 千米。全组共有 27 户水族居民，姓氏以姚姓为主。房屋以砖房为主，有少量水族传统杆栏式吊脚木楼。

姚家敖家里共有 6 人，除他和妻子外，还有儿子、儿媳和 2 个孙子。家有木砖混合结构住房 1 栋，田 3 亩，地 2 亩。家庭经济的主要来源是儿子、儿媳在外务工。在日常生活中，主要使用水语和本地方言交流。

（三）传承情况

1974 年，姚家敖开始跟随父亲学习水书，主要学习《春寅卷》《亥子丑卷》等水书。目前，姚家敖擅长择日建房、嫁娶、丧葬、禳解凶神恶煞、解保财关等方面的内容。1980 年以来，姚家敖多次为群众修桥、补路、嫁娶、丧葬等择日，为民禳解关煞、避凶化吉，广受当地群众好评。家中现收藏有《春寅卷》《亥子丑卷》《嫁娶建造卷》《丧葬卷》等水书。此外，他还经常性给青年学生表演“水书习俗”，宣传水族文化，广受好评。

姚家敖有 4 名徒弟，分别是姚家甫、姚尚官、姚家权和姚玉清。其中，姚家甫已学成，服务于周边群众。

（四）传承发展

2002 年 11 月，参加荔波县水书抢救办召开的抢救水书经验交流会暨捐赠仪式。

2006 年 11 月，参加水书培训班。

2007 年 1 月，参加荔波县举办的第二届“梅花节”水书习俗祭祀活动，担任主祭人。同年 6 月，参加黔南州文化局水书习俗培训班；参加荔波县水书抢救办在拉交村举办的水书文化祭祀活动，并接受中央电视台的采访。同年 9 月，参加中央电视台第二次举办的水书文化祭祀活动，担任主祭人。同年 11 月，参加“生物圈保护区网络会议”在荔波县举办的水书习俗祭祀表演，担任主祭人。

（五）传承人风采

参与水书习俗祭祀活动

水书习俗

二十四、蒙芳元

（一）传承人简介

姓名：蒙芳元

性别：男

出生年月：1937 年 8 月

民族：水族

身份：农民

文化程度：小学

居住地址：荔波县黎明关乡太吉村三组

（二）传承生态环境

荔波县黎明关乡太吉村三组位于山间盆地，距乡政府约 16 千米，距荔波县城约 14 千米。全组共有 53 户水族居民，姓氏以蒙姓为主。房屋以水族传统杆栏式吊脚木楼为主，有少量砖房。

蒙芳元与妻子育有 4 子，儿子均已成家。蒙芳元和最小的儿子住，小儿子长年在县城做临时工。家有水族传统杆栏式吊脚木楼 1 栋，地 3 亩。家庭经济的主要来源是儿子的工资和个人在家务农，主要种植水稻、玉米等农作物。在日常生活中，主要使用水语和本地方言交流。

（三）传承情况

1983 年，蒙芳元跟随兄长蒙芳明开始学习水书，启蒙读本为《春寅卷》。目前，蒙芳元擅长择日建房、婚嫁、出行等方面的内容，主要服务于荔波县黎明关乡一带，当地群众认可度较高。家中现收藏有《亥子卷》《春寅卷》《安葬备要》《诸神各类》等水书。

蒙芳元有 2 名徒弟，分别是蒙文喜和蒙文初。

（四）传承发展

2002 年 11 月，参加荔波县水书抢救办召开的抢救水书经验交流会暨捐赠仪式，捐赠水书 2 本。

2005 年 2 月，参加贵州电视台在永康乡太吉村拍摄的水书习俗祭祀活动，担任主祭人。同年 3 月，参加荔波县水书抢救办水书习俗申报“国家非物质文化遗产名录”的资料征集工作。同年 12 月，参加黔南电视台在永康乡拉桥寨拍摄的水书祭祀活动，担任主祭人。

2006 年 1 月，参加荔波县举办的首届“梅花节”水书习俗祭祀活动，担任主祭人。同年 8 月，参加中山大学张振江教授组织的水书习俗和水书传承研究活动，担任主祭人。

2008 年 6 月，参加贵州电视台在永康乡太吉村拍摄的保护生态习俗祭祀活动，担任主祭人。

（五）传承人风采

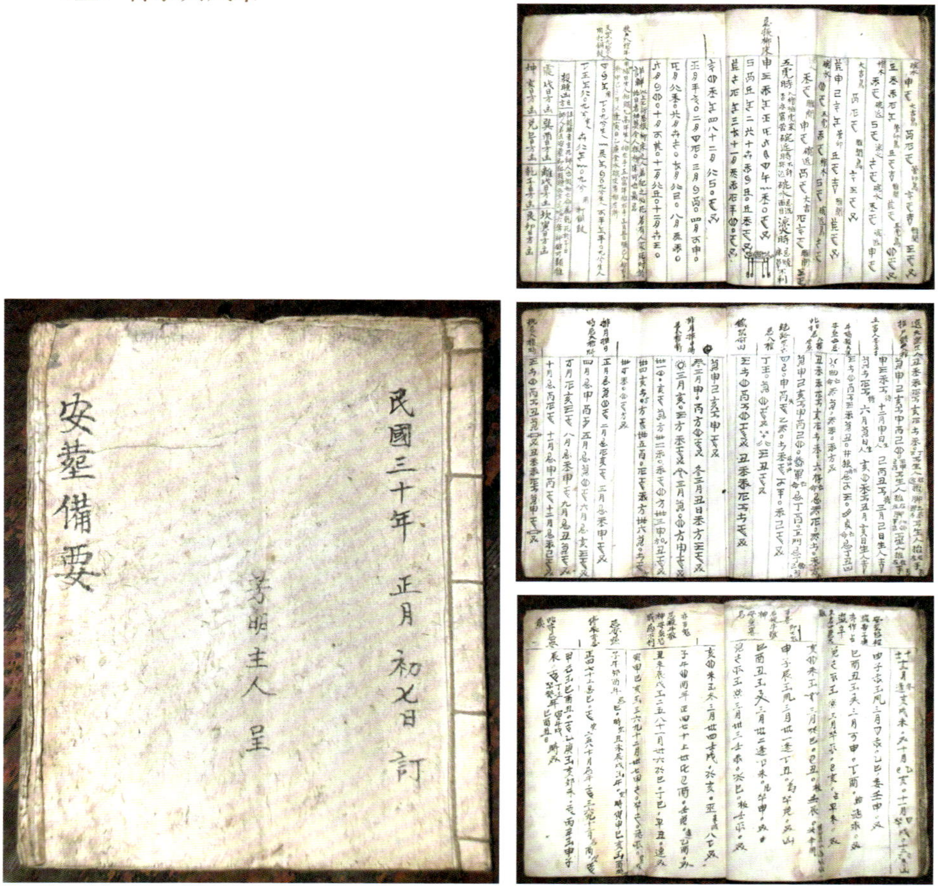

收藏的水书《安葬备要》

解读水书

所住房屋

二十五、蒙培善

（一）传承人简介

姓名：蒙培善

性别：男

出生年月：1942 年 12 月

民族：水族

身份：农民

文化程度：小学

居住地址：荔波县黎明关乡德门村二组

（二）传承生态环境

荔波县黎明关乡德门村二组位于山地，距荔波县城约 16 千米。全组共有 41 户水族居民，姓氏均为蒙姓。房屋以砖房为主，有少量水族传统杆栏式吊脚木楼。

蒙培善与妻子育有 5 子 1 女，子女均已成家。家有水族传统杆栏式吊脚木楼、木砖混合结构住房各 1 栋，田 6 亩，地 3 分。家庭经济的主要来源是子女在家务农，主要种植水稻、玉米等农作物。在日常生活中，主要使用水语和本地方言交流。

（三）传承情况

1971 年，蒙培善跟随父亲蒙光云及保爷（干爹）蒙汝恩开始学习水书，启蒙读本为《六十花甲》。目前，蒙培善擅长择日、婚嫁、丧葬等方面的内容，主要服务于荔波县城及永康、水尧等周边地区，当地群众认可度较高。此外，他还曾受邀到兴义、都匀等地服务。家中现收藏有《关煞》《择日》等水书。

（四）传承发展

2004 年 1 月，破译宋代八莲瓣碗上的十个符号。同年 4 月，参加中央电视台举办的人与生物圈水书习俗活动。

2005 年 10 月，参加荔波县水书抢救办在母早村举办的额节祭祀活动。

2006 年 8 月，参加中山大学组织的水书习俗研究活动。

（五）传承人风采

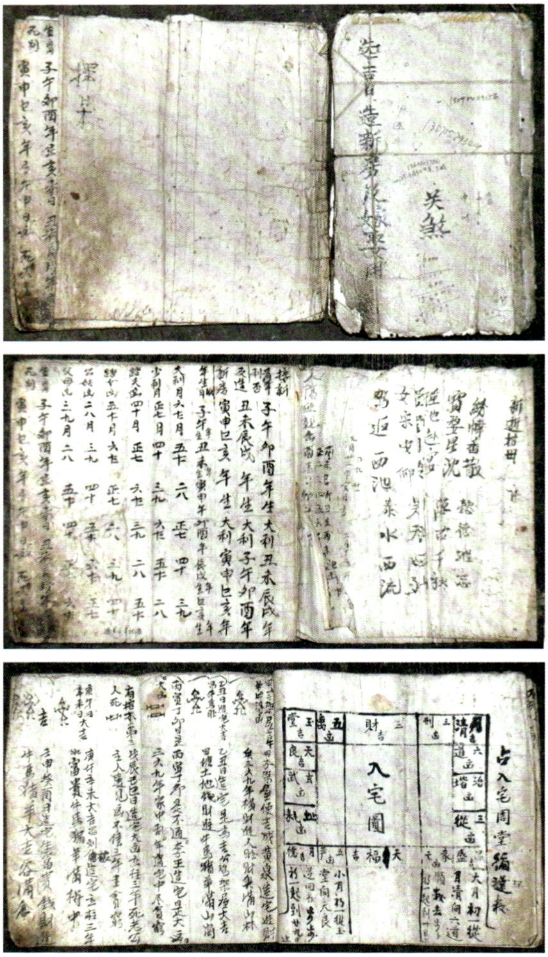

收藏的水书

解读水书

村寨一角

所住房屋

二十六、蒙胜华

（一）传承人简介

姓名：蒙胜华

性别：男

出生年月：1942 年 8 月

民族：水族

身份：农民

文化程度：初中

居住地址：荔波县黎明关乡白岩村白岩一组

（二）传承生态环境

荔波县黎明关乡白岩村白岩一组位于山间盆地，距荔波县城约 10 千米。全组共有 42 户水族居民，姓氏以蒙姓为主。房屋以水族传统杆栏式吊脚木楼为主，有少量砖房。

蒙胜华与妻子育有 2 子 1 女，子女均已成家。家有木砖混合结构住房 1 栋，田 1 亩，地 0.3 亩，家庭经济的主要来源是子女外出务工。在日常生活中，主要使用水语和本地方言交流。

（三）传承情况

1965 年，蒙胜华跟随水尧乡董港寨蒙炳章学习水书；1967 年，跟随永康乡董亥寨蒙庆云学习水书；1968 年，跟随水尧乡坡顶寨姚树荣学习水书。1969 年后，蒙胜华在本乡及邻乡从事择日立房、婚嫁、出行、丧葬等活动，当地群众认可度较高。经过多年实践，蒙胜华掌握了口含烧红的铧口尖及光脚踩踏烧红的铧口、口诵水书习俗秘诀、推遁宫掌等技艺。家中现收藏有《辰戌丑未》《亥子丑》《春寅卷》等水书。

蒙胜华有 4 名徒弟，分别是白岩一组的蒙元庆、蒙水扬，玉屏街道水捞懂罕组的潘世平和榕江县的韦国红。他们均已学有所成，服务于周边群众。

（四）传承发展

2002 年 11 月，参加荔波县水书抢救办召开的抢救水书经验交流会暨捐赠仪式，捐赠水书 6 本。

2005 年 10 月，参加在永康乡母早村举办的祭祖活动，担任主祭人。

2006—2007 年，参加荔波县举办的两届“梅花节”水书习俗祭祀活动。

2007 年 11 月，参加在永康乡拉桥寨举办的水书习俗祭祀活动，担任主祭人；获得在荔波县召开的“生物圈保护区网络会议”与会人员的称赞。

（五）传承人风采

参与水书习俗祭祀活动（一）

参与水书习俗祭祀活动（二）

二十七、潘玉山

（一）传承人简介

姓名：潘玉山

性别：男

出生年月：1941 年 12 月

民族：水族

身份：农民

文化程度：初中

居住地址：荔波县甲良镇甲新村下新组

（二）传承生态环境

荔波县甲良镇甲新村下新组位于山林地带，距甲良镇政府约 10 千米，距荔波县城约 43 千米。全组共有 42 户水族居民，姓氏均为潘姓。房屋以水族传统杆栏式吊脚木楼为主，有少量砖房。

潘玉山家里共有 7 人，除他和妻子外，还有儿子、儿媳和 3 个孙子。家有木砖混合结构住房 1 栋，田 5 亩，地 3 亩。家庭经济的主要来源是儿子在家务农和在周边务工，主要种植水稻、玉米等农作物。在日常生活中，主要使用水语和本地方言交流。

（三）传承情况

1960 年，潘玉山跟随祖父潘金辉与父亲潘洪才开始学习水书。1971 年，潘玉山开始用钢板刻印家传水书。目前，潘玉山擅长背诵口传秘诀、推定水书条目、遁宫掌、甩卦片、查图表等方面的内容。1985 年以来，潘玉山为群众婚丧嫁娶、起造、农耕、出行、经商等择日，当地群众认可度较高。家中现收藏有《正七卷》《九星卷》《造葬卷》等水书。

潘玉山有 10 余名徒弟，分别是水利村的吴国龙、吴明得、吴凤广，以及三都县塘党村的韦双合、韦双友、韦双品、韦秀优等人。他们均已熟读日常用的水书卷本，能独立从事与水书习俗相关的各种活动。

（四）传承发展

1981—1982 年，在荔波县水利乡水利村举办水书习俗培训班，有 12 名学员参加。

1983—1984 年，在三都县塘党村拉威组举办水书习俗培训班，有 16 名学员参加。

2003 年，与王品魁共同著录水书 1500 余册。

2004 年 10 月，参加贵州省水家学会在荔波县召开的第 7 次水书学术交流会。

2003—2004 年，译著《水书九星推测》《建造用书》《水书初识本》等 9 部水书，现存于荔波县档案馆水书展馆。

2005 年 9 月，参加贵州电视台在永康乡母早村、水利乡鱼塘大洞拍摄的水书习俗祭祀活动表演。

2005—2006 年，参加荔波县档案馆的水书著录工作，著录水书 400 余部。

2006 年，在黔南州水书抢救办为黔南州庆水书展著录水书 100 部。

2007 年 1 月，在甲新村举办水书文字识读班。

（五）传承人风采

收藏的水书

水书习俗

参与水书习俗祭祀活动

二十八、潘左

（一）传承人简介

姓名：潘左

性别：男

出生年月：1949 年 12 月

民族：水族

身份：农民

文化程度：高小

居住地址：三都县都江镇坝街社区坝辉村羊瓮大寨组

（二）传承生态环境

三都县都江镇坝街社区坝辉村羊瓮大寨组位于半山坡，距坝街社区约 5 千米，距三都县城约 40 千米。全组共有 111 户水族居民，姓氏以潘姓为主。房屋以水族传统杆栏式吊脚木楼为主。

潘左与妻子育有 2 子 3 女，子女均已成家。家有水族传统杆栏式吊脚木楼 1 栋，田 1 亩，地 1 亩。家庭经济的主要来源是子女外出务工，主要种植水稻、玉米等农作物。在日常生活中，主要使用水语和本地方言交流。

（三）传承情况

1990 年，潘左拜杨锦儒为师，开始学习水书。主要学习《正七卷》等水书，启蒙读本为《正七卷》《壬辰十二大吉》。后又跟杨胜昭学习水书，学习时间长达 15 年。目前，潘左擅长择日、驱灾、婚嫁、丧葬等方面的内容，主要服务于三都县都江镇、榕江县兴华水族乡等地，当地群众认可度较高。家中现收藏有《正七连庚甲・一卷》《正七连庚甲・归类卷》等水书。

（四）传承发展

潘左有 2 名徒弟，分别是坝街社区坝辉村腾能组的杨胜举和羊瓮里古组的潘配。

（五）传承人风采

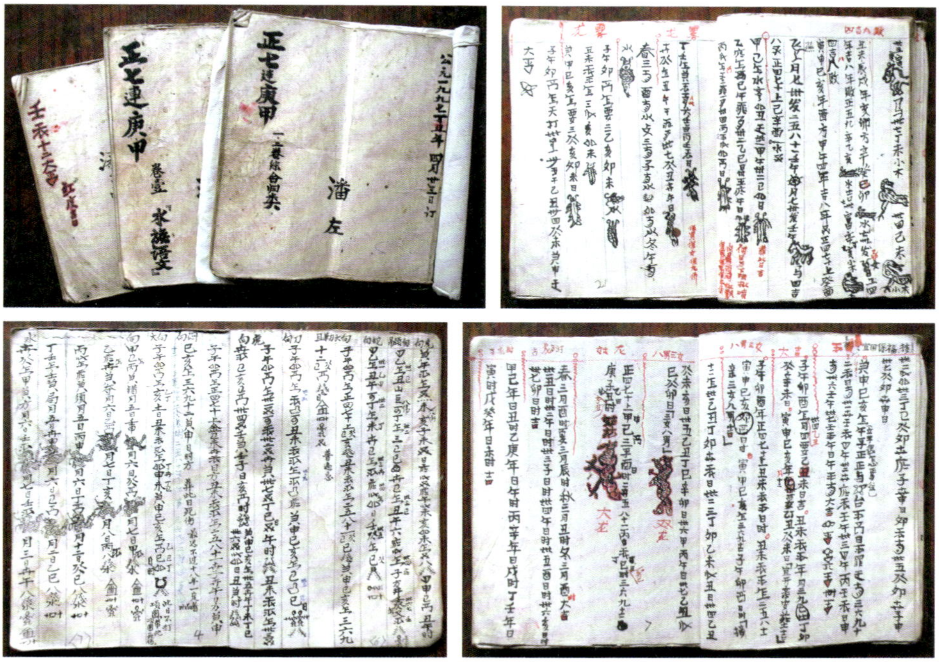

收藏的水书

解读水书

所住房屋

村寨一角

二十九、蒙国辉

（一）传承人简介

姓名：蒙国辉

性别：男

出生年月：1940 年 10 月

民族：水族

身份：农民

文化程度：小学

居住地址：三都县凤羽街道办事处万户水寨社区牛场七组

（二）传承生态环境

三都县凤羽街道办事处万户水寨社区牛场七组位于山间盆地，距三都县城约 6 千米。全组共有 78 户水族居民，姓氏均为蒙姓。房屋以水族传统杆栏式吊脚木楼为主，有少量砖房。

蒙国辉与妻子育有 3 子 2 女，子女均已成家。家有水族传统杆栏式吊脚木楼 2 栋，田 4 分。家庭经济的主要来源是子女在家务农或在外务工，主要种植水稻、玉米等农作物。在日常生活中，主要使用水语和本地方言交流。

（三）传承情况

1970 年，蒙国辉跟随父亲蒙恩广开始学习水书，启蒙读本为《正七卷》。目前，蒙国辉擅长婚丧嫁娶、起屋造房等择日方面的内容，主要服务于大河镇、中和镇和凤羽街道、三合街道办事处一带，当地群众认可度较高。家中现收藏有《甲子时》《地穴》《玉匣记》《象吉通书》《割书》《万年书》等水书。

（四）传承发展

受附近乡镇村寨的老百姓邀请，蒙国辉常为其红白喜事择吉避凶，目前暂未收徒。

解读水书

（五）传承人风采

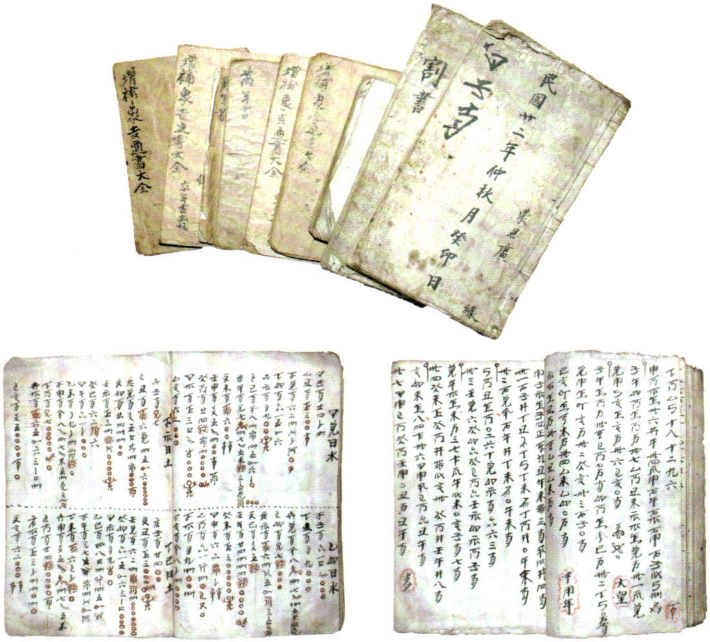

收藏的水书

所住房屋

村寨一角

三十、蒙国龙

（一）传承人简介

姓名：蒙国龙

性别：男

出生年月：1961 年 8 月

民族：水族

身份：农民

文化程度：高中

居住地址：三都县凤羽街道办事处万户水寨社区牛场七组

（二）传承生态环境

三都县凤羽街道办事处万户水寨社区牛场七组位于山间盆地，距三都县城约 6 千米。全组共有 78 户水族居民，姓氏均为蒙姓。房屋以水族传统杆栏式吊脚木楼为主，有少量砖房。

蒙国龙与妻子育有 1 子 1 女，子女均已成家且均在外务工。家有水族传统杆栏式吊脚木楼 1 栋。家庭经济的主要来源是夫妻二人在家务农，主要种植水稻、玉米等农作物。在日常生活中，主要使用水语和本地方言交流。

（三）传承情况

1985 年，蒙国龙跟随父亲蒙恩广开始学习水书。主要学习起造、安葬、嫁娶、祭祀等内容，启蒙读本为《正七卷》。目前，蒙国龙擅长安葬、建房起造等择日方面的内容，主要服务于附近村寨及水龙等地，当地群众认可度较高。家中现收藏有《正七连庚甲》等水书。

（四）传承发展

2007—2009 年，连续三年被三都县民宗局、文旅局和三都县水家学会邀请参加水族端节开端庆典。

2015 年，参加在三都咕噜景区尧人山举办的开端庆典仪式。

（五）传承人风采

解读水书

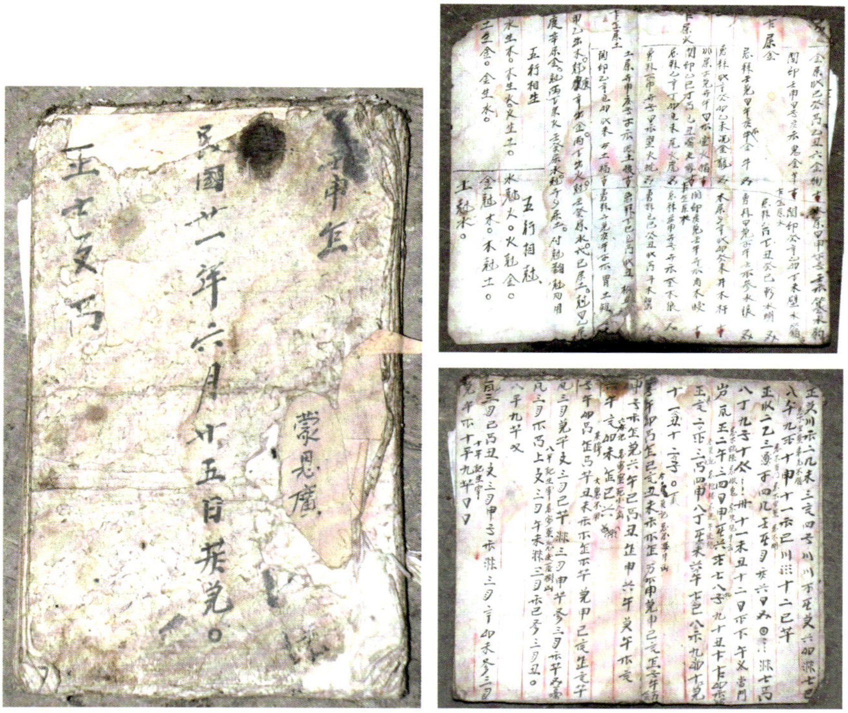

收藏的水书

三十一、蒙胜军

（一）传承人简介

姓名：蒙胜军

性别：男

出生年月：1954 年 2 月

民族：水族

身份：农民

文化程度：初中

居住地址：三都县凤羽街道办事处万户水寨社区牛场七组

（二）传承生态环境

三都县凤羽街道办事处万户水寨社区牛场七组位于山间盆地，距三都县城约 6 千米。全组共有 78 户水族居民，姓氏均为蒙姓。房屋以水族传统杆栏式吊脚木楼为主，有少量砖房。

蒙胜军与妻子育有 3 子 2 女，子女均已成家。家有水族传统杆栏式吊脚木楼、木砖混合结构住房各 1 栋，田 0.5 亩，地 1 亩。家庭经济的主要来源是子女在家务农，主要种植水稻、玉米等农作物。在日常生活中，主要使用水语和本地方言交流。

（三）传承情况

1980 年，蒙胜军拜三合镇姑挂村七组杨光云为师，开始学习水书，启蒙读本为《正七卷》。目前，蒙胜军擅长婚丧嫁娶、起屋造房等择日方面的内容，主要服务于普安镇、中和镇及凤羽、三合街道办事处一带，当地群众认可度较高。家中现收藏有《正七卷之一》《正七卷之二》等水书。

（四）传承发展

2007—2009 年，连续三年被三都县民宗局、文旅局和三都县水家学会邀请参加水族端节开端庆典。

2015 年，参加在三都县咕噜景区尧人山举办的开端庆典仪式。

2017 年，在三都县咕噜景区举办的开端大典祭祀中诵读水书，参与水书传承表演，担任主祭人。

解读水书

（五）传承人风采

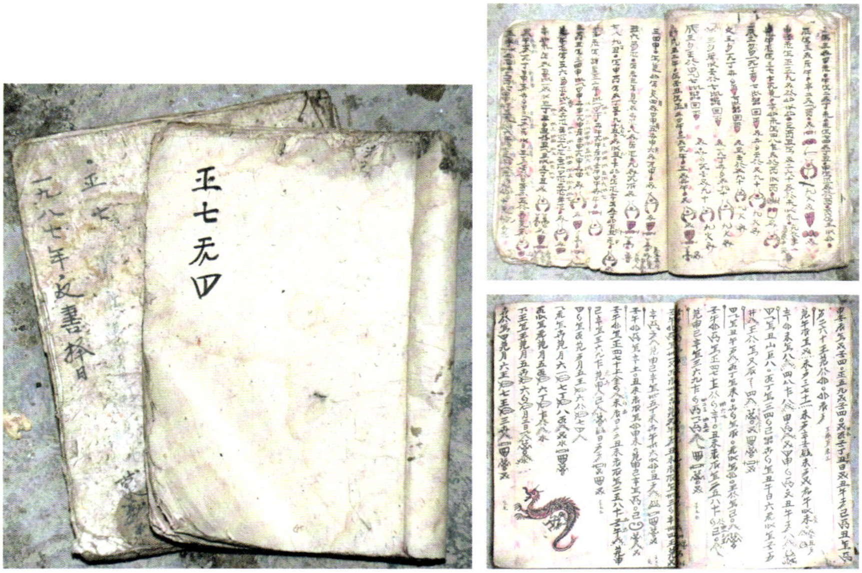

收藏的水书

蒙胜军及其所住房屋

村寨一角

三十二、蒙玉勇

（一）传承人简介

姓名：蒙玉勇

性别：男

出生年月：1945 年 6 月

民族：水族

身份：农民

文化程度：小学

居住地址：三都县凤羽街道办事处万户水寨社区牛场七组

（二）传承生态环境

三都县凤羽街道办事处万户水寨社区牛场七组位于山间盆地，距三都县城约 6 千米。全组共有 78 户水族居民，姓氏均为蒙姓。房屋以水族传统杆栏式吊脚木楼为主，有少量砖房。

蒙玉勇与妻子育有 2 子 4 女，子女均已成家。家有水族传统杆栏式吊脚木楼、木砖混合结构住房各 1 栋。家庭经济的主要来源是儿子在外经商。在日常生活中，主要使用水语和本地方言交流。

（三）传承情况

1962 年，蒙玉勇拜蒙国举为师，开始学习水书。主要学习起造、安葬、嫁娶等择吉避凶的内容，启蒙读本为《正七卷》。目前，蒙玉勇擅长婚丧嫁娶、起屋造房等择日方面的内容，主要服务于三都县中和镇塘州社区的安塘村、普安镇及凤羽、三合街道办事处一带，当地群众认可度较高。家中现收藏有《壬辰卷》《嫁忌》《反书娶忌》等水书。

蒙玉勇有 2 名徒弟，分别是三都县城的陆钦标和三合街道苗龙村的白林华。闲余之时，二人均会到蒙玉勇家跟其学习水书。二人均已学成，能熟练运用《正七卷》等水书择吉避凶，服务于周边地区。

（四）传承发展

2010 年 12 月，获得“三都水族自治县首批非物质文化遗产（水书习俗）代表性传承人”荣誉称号。

（五）传承人风采

所获荣誉

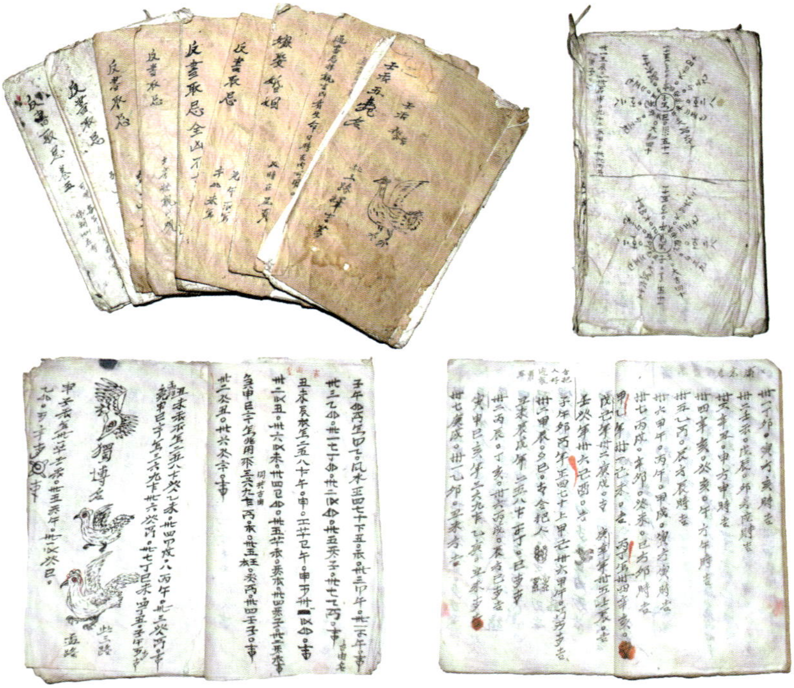

收藏的水书

解读水书

所住房屋

三十三、陆廷志

（一）传承人简介

姓名：陆廷志

性别：男

出生年月：1966 年 9 月

民族：水族

身份：农民

文化程度：初中

居住地址：三都县中和镇中和社区东山村拉旦四组（现居三都县中和镇中和社区中和村一组）

（二）传承生态环境

三都县中和镇中和社区东山村拉旦四组位于山林地带，距中和镇政府约 6

千米，距三都县城约31千米。全组共有38户水族居民，姓氏以陆姓和石姓为主。房屋以水族传统杆栏式吊脚木楼为主，有少量砖房。

解读水书

陆廷志与妻子育有2子3女，大女儿已婚，其余子女均在上学。家有水族传统杆栏式吊脚木楼、砖房各1栋，田3亩，地1亩。家庭经济的主要来源是夫妻二人在家务农和销售服装。在日常生活中，主要使用水语和本地方言交流。

（三）传承情况

陆廷志最早师承中和镇中和社区东山村拉旦四组的陆谢，后拜中和镇水龙社区科寨村的杨胜兴为师，后再跟随塘州社区的潘宗权学习水书，学习时间近30年。主要学习婚丧嫁娶、起屋造房、择吉避凶等内容，启蒙读本为《正七卷》。目前，陆廷志擅长起屋造房、丧葬择日等方面的内容，主要服务于中和、塘州、水龙、廷牌、三洞等地，当地群众认可度较高。家中现收藏有《起房》《大吉反书》《嫁娶择日》《丧葬类·地理》《六十甲子日吉凶定局》等水书。

陆廷志有2名徒弟，分别是东山村的陆长迁和中和村的石涛。

（四）传承发展

2008年7月，在三都县组织的水书抢救工作中，被评为优秀水书先生。同年12月，获得高级水书师资格。

2010年12月，获得“三都水族自治县首批非物质文化遗产（水书习俗）代表性传承人”荣誉称号。

（五）传承人风采

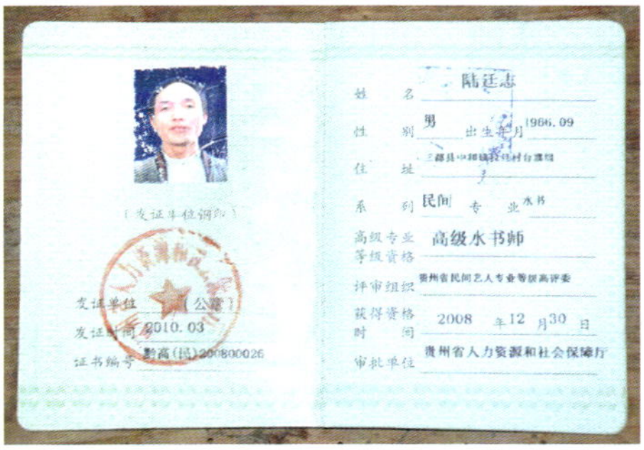

所获荣誉

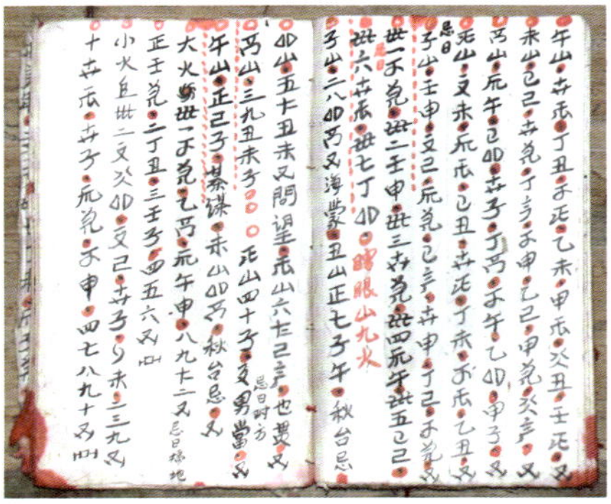

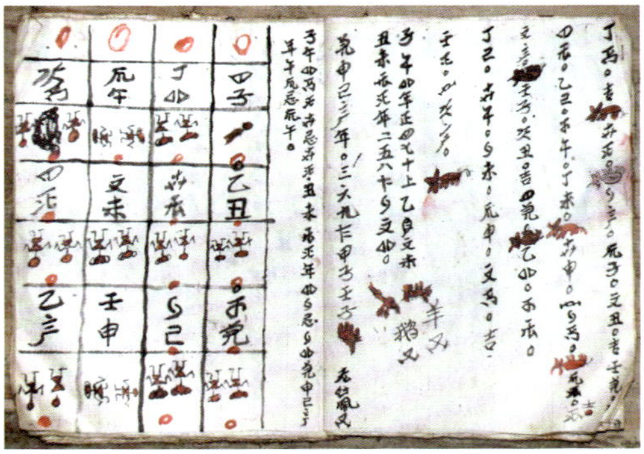

收藏的水书

收藏的水书

居住的环境

三十四、陆光挺

（一）传承人简介

姓名：陆光挺

性别：男

生卒年月：1946 年 3 月—2018 年 11 月

民族：水族

身份：农民

文化程度：小学

居住地址：三都县中和镇中和社区甲化村庙良三组

（二）传承生态环境

三都县中和镇中和社区甲化村庙良三组位于丘陵地带，距中和镇政府约 7 千米，距三都县城约 32 千米。全组共有 55 户水族居民，姓氏均为陆姓。房屋以砖房为主。

陆光挺与妻子育有 2 子 3 女，子女均已成家。家有木砖混合结构住房 1 栋，地 3.8 亩。家庭经济的主要来源是儿子外出务工和夫妻二人在家务农，主要种植水稻、玉米等农作物。在日常生活中，主要使用水语和本地方言交流。

（三）传承情况

1958 年，陆光挺拜陆光熬为师，开始学习水书。主要学习《吉书》《中演书》《水书综合本》等水书，启蒙读本为《中演书》。陆光挺擅长择日、丧葬、接亲等方面的内容，主要服务于三都县城、中和镇等附近村寨，当地群众认可度较高。家中现收藏有《吉书》《中演书》《水书综合本》等水书。

（四）传承发展

2008 年 7 月，在三都县组织的水书抢救工作中，被评为优秀水书先生。

2010 年 12 月，获得“三都水族自治县首批非物质文化遗产代表性传承人”荣誉称号。

（五）传承人风采

所获荣誉[①]

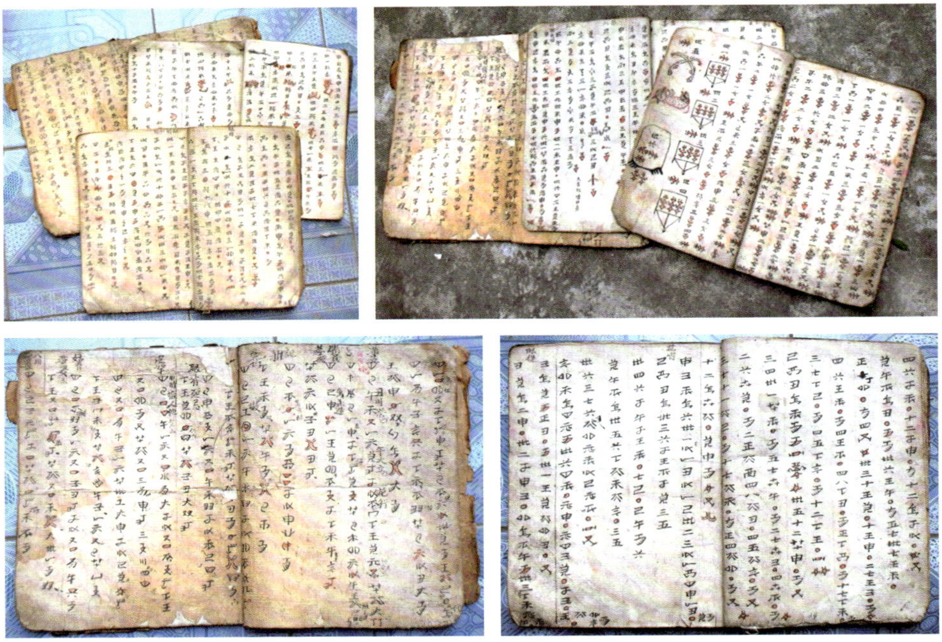

收藏的水书

① 因存放时间较长，右图所获奖牌中部分字体模糊，模糊字体由上至下分别为“授予”“荣誉称号”。

村寨一角

所住房屋

三十五、陆光熬

（一）传承人简介

姓名：陆光熬

性别：男

生卒年月：1933 年 5 月—2016 年 11 月

民族：水族

身份：农民

文化程度：初中

居住地址：三都县中和镇中和社区甲化村庙良三组

（二）传承生态环境

三都县中和镇中和社区甲化村庙良三组位于丘陵地带，距中和镇政府约 7 千米，距三都县城约 32 千米。全组共有 55 户水族居民，姓氏均为陆姓。房屋以砖房为主。

陆光熬与妻子育有 5 子 1 女，子女均已成家。除大儿子在家做建筑工人外，其余子女均在江苏常州、广东一带务工。家有砖房 1 栋，田 5.8 亩，地 2 亩。家庭经济的主要来源是子女在外务工。在日常生活中，主要使用水语和本地方言交流。

（三）传承情况

1948 年，陆光熬跟随祖父陆钦显开始学习水书，启蒙读本为《申寅午巳读本》。陆光熬擅长择吉日、丧葬等方面的内容，主要服务于九阡、廷牌、恒丰、周覃、都江等地，当地群众认可度较高。家中现收藏有《申寅卷》《六十时吉凶》《井不八吉》《九彭书吉》《井不百八吉书》《井巳七吉》《八头九腊，六十花腊》《全海酉》等水书。

陆光熬有 7 名徒弟，分别是陆光挺、蒙仁初、陆昌荣、韦斗、韦狂、韦永行和石尚软。

（四）传承发展

2010 年 12 月，被授予“三都水族自治县首批非物质文化遗产（水书习俗）代表性传承人”荣誉称号。

（五）传承人风采

所住房屋

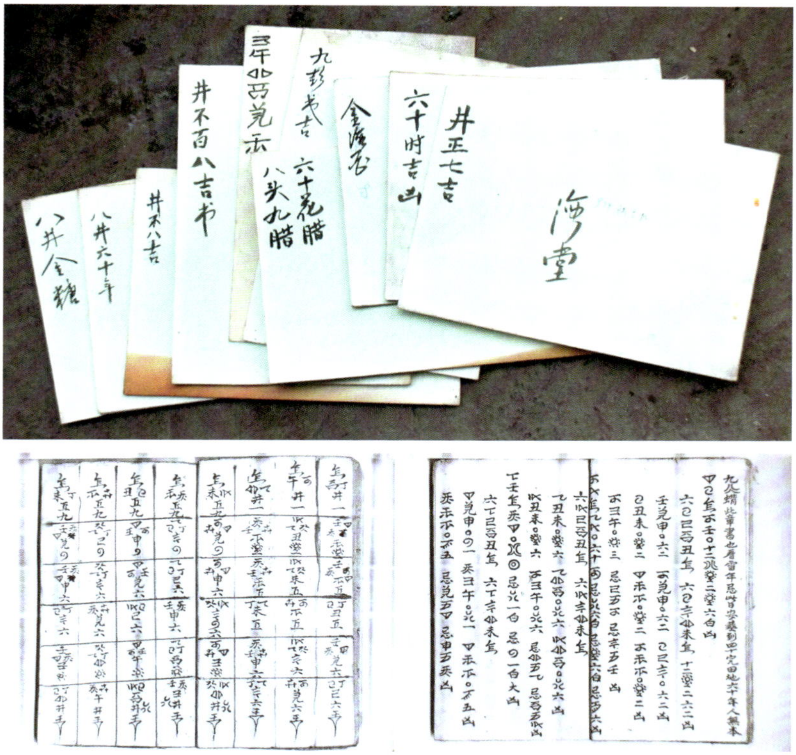

收藏的水书

三十六、潘有志

（一）传承人简介

姓名：潘有志

性别：男

出生年月：1935 年 3 月

民族：水族

身份：农民

文化程度：初中

居住地址：三都县中和镇三洞社区元幹村（现居中和镇雪花湖移民社区）

（二）传承生态环境

三都县中和镇三洞社区元幹村位于山林地带，距三洞社区约 3 千米，距三都县城约 34 千米。全村共有 1049 户水族居民，姓氏均为潘姓。房屋以水族传统杆栏式吊脚木楼为主，有少量砖房。

潘有志与妻子育有 2 子 5 女，子女均已成家且均在外务工。家有木砖混合结构住房 1 栋，田 2.7 亩，地 1.5 亩。家庭经济的主要来源是子女在外务工和夫妻二人在家务农，主要种植水稻、玉米等农作物。在日常生活中，主要使用水语和本地方言交流。

（三）传承情况

1996 年，潘有志拜塘州乡的杨秀胡为师，开始学习水书，启蒙读本为《正七卷》。后师承潘石张，学习水书《申寅卷》。目前，潘有志擅长起屋造房、婚丧嫁娶的择吉避凶、安葬祭祀等方面的内容，主要服务于三都县内的乡镇村寨，当地群众认可度较高。家中原收藏有《正七卷》《五虎卷》《正七连庚甲卷》等水书，现已严重遗失。

（四）传承发展

2015—2017 年，连续三年参加在三洞姑稔端坡举办的端坡祭祀活动。

（五）传承人风采

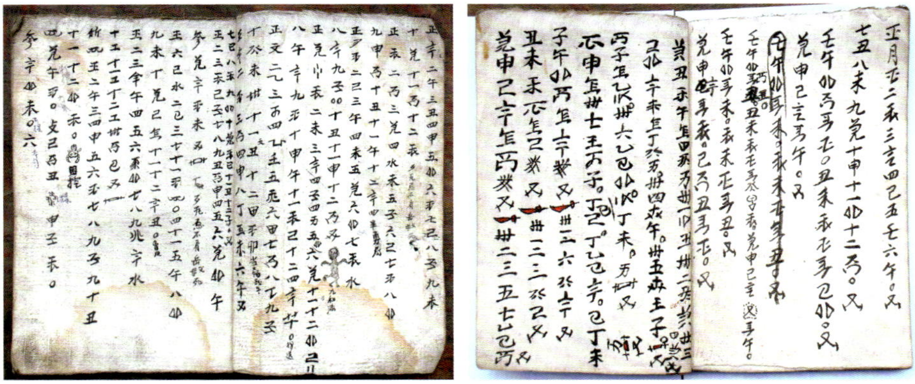

收藏的水书

村寨一角

所住房屋

三十七、潘家成

（一）传承人简介

姓名：潘家成

性别：男

出生年月：1953 年 9 月

民族：水族

身份：农民

文化程度：小学

居住地址：三都县中和镇三洞社区元幹村

（二）传承生态环境

三都县中和镇三洞社区元幹村位于山林地带，距三洞社区约 3 千米，距三都县城约 34 千米。全村共有 1049 户水族居民，姓氏均为潘姓。房屋以水族传统杆栏式吊脚木楼为主，有少量砖房。

潘家成与妻子育有 2 子 4 女，子女均已成家且均在外务工。家有砖房 2 栋，地 3 亩。家庭经济的主要来源是夫妻二人在家务农，主要种植水稻、玉米等农作物。在日常生活中，主要使用水语和本地方言交流。

（三）传承情况

1980 年，潘家成拜潘金亮为师，开始学习水书。主要学习《正七卷》等水书，启蒙读本为《正七卷》。目前，潘家成个人能力全面发展，主要服务于三都县、榕江县等地，当地群众认可度较高。家中现收藏有《正七卷》《万年通书》《看时》等水书。

（四）传承发展

潘家成学习水书 20 多年，至今未收徒，但随着年岁增长，他欲将其所学传授其子。

（五）传承人风采

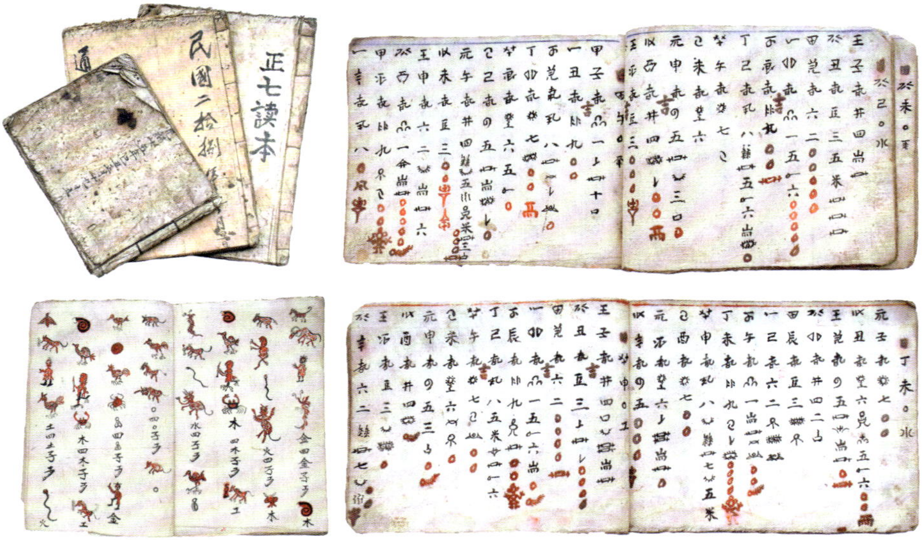

收藏的水书

村寨一角

所住房屋

三十八、潘石张

（一）传承人简介

姓名：潘石张

性别：男

出生年月：1940 年 2 月

民族：水族

身份：农民

文化程度：私塾

居住地址：三都县中和镇三洞社区元幹村水各组

（二）传承生态环境

三都县中和镇三洞社区元幹村水各组位于山林地带，距中和镇政府约 15 千米，距三都县城约 41 千米。全组共有 59 户水族居民，姓氏均为潘姓。房屋以水族传统杆栏式吊脚木楼为主，有少量砖房。

潘石张与妻子育有 3 子 3 女，子女均已成家且均在外务工。家有水族传统杆栏式吊脚木楼、砖房各 1 栋，田 3.2 亩，地 0.5 亩。家庭经济的主要来源是子女在外务工和夫妻二人在家务农，主要种植水稻、玉米等农作物。在日常生活中，主要使用水语和本地方言交流。

（三）传承情况

潘石张最早师承三都县都江镇坝街社区的潘德，后又师承中和镇塘州社区羊猛村的王退与杨秀胡，学习水书已有 30 年。启蒙读本为《正七卷》，后又学习《正七卷》《申寅》。目前，潘石张擅长择日、丧葬、婚嫁、起造等方面的内容，主要服务于三洞社区及周边地区。家中现收藏有《龙虎理论》《申寅》等水书。

潘石张有 2 名徒弟，分别是潘有志和潘常留，均为元幹村村民。

（四）传承发展

曾参加由三都县民宗局组织的三洞社区水书先生释读水书活动。

（五）传承人风采

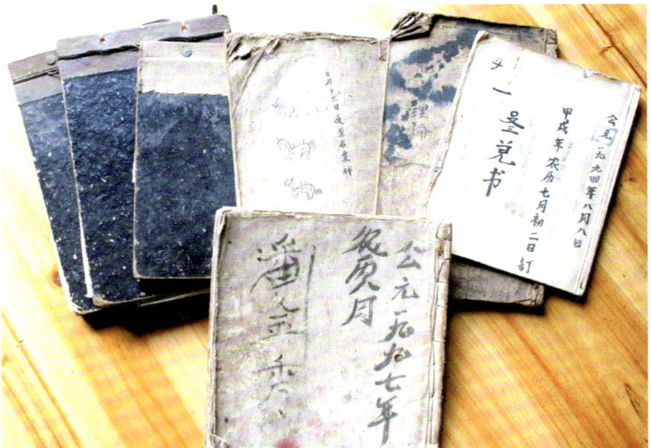

收藏的水书（一）

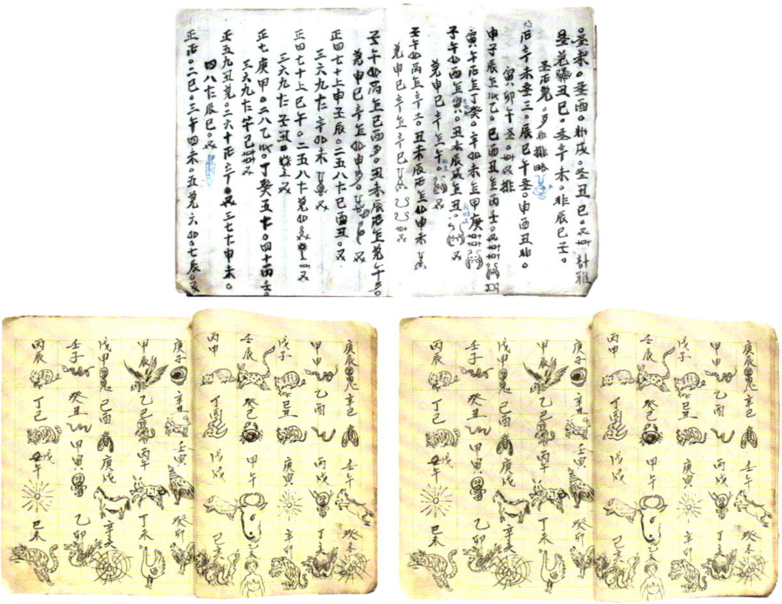

收藏的水书（二）

村寨一角

所住房屋

水书习俗

三十九、韦会

（一）传承人简介

姓名：韦会

性别：男

生卒年月：1943 年 8 月—2020 年 2 月

民族：水族

身份：农民

文化程度：初小

居住地址：三都县中和镇三洞社区红星村古城新寨组

（二）传承生态环境

三都县中和镇三洞社区红星村古城新寨组位于山林地带，距三洞社区约 4 千米，距三都县城约 39 千米。全组共有 65 户水族居民，姓氏均为韦姓。房屋以水族传统杆栏式吊脚木楼为主，有少量木砖混合结构住房。

韦会与妻子育有 2 子 2 女，除小女儿外，子女均已成家。家有水族传统杆栏式吊脚木楼 1 栋，田 3.6 亩，地 6 亩。家庭经济的主要来源是儿子在家务农，主要种植水稻、玉米等农作物。在日常生活中，主要使用水语和本地方言交流。

（三）传承情况

1963 年，韦会拜韦仕贵为师，开始学习水书。主要学习《正七卷》等水书。韦会擅长嫁娶、起造、测日等方面的内容，启蒙读本为《正七卷》。家中现收藏有《正七连庚甲》《大凶忌・安葬不用》《反书使用》《子午卯酉时》《小儿八字生犯的解书》《和平记》等水书。

（四）传承发展

韦会未收徒，主要在三洞、周覃片区为当地水族群众的红白喜事择吉日，消灾避邪。

（五）传承人风采

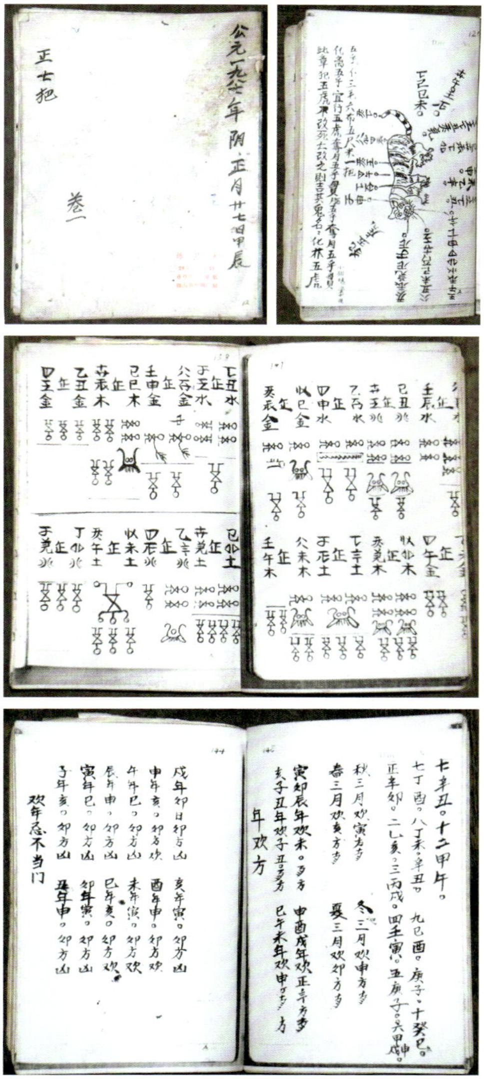

收藏的水书

解读水书

村寨一角

所住房屋

四十、韦家强

（一）传承人简介

姓名：韦家强

性别：男

出生年月：1960 年 7 月

民族：水族

身份：农民

文化程度：中师

居住地址：三都县中和镇三洞社区红星村古城新寨组

（二）传承生态环境

三都县中和镇三洞社区红星村古城新寨组位于山林地带，距三洞社区约 4 千米，距三都县城约 39 千米。全组共有 65 户水族居民，姓氏均为韦姓。房屋以水族传统杆栏式吊脚木楼为主，有少量木砖混合结构住房。

韦家强家里共有 7 人，他与妻子育有 4 子 1 女。家有水族传统杆栏式吊脚木楼 1 栋，田 2 亩，地 3 亩。家庭经济的主要来源是子女在外务工和夫妻二人在家务农，主要种植水稻、玉米等农作物。在日常生活中，主要使用水语和本地方言交流。

（三）传承情况

受父辈熏陶，韦家强自幼耳濡目染，喜好水书文化。1968 年，韦家强开始跟随祖父韦明之学习水书，后又跟随父亲韦朝贤学习。主要学习《正七卷》《贪巨》等水书，启蒙读本为《正七卷》。目前，韦家强擅长择日、丧葬、建房等方面的内容。家中现收藏有《解山吉同记》《子午卯酉时》《选择使用备要》《驱邪簿》《井巨金堂》《通书》《和平》等水书。

（四）传承发展

韦家强暂未收徒，主要服务于三洞、廷牌、周覃、中和、九阡、水龙等地，为当地水族群众的婚丧嫁娶、建房动土等择吉避凶。

（五）传承人风采

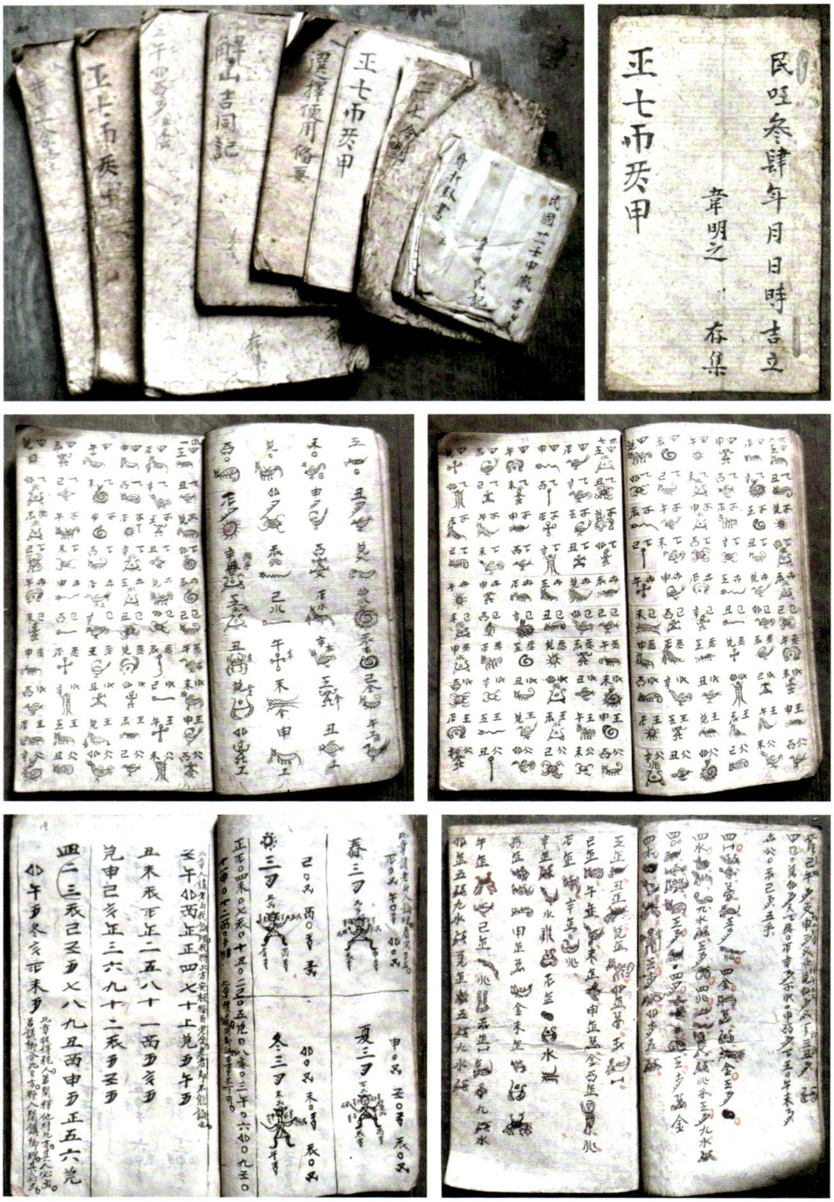

收藏的水书

解读水书

水书习俗

作者蒙畅访谈韦家强

村寨一角

四十一、石昌华

（一）传承人简介

姓名：石昌华

性别：男

出生年月：1956 年 3 月

民族：水族

身份：农民

文化程度：高中

居住地址：三都县中和镇三洞社区红星村古城的远组

（二）传承生态环境

三都县中和镇三洞社区红星村古城的远组位于山地，距三洞社区约 3 千米，距三都县城约 37 千米。全组共有 32 户水族居民，姓氏均为石姓。房屋以水族传统杆栏式吊脚木楼为主，有少量木砖混合结构住房。

石昌华与妻子育有 2 子 4 女，4 个女儿已成家，2 个儿子未成家。家有水族传统杆栏式吊脚木楼、砖房各 1 栋，田 3 亩，地 12 亩。家庭经济的主要来源是子女在家务农，主要种植水稻、玉米等农作物和橘子等经济作物。在日常生活中，主要使用水语和本地方言交流。

（三）传承情况

1979 年，石昌华拜石韦保为师，开始学习水书，后又拜韦技明为师。主要学习驱邪、择日等内容，启蒙读本为《正七卷》。目前，石昌华擅长测日、咒语等方面的内容。家中现收藏有《龙彩》《井巨金堂》等水书。

（四）传承发展

石昌华暂未收徒，主要服务于三洞片区，为当地水族群众的红白喜事、起屋造房等择吉避邪。

（五）传承人风采

收藏的水书

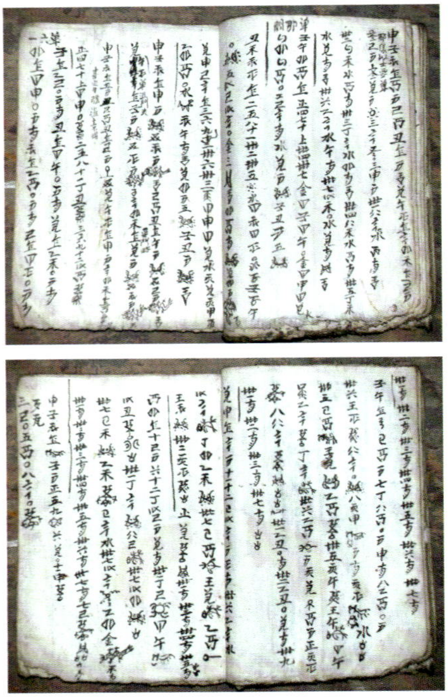

收藏的水书

解读水书

四十二、石昌腰

（一）传承人简介

姓名：石昌腰

性别：男

出生年月：1951 年 2 月

民族：水族

身份：农民

文化程度：小学

居住地址：三都县中和镇三洞社区红星村古城的远组

（二）传承生态环境

三都县中和镇三洞社区红星村古城的远组位于山地，距三洞社区3千米，距三都县城约37千米。全组共有32户水族居民，姓氏均为石姓。房屋为水族传统杆栏式吊脚木楼和木砖混合结构住房。

石昌腰家里共有4人，他与妻子和2子。家有水族传统杆栏式吊脚木楼、砖房各1栋，田6.2亩，地2亩。家庭经济的主要来源是子女在家务农，主要种植水稻、玉米等农作物。在日常生活中，主要使用水语和本地方言交流。

解读水书

（三）传承情况

1973年，石昌腰拜石韦保为师，开始学习水书。主要学习择日、婚嫁、安葬等内容，启蒙读本为《正七卷》。目前，石昌腰擅长择日、丧葬等方面的内容。家中现收藏有《进中死亡》《正七卷》《正七连庚甲》《用祖宗看》《驱邪》《单门》等水书。

（四）传承发展

因比石昌华早入师门，石昌腰曾以师兄身份教过石昌华。主要服务于廷牌、三洞、中和等地，为当地水族群众择吉日、驱邪避凶。

（五）传承人风采

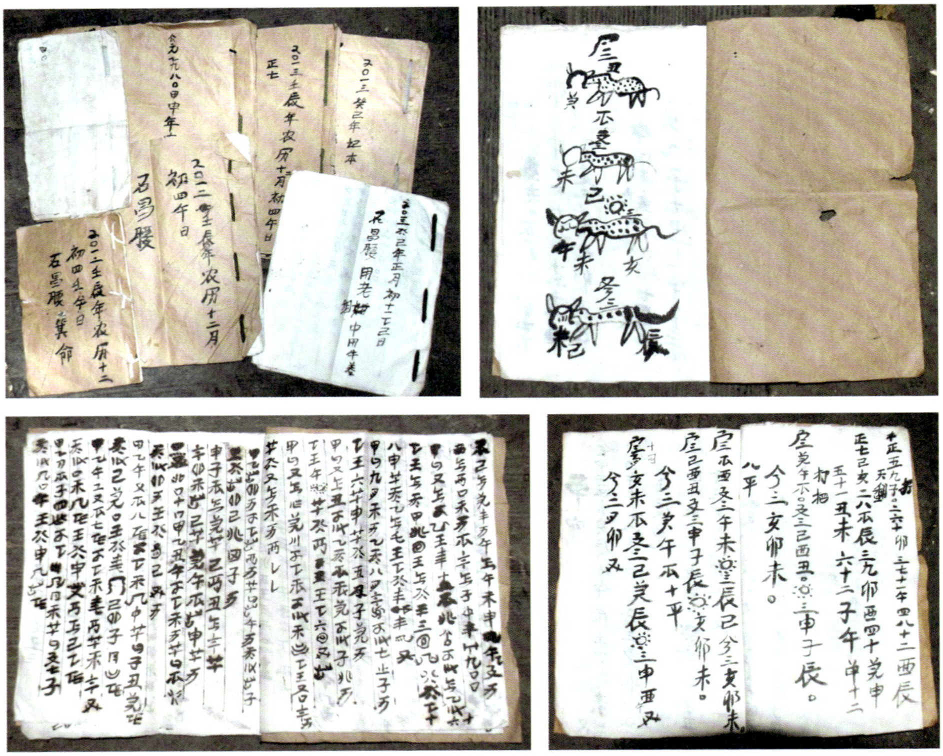

收藏的水书

四十三、韦朝想

（一）传承人简介

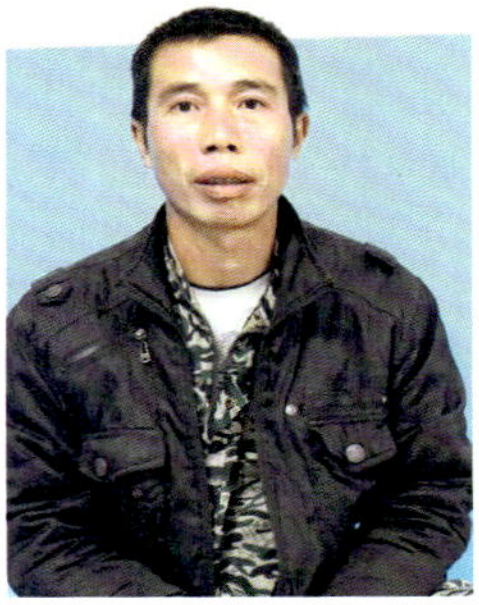

姓名：韦朝想

性别：男

出生年月：1977 年 6 月

民族：水族

身份：农民

文化程度：小学

居住地址：独山县玉水镇温泉村天星大寨组

（二）传承生态环境

独山县玉水镇温泉村天星大寨组位于山脉的平坝上，距独山县城约 42 千米。全组共有 128 户水族居民，姓氏均为韦姓。房屋以水族传统杆栏式吊脚木楼为主。

韦朝想家里共有 6 人，他与妻子育有 3 子 1 女，子女均在上学。家有水族传统杆栏式吊脚木楼 1 栋，田 2.5 亩，地 1 亩。家庭经济的主要来源是个人外出务工。在日常生活中，主要使用水语和本地方言交流。

（三）传承情况

1984 年，韦朝想拜韦锦科为师，开始学习水书。主要学习《壬辰卷》《金卷》《二十八宿》《正七卷》等水书，启蒙读本为《正七卷》。家中现收藏有《八井年吉第六十》《丙亥人》《正七卷》等水书。

（四）传承发展

韦朝想暂未正式收徒，也未申报水书习俗代表性传承人。但长子韦廷凯从小受韦朝想影响，也喜欢水书习俗及水书文化，正跟随其学习。

（五）传承人风采

收藏的水书（一）

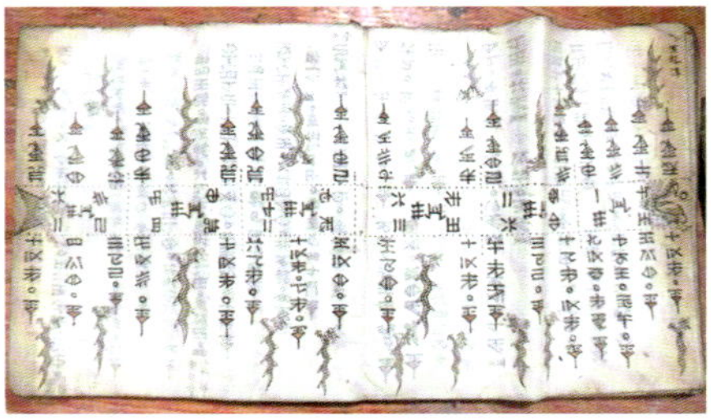

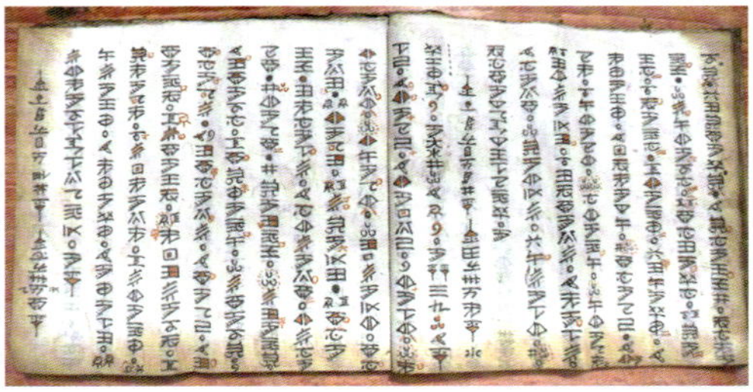

收藏的水书（二）

四十四、韦光团

（一）传承人简介

姓名：韦光团

性别：男

出生年月：1966 年 9 月

民族：水族

身份：小学教师

文化程度：大学专科

居住地址：独山县玉水镇温泉村天星大寨组（现居独山县玉水镇温泉小学教师宿舍）

（二）传承生态环境

独山县玉水镇温泉村天星大寨组位于山脉的平坝上，距独山县城约 42 千米。全组共有 128 户水族居民，姓氏均为韦姓。房屋以水族传统杆栏式吊脚木楼为主。

韦光团家里共有 3 人，他与妻子育有 1 女。妻子谭显燕就职于玉水镇中心小学，女儿韦淑芳就职于独山县百泉镇政府。家有商品房 1 栋，田 0.5 亩，地 1.3 亩。家庭经济的主要来源是夫妻二人的工资。在日常生活中，主要使用水语和本地方言交流。

（三）传承情况

1983 年，韦光团拜伯父韦锦多为师，开始学习水书，启蒙读本为《正七卷》。目前，韦光团擅长起造、婚嫁、祭祀等方面的内容，但不对外进行水书习俗活动。家中现收藏有《正书择时便用》《通书半吉半凶阴阳便用》《甲子年》《反书择用》《甲子年井》等水书。

韦光团只在校园内传承水书文化，未正式收徒。在课余时间，韦光团会教学生读、写水书里的基础文字，为水族文化的传承做出一定贡献。

（四）传承发展

2013 年 12 月，在全国教规办“十二五”教育部规划课题——“当代教育环境下水族文化进校园研究”独山县子课题研究工作中表现突出，被评为优秀工作者。

2017 年 7 月，在独山县中小学生“祖国好·家乡美”主题系列活动之“童心向党”书法绘画比赛中，指导学生作品《水书书法》荣获小学组书法一等奖。

（五）传承人风采

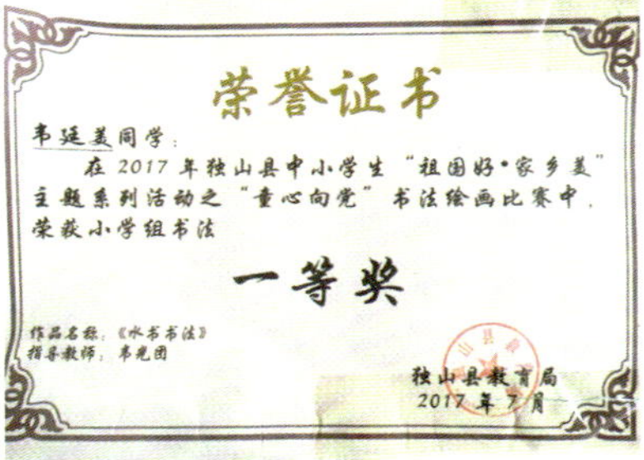
荣誉证书

韦廷美同学：

在 2017 年独山县中小学生“祖国好·家乡美”主题系列活动之“童心向党”书法绘画比赛中，荣获小学组书法

一等奖

作品名称：《水书书法》
指导教师：韦光团

独山县教育局
2017 年 7 月

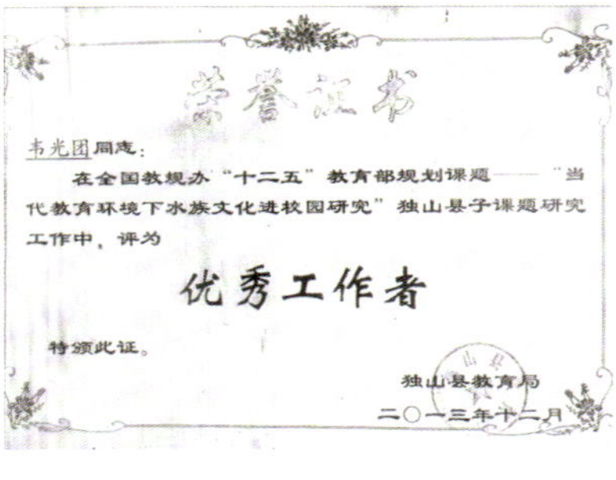
荣誉证书

韦光团同志：

在全国教规办“十二五”教育部规划课题——“当代教育环境下水族文化进校园研究”独山县子课题研究工作中，评为

优秀工作者

特颁此证。

独山县教育局
二〇一三年十二月

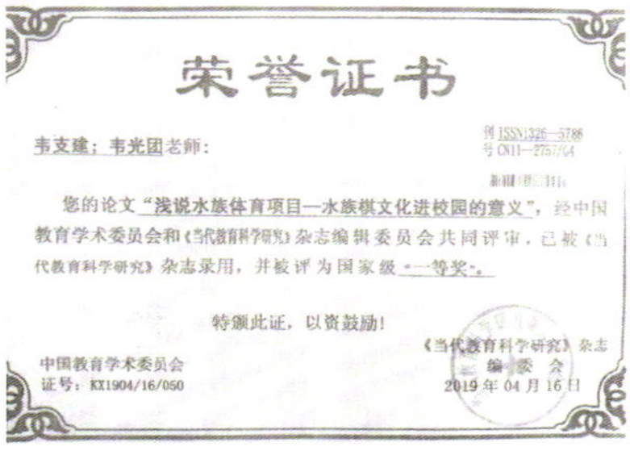
荣誉证书

韦支建；韦光团老师：

刊 ISSN1326—5786
号 CN11—2757/G4

您的论文“浅说水族体育项目—水族棋文化进校园的意义”，经中国教育学术委员会和《当代教育科学研究》杂志编辑委员会共同评审，已被《当代教育科学研究》杂志录用，并被评为国家级“一等奖”。

特颁此证，以资鼓励！

中国教育学术委员会
证号：KX1904/16/050

《当代教育科学研究》杂志
编委会
2019 年 04 月 16 日

所获荣誉

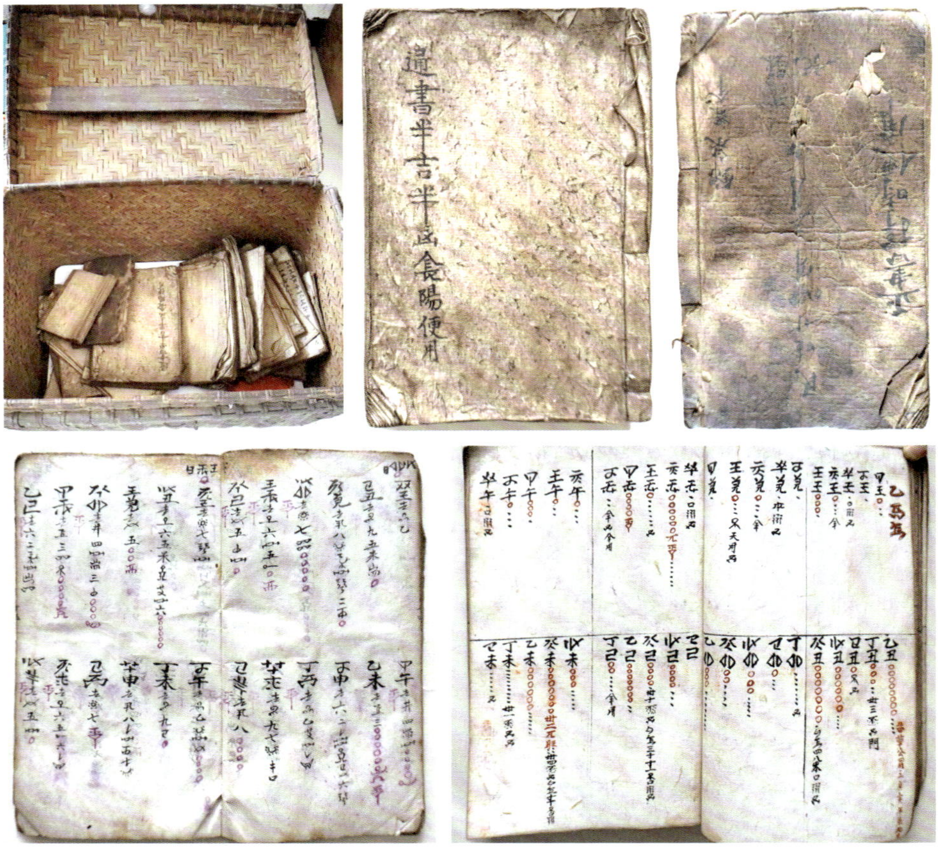

收藏的水书

四十五、蒙富春

（一）传承人简介

姓名：蒙富春

性别：男

出生年月：1977 年 12 月

民族：水族

身份：都匀市文化广电和旅游局文物保护研究中心工作员

文化程度：大学本科

居住地址：都匀市归兰乡阳和社区潘硐村（现居都匀市广惠街道办事处平桥社区水榭花都小区）

（二）传承生态环境

都匀市归兰乡阳和社区潘硐村位于山间盆地，距都匀市区约 38 千米。全寨共有 112 户水族居民，姓氏均为蒙姓。房屋以水族传统杆栏式吊脚木楼为主。

蒙富春家里共有 3 人，他与妻子育有 1 子。妻子莫维芬就职于都匀市第十一小学，儿子蒙邦浩在上中学。家有水族传统杆栏式吊脚楼 1 栋，地 2 亩。家庭经济的主要来源是夫妻二人的工资。在日常生活中，主要使用水语和本地方言交流。

（三）传承情况

2005 年以来，蒙富春先后师承韦佩君、吴佩君、蒙君昌、蒙家荣等多位水书先生，主要学习水书《正五卷》《正七卷》、水族习俗礼仪程序、水族文化知识以及水族“夺咚”（北派铜鼓）等，启蒙读本为《正五卷》《正七卷》。目前，蒙富春擅长水书书法，精通水族“夺咚”演奏，多次赴贵阳、广州、重庆等地开设讲座、展示水书书法、教授水族“夺咚”和水书习俗，广受当地民众好评。家中现收藏有《正五卷》《正七卷》等水书。

蒙富春收有水书习俗入室弟子熊万旭，另教习弟子韦良芝、潘永刚、韦宗远等 30 余人。短期培训及在学校授课培训达 1000 人次。另外，蒙富春还是水族“夺咚”传承人，收有弟子蒙邦贤、蒙邦值、蒙高志、蒙春贵、蒙家扬、蒙高志、田兴恩、罗天等 20 余人，培训学员 200 余人。他将水书文化、铜鼓文化带进校园，为水族文化的传承做出一定贡献。

（四）传承发展

2005 年 10 月，担任阳和水族乡水书翻译领导小组办公室主任，负责组织水书翻译工作。

2005—2006 年，组织水书翻译领导小组成员韦佩君、吴朝忠、蒙君昌、吴佩君、蒙启荣等人翻译、编印《问夕腊的》《泐端卷》等 8 卷水书。

2006 年 7 月，组织水书翻译领导小组办公室成员韦佩君、吴朝忠、蒙君昌到阳和中心校进行为期一周的水书培训，培训效果良好。同年 8 月，组织水书翻译领导小组成员及水书培训班的参训教师到三都县民族研究所、荔波县水书展览馆进行考察学习。同年 9 月，任水书课程授课教师，编写《奉合中心校水书 • 习俗教材》，先后主持阳和、奉合、基场三个中心校和都匀九小的水书研究工作。

2007 年 6 月，参加黔南州首批国家级非物质文化遗产（水书习俗）项目传承人培训班。

2009 年 9 月，参加都匀市民族宗教事务局组织的编写小组，编写都匀市的《水书》教材。

2011—2013 年，担任教育部规划课题——“当代教育环境下水族文化进校园研究”都匀市奉合乡中心学校子课题组负责人，担任水族文字的收集、翻译及水书教学、水族习俗等研究工作。

2013—2014 年，承担奉合乡和归兰乡“端节”活动开幕式的总策划、总导演工作。

2015—2016 年，参与黔南州教育局、黔南州非物质文化遗产保护中心组织的编写组，编写《水书水歌水族习俗文化进校园》一书；与韦佩君、蒙君昌等人共同翻译水书《壬辰金吉》。

2018 年 2 月，被都匀一中聘为“本校艺术教研组水书外聘教师”。同年 5 月，被都匀市文化和旅游局授予“非物质文化遗产项目（水书习俗）代表性传承人”荣誉称号。同年 7 月，被黔南州非物质文化遗产保护中心聘为中国非物质文化遗产传承人群研修研习培训计划——黔南州 2018 第一期《水书习俗》培训班授课老师。同年 12 月，被中共贵州省委、贵州省人民政府授予“贵州省民族团结进步模范个人”荣誉称号。

2019 年 10 月，被黔南州文化广电和旅游局授予“黔南州非物质文化遗产（水书习俗）代表性传承人”荣誉称号。

（五）传承人风采

聘书
蒙富春 同志：
诚聘您为中国非物质文化遗产传承人群研修研习培训计划——“黔南州2018年《水书习俗》培训班”授课教师。
黔南州非物质文化遗产保护中心
2018年7月12日
荣誉证书
命名蒙富春为非物质文化遗产项目水书习俗市级代表性传承人
都匀市文化和旅游局
2018年5月
授予：蒙富春
贵州省民族团结进步模范个人荣誉称号
二〇一八年十二月
证书
认定 蒙富春为黔南州州级非物质文化遗产代表性项目水书习俗的代表性传承人。
黔南州文化广电和旅游局
2019年10月
聘书
蒙富春同志：
兹聘请您为我校艺术教研组水书外聘教师。
贵州省都匀一中
2018年2月
结题证书
课题类别：贵州省教育科学规划省级一般课题
课题名称：黔南地区水族学校语文双语教学有效性研究
课题负责人：秦 鹰 主要参加人：史立勇 许阶德 蒙有才 吴胜红 蒙富春 韦远华 罗 梅 蒙国琦
证书号：2017222
此课题（2014B046）已完成，经审核准予结题，特发此证。
贵州省教育科学规划领导小组办公室
2017年9月22日
结题证书查询网址：www.gzjyzy.cn

所获荣誉

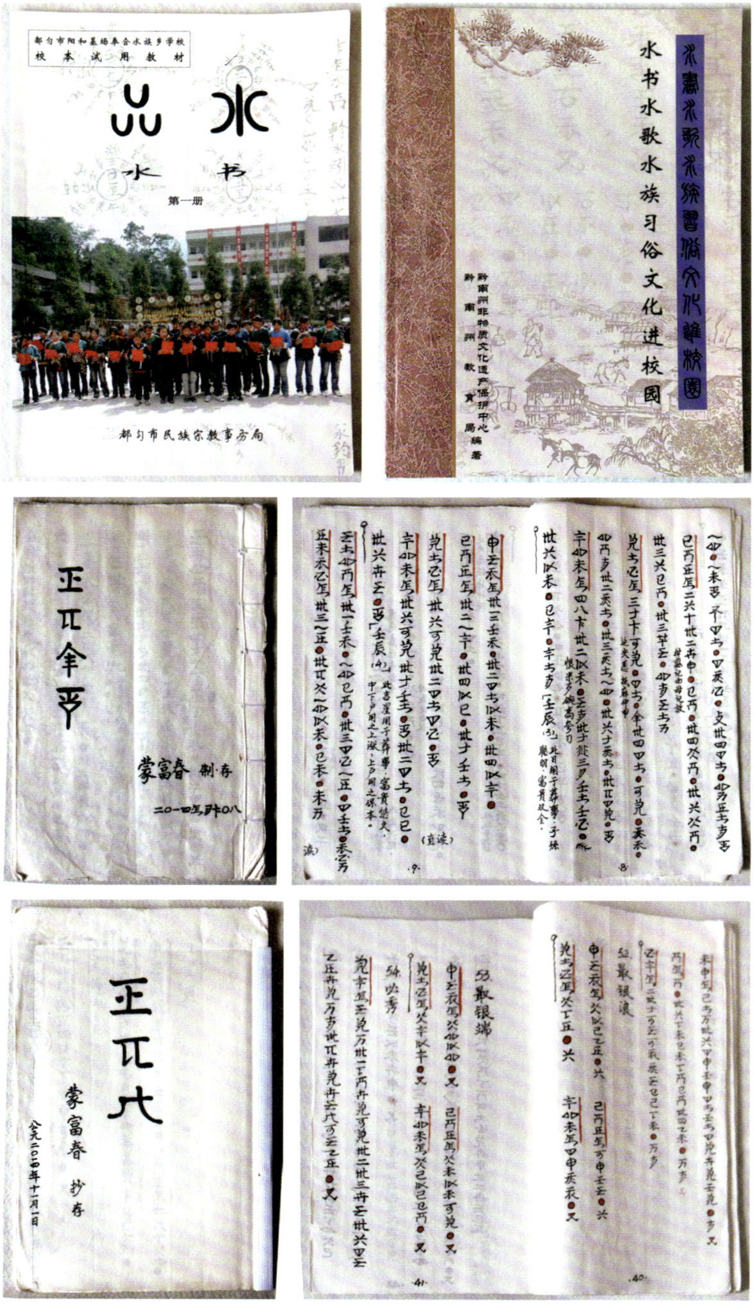

参与编写的水书校本教材

解读水书

四十六、韦光秀

（一）传承人简介

姓名：韦光秀

性别：男

出生年月：1942 年 10 月

民族：水族

身份：农民

文化程度：小学

居住地址：独山县玉水镇温泉村天星大寨组

（二）传承生态环境

独山县玉水镇温泉村天星大寨组位于山脉的平坝上，距独山县城约 42 千米。全组共有 128 户水族居民，姓氏均为韦姓。房屋以水族传统杆栏式吊脚木楼为主。

韦光秀与妻子育有 1 子 4 女，子女均已成家。家有水族传统杆栏式吊脚木楼 1 栋，田 2 亩，地 1 亩。家庭经济的主要来源是子女外出务工和个人在家务农。在日常生活中，主要使用水语和本地方言交流。

（三）传承情况

1982 年，韦光秀开始跟随父亲韦锦多学习水书，主要学习《正七卷》，启蒙读本为《正七卷》。目前，韦光秀擅长起造、祭祀、择吉等方面的内容。家中现收藏有《正书择时便用》《通书半吉半凶阴阳便用》《甲子年》《反书择用》《甲子年井》等水书。

在收徒方面，韦光秀将水书习俗传给儿子韦石玉。

（四）传承发展

韦光秀曾申报非物质文化遗产项目水书习俗代表性传承人，后因某些原因未能实现，个人表示未来将继续申报，更好地服务于周边的乡镇和村寨。

（五）传承人风采

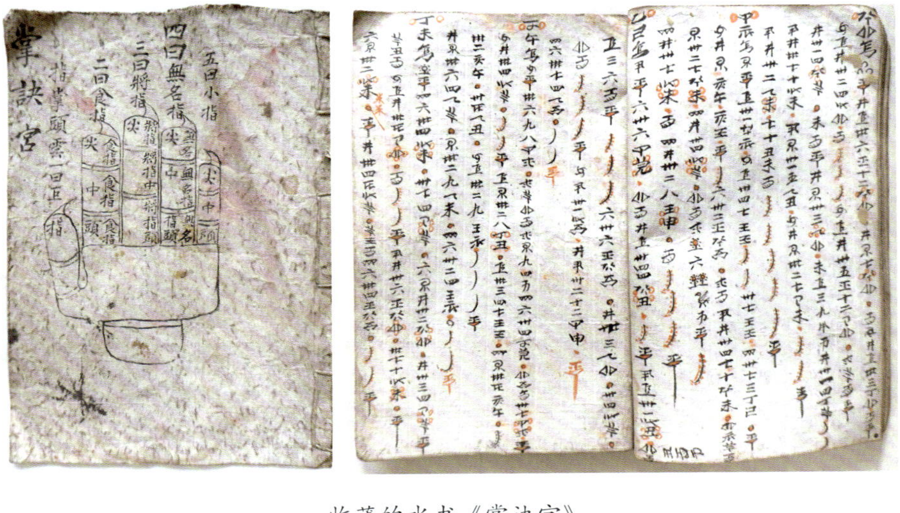

收藏的水书《掌诀宫》

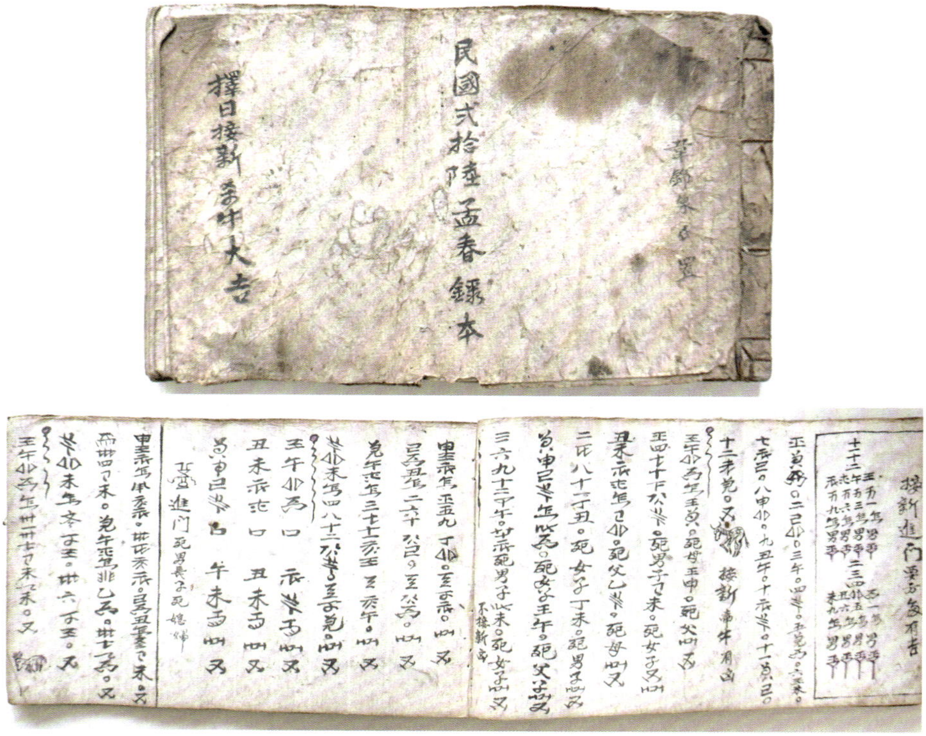

收藏的水书《择日接新杀牛大吉》

村寨一角

所住房屋

四十七、韦国良

（一）传承人简介

姓名：韦光（国）良

性别：男

出生年月：1959 年 10 月

民族：水族

身份：农民

文化程度：初中

居住地址：独山县玉水镇温泉村天星大寨组

（二）传承生态环境

独山县玉水镇温泉村天星大寨组位于山脉的平坝上，距独山县城约 42 千米。全组共有 128 户水族居民，姓氏均为韦姓。房屋以水族传统杆栏式吊脚木楼为主。

韦国良与妻子育有3子2女，子女均已成家且均在外务工。家有水族传统杆栏式吊脚木楼1栋，田2.2亩，地0.7亩。家庭经济的主要来源是子女在外务工和夫妻二人在家务农，主要种植水稻、玉米等农作物。在日常生活中，主要使用水语和本地方言交流。

（三）传承情况

1982年，韦国良拜伯父韦锦多为师，开始学习《正七卷》等水书，启蒙读本为《正七卷》。目前，韦国良擅长起造、婚嫁、祭祀等方面的内容，主要服务于附近村寨及乡镇，当地群众认可度较高。家中现收藏有《正七卷》（上）、《正七卷》（下）等水书。

韦国良尚未正式收徒，但小儿子韦银秋会在闲暇之时随父亲诵读水书，目前会诵读《正七卷》，未能灵活运用。

（四）传承发展

由于居住位置偏远、信息较为闭塞，韦国良一度错过非物质文化遗产项目水书习俗代表性传承人的申报时间。后又因家庭负担过重，他忙于务农和外出务工，至今未能成功申报非遗代表性传承人，但他一直在实践中为水书习俗的传承和发展不断努力。

（五）传承人风采

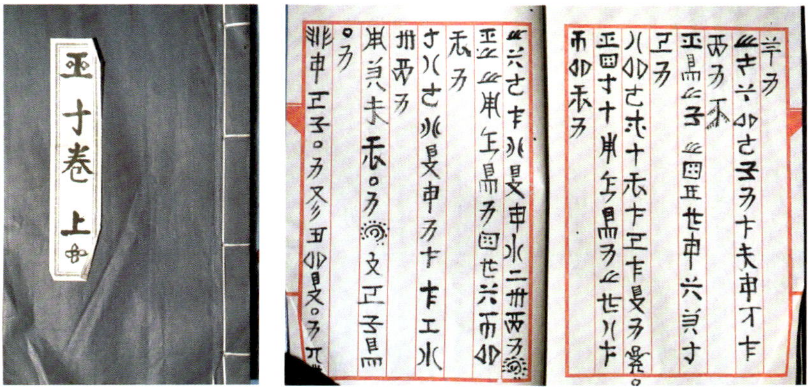

收藏的水书《正七卷》（上）

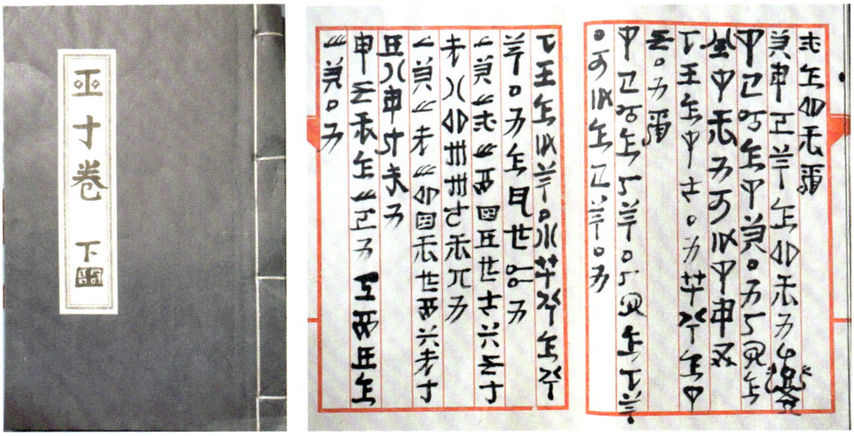

收藏的水书《正七卷》(下)

所住房屋

四十八、韦石岩

（一）传承人简介

姓名：韦石岩

性别：男

出生年月：1950 年 6 月

民族：水族

身份：农民

文化程度：初中

居住地址：独山县玉水镇温泉村天星大寨组

（二）传承生态环境

独山县玉水镇温泉村天星大寨组位于山脉的平坝上，距独山县城约 42 千米。全组共有 128 户水族居民，姓氏均为韦姓。房屋以水族传统杆栏式吊脚木楼为主。

韦石岩家里共有 4 人，除他本人外，还有 3 个儿子，儿子均在外务工。家有水族传统杆栏式吊脚木楼 1 栋，田 1.5 亩，地 1 亩。家庭经济的主要来源是儿子在外务工。在日常生活中，主要使用水语和本地方言交流。

（三）传承情况

1982 年，韦石岩拜韦锦多为师，开始学习水书，启蒙读本为《正七卷》和《壬辰卷》。目前，韦石岩擅长起造、婚嫁、祭祀等择吉方面的内容，主要服务于附近村寨及乡镇，当地群众认可度较高。家中现收藏有《正七卷》等水书。

韦石岩有 2 名徒弟，分别是儿子韦廷明、韦廷王。他们现已熟练掌握婚丧嫁娶、起房造屋等方面的内容，服务于周边乡镇。

（四）传承发展

韦石岩多次参加政府有关部门组织的村级水书习俗传承培训活动，并担任助教。因居住位置偏远、信息较为闭塞，韦石岩虽曾申报非物质文化遗产项目水书习俗代表性传承人，但因某些原因未能实现，个人也表示要继续申报，相关部门表示将来会继续推荐。

（五）传承人风采

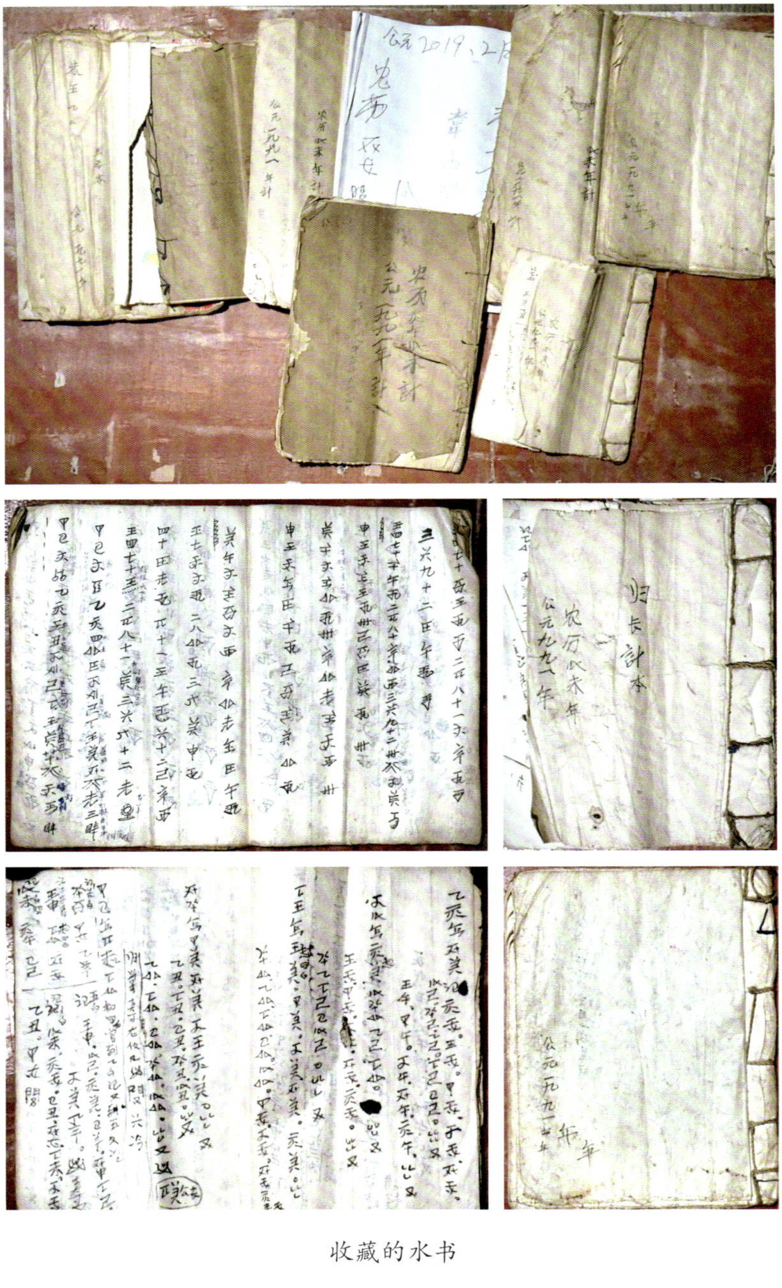

收藏的水书

村寨一角

韦石岩及其所住房屋

四十九、杨明久

（一）传承人简介

姓名：杨明久

性别：男

出生年月：1936 年 10 月

民族：水族

身份：农民

文化程度：小学

居住地址：独山县玉水镇合力村麻苏组

（二）传承生态环境

独山县玉水镇合力村麻苏组位于山林地带，距独山县城约 70 千米。全组共有 21 户水族居民，姓氏均为杨姓。房屋为水族传统的杆栏式吊脚木楼。

杨明久与妻子育有 3 子 3 女，子女均已成家。大儿子杨先义继承其衣钵，传承水书习俗；二儿子从医，在都匀市开设了一家骨科诊所；小儿子杨先育任教于独山县玉水镇温泉小学。家有水族传统杆栏式吊脚木楼 1 栋，地 5 亩。家庭经济的主要来源是大儿子、儿媳在家务农。在日常生活中，主要使用水语和本地方言交流。

（三）传承情况

幼时，杨明久便跟随父亲杨丘学习水书，启蒙读本为《正七卷》。目前，杨明久擅长石卜、驱邪、丧葬择日等方面的内容，主要服务于附近村寨及乡镇，当地群众认可度较高。家中现收藏有《正七卷》《通书》等水书。

杨明久将自己所学的水书习俗、石卜文化传给儿子杨先义、杨先育，未收其他徒弟。目前，杨先义已经出师，传承了父亲的石卜技艺，能熟练运用《正七卷》《通书》，掌握驱邪、择日方面的技艺，服务于周边群众；杨先育则在学校开展民族文化活动。

（四）传承发展

杨明久曾申报非物质文化遗产项目水书习俗代表性传承人，后因某些原因未能实现。杨明久现已高龄，无意再申报，但仍愿意发挥余热，用实际行动传承民族文化。

（五）传承人风采

解读水书

水书习俗用具

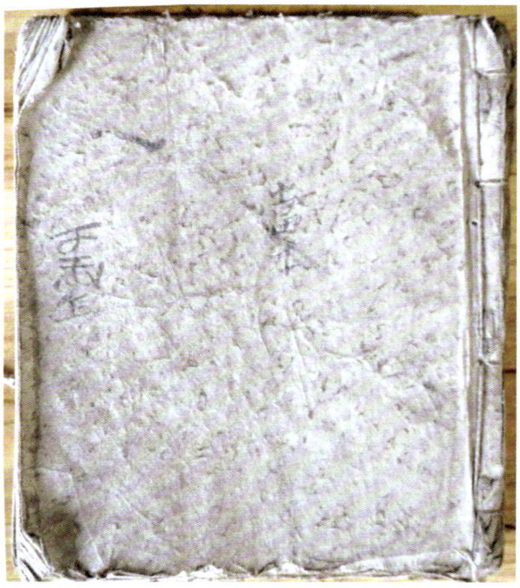

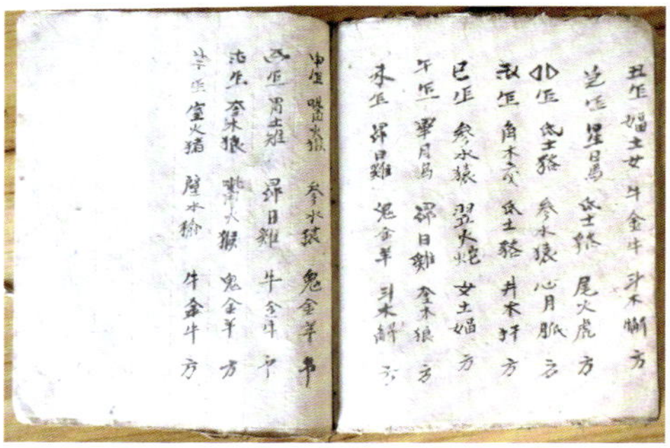

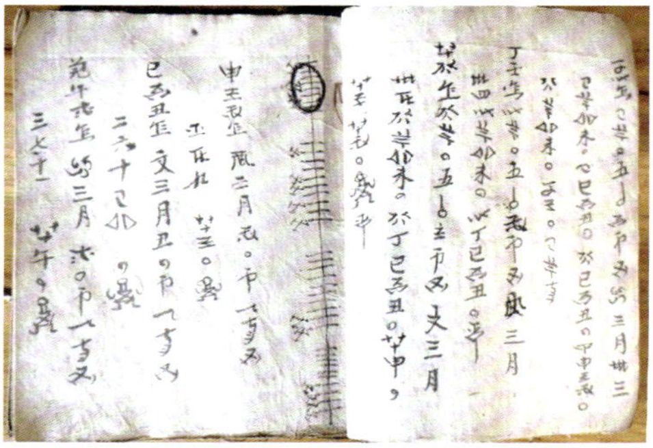

收藏的水书《丙辰年》

所住房屋

五十、杨先义

（一）传承人简介

姓名：杨先义

性别：男

出生年月：1967 年 10 月

民族：水族

身份：农民

文化程度：初中

居住地址：独山县玉水镇合力村麻苏组

（二）传承生态环境

独山县玉水镇合力村麻苏组位于山林地带，距独山县城约 70 千米。全组共有 21 户水族居民，姓氏均为杨姓。房屋为水族传统的杆栏式吊脚木楼。

杨先义家里共有 5 人，他与妻子育有 2 子，父亲健在。家有水族传统杆栏式吊脚木楼 1 栋，田 3 亩。家庭经济的主要来源是夫妻二人在家务农，主要种植水稻、玉米等农作物。在日常生活中，主要使用水语和本地方言交流。

（三）传承情况

杨先义出生于水书世家，是第三代水书习俗传承人。1989 年，杨先义跟随父亲杨明久开始学习水书，启蒙读本为《正七卷·择日分卷》。后又师承潘忠权、韦国恩、杨仁星等人。目前，杨先义擅长石卜、丧葬择日等方面的内容，主要服务于玉水镇、三都塘州、阳安、廷牌等地，当地群众认可度较高。家中现收藏有《当本》《反书用本》《正七备要水书》《安甲二十八宿》等水书。

杨先义目前尚未正式收徒。

（四）传承发展

2016 年以来，多次参加在村里举办的水书文化传承培训班，并担任授课老师，得到学员和水书爱好者的一致好评。杨先义曾申报非物质文化遗产项目水书习俗代表性传承人，后因某些原因未能实现，个人表示将继续申报，继续为水族文化的传承与发展做出贡献。

（五）传承人风采

水书习俗

水书习俗用具

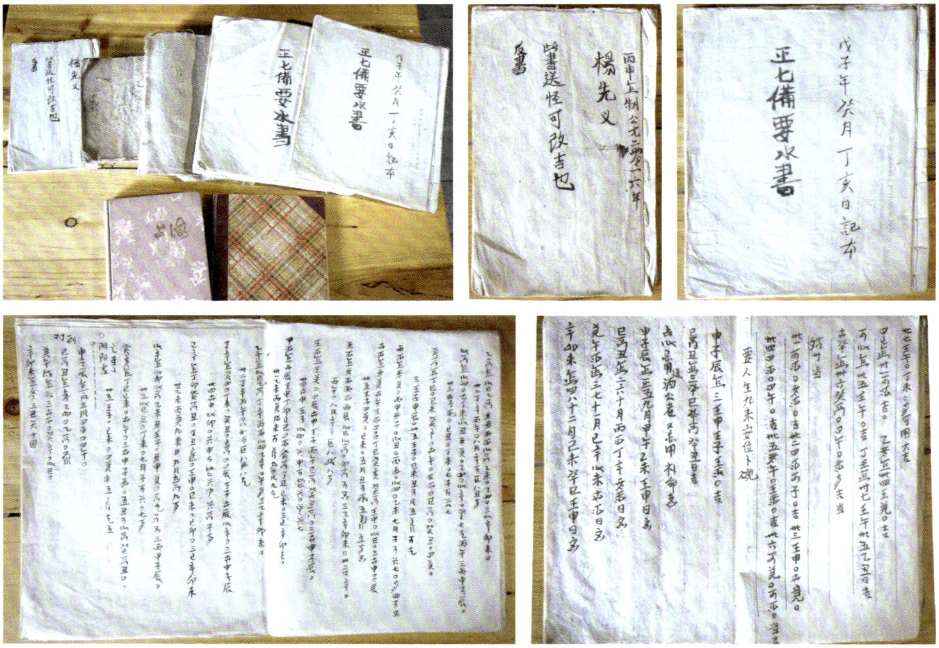

收藏的水书

所住房屋

五十一、杨先育

（一）传承人简介

姓名：杨先育

性别：男

出生年月：1985 年 1 月

民族：水族

身份：小学教师

文化程度：大学本科

居住地址：独山县玉水镇合力村麻苏组

（二）传承生态环境

独山县玉水镇合力村麻苏组位于山林地带，距独山县城约 70 千米。全组共有 21 户水族居民，姓氏均为杨姓。房屋为水族传统杆栏式吊脚木楼。

杨先育家里共有 3 人，他与妻子育有 1 子，妻子卢汝叶就职于独山县玉水镇人民政府。家有水族传统杆栏式吊脚木楼 1 栋，田 3 亩。家庭经济的主要来源是夫妻二人的工资。在日常生活中，主要使用水语和本地方言交流。

（三）传承情况

杨先育出生于水书世家，是第三代水书习俗传承人。2012 年，杨先育跟随父亲杨明久和长兄杨先义开始学习水书，启蒙读本为《正七卷》。主要学习水书习俗、礼仪以及如何将水书礼仪文化与舞蹈相融合。作为温泉小学的一名教师，除教学外，杨先育还承担学校民族文化的传承工作，是课外活动的舞蹈老师。杨先育以水书习俗、礼仪为元素编排舞蹈，使水族文化有声有色地进入校园，所编排的舞蹈获得全校师生的高度赞扬，为水族文化的传承做出一定贡献。

（四）传承发展

2012 年，指导歌曲《劝学歌》在独山县“少数民族原生态歌曲进校园展演比赛”中荣获小学组一等奖。

2013 年，在全国教规办“十二五”教育部规划课题——“当代教育环境下水族文化进校园研究”独山县子课题研究工作中表现突出，被评为优秀工作者。

2016年，指导学生在“黔南州首届水族地区中小学生‘水书’书法大赛”中，荣获小学组一等奖；在第二十一届全国中小学生绘画书法作品比赛中，荣获指导工作一等奖；参加《水书水歌水族习俗文化进校园》校本教材的编辑工作。

2017年，指导学生参加黔南州首届青少年文体艺术节才艺比赛，荣获原生态歌舞大赛二等奖；参加编排的铜鼓舞《旭巴踏》在中国·独山第五届花灯艺术节“悠悠独山·醉美花灯”共舞大赛（校园一组）中，荣获一等奖。

（五）传承人风采

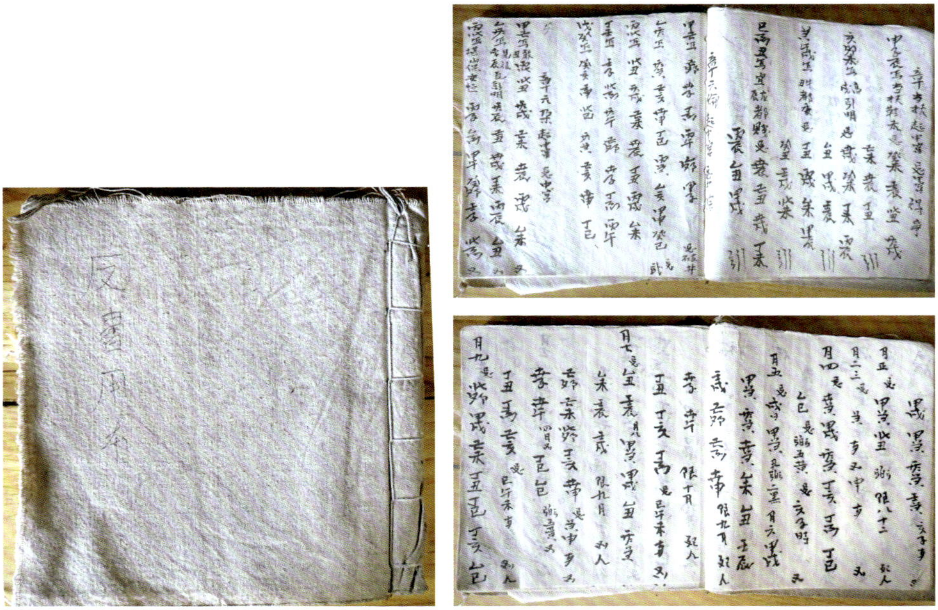

收藏的水书

参与编写的水书校本教材

研读水书

第二章　水族婚俗

第一节　水族婚俗概述

婚礼的举办是一个人建立家庭、独立于世、发展家族的起点。今人多把“成家”与“立业”分而论之，在古人的意识中，“成家”与“立业”是相辅相成的。这里的“业”是家业，而非事业，多数人以创造、发展家业为人生目的，故而称婚姻为“终身大事”。作为社会所认可的男女两性结合形式，婚姻是建立家庭、实现人类自身生产的前提。婚姻使配偶双方具有合理的性关系，为婚生子女建立起合法地位，赋予配偶双方相应的权利和义务，建立双方亲戚间的姻亲关系，是社会借以界定人文关系的重要手段。正如人类学家 Edmund Leach 指出，婚姻不仅涉及性，而且涉及经济、法律、政治等多种因素。[①] 婚礼是人生礼仪中的一大礼仪，历来受到个人、家庭和社会的高度重视。从人生诸礼仪的演变和传承来看，婚姻的形制最为完备、传承最为悠久。水族的婚姻礼俗，是水族社会中重要的民俗事项及文化现象，也是水族物质文化与精神文化的主要载体。它不仅与水族的生活和家庭形式相适应，还与水族历史上形成的宗教信仰、民族心理、社会理想、口头创作及其他风俗习惯紧密相连。

水族多“聚族而居”，实行“同宗不娶”的族外婚。即使相距千里、相隔数十代，同宗之间依旧不能通婚。“通婚不出十里地，端着泥碗蹲墙根”，家族内部严禁通婚，水族人民很早便懂得婚配远近与优生优育的关系。水族姓氏是

① 基辛：《当代文化人类学概要》，北晨译，浙江人民出版社，1986，第 143 页。

在汉文化传入后才出现的，同一姓氏不一定同血缘。因此，个别地区出现了同姓通婚现象。水族民间故事“倒栽杉”讲述的就是三都县廷牌一带韦姓家族破除“同姓不婚”的习俗，“按家族支系扒成堆堆，同姓开亲”的故事。部分水族地区也有异姓不通婚的情况，如三都县大河镇巴佑村的陆姓与白姓虽不同姓，但也不能通婚。据传，这些姓氏的祖宗本是同宗同姓，后因种种原因，一部分人改姓外迁，才形成了同宗不同姓的情况，所以依然恪守“同宗不娶”的原则，违者要受舆论的谴责和习惯法的惩治。

水族的家庭组织是一夫一妻制的父系小家庭。在旧中国，出现过一些富裕之家或无子嗣的男子讨小纳妾的现象，妇女在家庭中的地位低于男子，家中重大事务全由丈夫——家长决定，家长具有绝对权威。水族家庭多由父母与未婚子女组成。兄弟娶妻后，便离开父母另立门户。分家时，家产平均分配，父母亦有一份。女儿没有财产继承权，出嫁时会有一份数量相当的嫁妆，婚后随丈夫独立生活。家中子女先后成家后，父母若身体尚好，一般单独居住；若年老体衰，可随意与某个儿子生活，也可轮流在几个儿子家居住。父亲死后，长子继承家长的位置。在家庭生活中，丈夫是顶梁柱，主要承担生产技术方面的劳动，如翻田犁土、出粪运肥、泡种撒秧等；妻子则负责包括饮食起居在内的多项日常家务，此外还得插秧薅秧、种瓜种菜、纺纱织布、养鸡喂猪、赶场买卖等，基本保持“男主外，女主内”的分工格局。随着时代的发展和社会的进步，民主、平等、互爱的观念已深入水族家庭，形成了夫妻双方共同商议家庭大事、共同管理家庭经济、共同处理家庭事务的生活面貌。

水族婚俗保留了较浓的传统色彩，讲究明媒正娶，否则会被认为不合礼规而受到同族的议论和轻视。在过去，水族婚俗基本上是依父母之命、媒妁之言，婚姻论财，聘礼繁重，讲究门当户对，青年男女没有选择结婚对象的自由。男女到十五六岁就订婚，随后一两年便结婚，因为感情不好、性格不合等导致的逃婚现象十分突出。中华人民共和国成立后，改革了不合理的婚姻制度，水族人民的婚姻自主权大大增加，父母包办的婚姻也日渐减少，但自由恋爱仍习惯于“媒妁之言”。

在水族社会，婚姻的缔结包括相识、定情，提亲、定亲，吃媒酒，踩房子，迎娶等一套完整的程序。

相识、定情 水族喜爱唱歌，情歌是青年男女相识的主要媒介。水族青年男女会利用赶场、端节、卯节等节庆日或送亲、走亲访友的机会，通过对歌活动，寻找自己的爱情，书写自由恋爱的诗章。在节日聚会中，水族青年男女会通过对歌暗自物色对象，并用歌声盘问对方的家世和心意，如果证实不属同宗同姓，双方又彼此爱慕，便可以歌表达进一步交往的愿望。之后，小伙子就依照相约的时间、地点来与姑娘相会。经过多次接触，双方确实情投意合，便可暗定终身。“平常场集的交际中，二人情意相投便可当场请人从中说合，男子则购以丝料绸缎之物赠送女子以作纪念，从此二人便成情人。二人约定时间，以作‘玩山’之游，‘玩山’地点多在山林，而时间多为夜晚。约定后，情郎便悄然独身或约友至指定地点等候，口吹哨子，女郎候至夜半更深，家人熟睡后，亦悄然赴约，二人相遇行至离村寨较远之地方，互谈情话或唱情歌。次晨拂晓，便各自分散归家。此后有约必践，双方都得严格遵守。”① 如果是日常状态下的相识交往，水族男女的恋爱方式则较为隐秘，要避女方同宗的父兄，如唱情歌须避开老人和兄长，彼此对话要以相熟的女子或男方同宗的女性为媒介。多次接触和了解后，男女双方才可单独见面、对话。“六天六天赶一场，哥买烟来妹买糖。”赶场天本来是做买卖的，水族青年男女来赶场“买烟买糖”，主要目的是找情人或会情人。女青年来赶场通常要找正当的理由跟父母讲清楚，如到场坝上出售马尾绣。她们几乎都能制作马尾绣绣品，每个场坝都有供妇女出售马尾绣的场地，女青年可以在场坝上充分展示自己的剪纸与刺绣才艺。当情人出现，两人互相用眼神交流，心领神会地出发，相互之间保持一定的距离，相邀到场坝外的僻静处相会。

提亲、定亲 当自由恋爱的水族男女有了结合的意愿，小伙子便会向父母禀明，征得他们的同意。与此同时，姑娘也可向母亲吐露心声。由于有以歌定情的传统，父母一般不多加干涉。且邻近地区大多数人家经济水平相当，因而

① 吴泽霖：《水家的妇女生活》，载三都水族自治县民族文史研究组编《水族源流考》，1985，第 167 页。

门第观念也不明显。不过，男方家还是要从家庭和睦、操持家务和子嗣传承等方面考察女方的品质。如果没有问题，男方家即可托人提亲，这是有情人终成眷属的必备步骤。水族社会没有专职的媒人，提亲多请家族中有威望且能言善语的人担任。正式提亲前，男方家通常会先托人给女方父母传个口信，使其有思想准备，谓之“问空”，即不备彩礼，空手去问，女方家也不专门接待。此时，女方家一般不表明态度，但会对婚事进行抉择。女方家主要看男方是否勤劳、健康、忠厚，两家家境是否般配，老人是否好相处，等等。倘若满意，父母便会征求女儿的意见。如果姑娘与小伙子是唱歌相识，自然成就好事；如果不相识，姑娘就要通过赶场、过节或走亲串友等方式暗地观察和了解男方，以决定是否同意。一段时间后，男方家准备好彩礼，由媒人正式去提亲。按照水族传统，这一次不论女方家愿不愿意允婚，一般都不收彩礼。男方家的彩礼以红糖、猪肉、酒水、布料为主，有的还会送烟叶、面条、银项圈、手镯等。彩礼多寡，视男方家庭经济状况及双方协商而定。隔了一段时间，男方家再托人去提亲，礼品较前一次增多。一般而言，倘若女方家同意这门亲事，便会收下彩礼，表示正式应允，即定亲。这时，要设宴款待来客，并邀请家族或外家至亲长辈作陪。宴席开始前，女方家还要把男方家送来的礼物置于神龛的供桌上，禀告祖宗，祈求保佑。

吃媒酒 吃媒酒是缔结婚约的传统程序，其含义是最后确定婚姻是否成立、谢媒和协商联姻后的一些关系等。吃媒酒的时间一般在结婚前的一两个月，有的在结婚当天，还有婚后补吃媒酒的。吃媒酒这天，女方家备酒备菜，男方家会派几个人将彩礼抬到女方家，宴请女方的三家六房。接到男方的礼物后，女方家会将礼物摆在堂屋中央的桌子上，供人参观、欣赏，以示女方地位的尊贵。家族中的人也要带上鸡、酒等物，协助帮忙。舅家、姑家、姨家还要送箱子、棉絮、布料等作为陪嫁物。开席时，由双方家长按礼规各指定二人为“大媒”“小媒”。被指定的四人在一桌上同吃四碗“媒子酒”，大媒先吃，小媒后吃。席间，要商议婚后双方的保证条件，诸如男方对女方不好或女方婚后不去男家等情况，都要由吃媒酒的大、小媒人负责调解。媒子酒喝尽，就算协议达成。吃媒酒时，女方家族中的亲戚都要作陪。席后，他们又要备酒席轮流请男方家的大、小媒人吃饭，最后还得由女方家备酒席请吃一顿才散。因此，吃媒酒常会持续三至六天。结束时，双方家长要给各自指定的媒人一些报酬。现在，吃媒酒的习俗略微简化，即第一天由女方招待，正式吃媒酒；第二天，女方亲戚共同宴请男方媒人；第三天早晨，再由女方家招待一餐便结束。酒宴上要唱敬酒歌，女主人每唱一首歌，客人就得干一杯酒，直到喝醉，这样才能表现出主人的盛情。

踩房子 吃媒酒后，男方要找水书先生择迎娶日，即挑选“吃大酒”的日子。如果根据男女双方的生辰八字选取的日子不符合其他方面的要求，就必须在迎娶之前选取一个吉利的日子让新娘提前来男方家“踩房子”。“踩房子”由男方家派一名父母健全的姑娘和媒人去迎，女方家派一名兄长打红色油纸伞护送女方到男方家。快到男方家寨子时，男方家就安排一名女性长辈前去迎接，男方家房屋内的所有人都走出来，大门口布置一盆烧得旺的火等候着。男方的母亲一手拿一把象征感情专一的女贞树枝（水语为“梅绣”）和可以驱邪的芭茅草，一手端着一碗清水，在儿媳即将进入大门的时候，立即喝一口水朝儿媳身后喷去，然后举起树枝轻轻地打在儿媳身上，口中喃喃地念着吉祥如意的祝福语，万分柔情地交代着儿媳一定要跨过火盆才能消灾。随后，女方会进到卧室小坐一会，新床上摆着几个精心挑选的田螺。在水族人民的心中，田螺是一直在原地打转的。床上摆田螺寓意女方不会分心。女方一般在自己的新床上摸一下枕头就立即回去，甚至连饭都不吃，很低调，也很神秘。

迎娶 水族一般选择在收割水稻的金秋季节谈婚论嫁，特别是利用前后长达一个月的端节来迎娶新娘。吃媒酒后，男方家根据吉日接亲，时间多选在水历正月至四月。此时，五谷丰收，农事闲暇，正好办喜事。到了迎亲吉日，男方家派几个单身男子到女方家抬嫁妆，同行的还有两名父母健在、夫妻和睦、子女双全的“全福”妇女，她们负责接亲。众人到女方家吃一顿饭，便接新娘回来。女方家则派两名“全福”妇女陪送新娘，另有若干送亲男女。除少数地区由新娘的兄弟背新娘送至夫家外，多数地区是盛装的新娘打一把故意撕开一条缝的红纸伞步行在前，接送亲的男女双方人员紧随其后，最后是抬着嫁妆的长队伍。女方的嫁妆视自家家境及男方出的彩礼而定，一般有被子、布匹、箱柜、糯米粑等。结婚当天，新娘于中午出娘家门，傍晚进夫家门，吉时不到，不得进门。新娘在出嫁路上，最忌讳打雷变天，这也是婚期多安排在秋冬举办的原因。

水族婚礼的接亲与送亲，男女双方的家人都不参加。新郎家的亲人在新娘进门时要外出回避，新娘进屋后才能回家问好。婆婆见了新媳妇，要用草秆在她身上抽打几下，意在让新娘婚后早日“坐家”。在历史上，水族婚礼的新婚之日，夫妻不拜堂，甚至不见面。男方家设宴招待亲友，女方家要有一位男性老人与男方家的老人同席饮酒。酒席间，双方要唱歌助兴，内容多为历史故事。送新娘来的妇女饭后要与男方家的妇女对歌，青年男女都围坐旁听，歌声彻夜不息。亲族参加婚礼，一般送土布一丈、手镯一对、小酒一坛，坛口放碎银或钱，吃几餐喜酒就返回。

新婚之日，夫妻不同宿。第二天，新娘跟随送亲妇女回门（回娘家住）。十天半个月后，男方再择吉日，请族下与新娘同辈的姐妹两三人到新娘家，送去烟叶、盐巴等礼物，接新娘回来。新娘来时，带回一盘糯米饭，开始夫妻生活。但过几天，新娘又要跑回娘家，等丈夫来接才回去。如此反复，持续几个月至一年，新娘才安心地在夫家住下来。水族人民把新娘在娘家与夫家之间两头住、两头跑的现象称为“不坐家”。但水族女子一旦怀孕就必须在夫家长住，不能在娘家生产，否则便会被认为不吉利。水族热闹的传统婚礼结束后，新娘会频繁地回娘家，而新郎总是在心中盘算路程远近，会恰巧在傍晚时分赶到媳妇家，稍稍休息，便起身向岳父岳母告辞，岳父岳母立即会意，催促女儿收拾东西随夫婿回去。由此，年轻夫妻开始了时长约一年的“恳”（水语中“迎接”之意）。“恳”相当于水族新婚夫妇的恋爱之旅，直到有了孩子，“恳”才告一段落。

2005 年，水族婚俗入选第一批“省级非物质文化遗产名录”；2007 年，水族婚礼入选第二批“省级非物质文化遗产名录”。随着时代的发展，水族的婚姻制度发生了根本的变革。水族青年男女中自由恋爱结婚的逐渐增多，从中华人民共和国成立前的互相不能搭话、改革开放最初十年里的偶尔交流变为公开交往。近些年，水族青年如潮水般走出大山外出务工，大量青年男女接受汉文化的熏陶，领略经济发达地区的开放。以前通过定亲确定恋爱关系的青年男女，已经冲破过去不能逾越的旧观念，可以公开往来了。随着水族青年男女交往程度的加深、感情的密切，迎娶的日期成为两个家族共同的期待。床上用品、大衣柜、带草的糯谷把是嫁妆必备之物，而生活用品则与时代同步，按需求添置。有些人家的陪嫁物是液晶平板电视机、全自动洗衣机、电冰箱、摩托车、小轿车等现代家用电器和交通工具，有些人家的陪嫁物是马匹、水牛、黄牛等牲口，这是水族人民根据自家情况做出的安排。所送的陪嫁牲口都会预先准备，一般是小马驹或牛犊，其目的是希望女儿出嫁后，可以通过辛勤劳动，自创家业、自给自足。随着农业生产的进步和现代家用电器的普及，嫁妆还包括打谷机、碾米机等先进的生产劳动设备及冰箱、洗衣机、彩电、电磁炉、电风扇、空调等家电。嫁妆的与时俱进，体现了水族人民生活水平的提高。同时，穿婚纱和西装、拍婚纱照、旅游结婚，甚至“裸婚”等新现象在水族婚礼中均有出现。此外，夫妻俩在家庭中的地位也日渐平等，两人共同劳动，共同持家，扶老携幼，共创幸福生活。

在水族古老的婚礼习俗中，有良俗，也有陋俗，有积极的反映，也有消极的因素，但都在不断地发展、进步，如择偶方式基本自主、择偶范围不断扩大、择偶标准逐渐多样化等。特别是随着水族青年外出求学、务工人数的增加，越来越多的水族人民愿意接纳汉族和其他少数民族在水族地区生活与定居。水族与汉族及其他少数民族结为连理的现象已越来越普遍，婚礼的形式也越来越丰富和多样。同时，随着经济的发展和文化水平的提高，水族群众会主动继承优秀的传统，接受文明的现代礼仪。水族旧婚俗的演变和新婚俗的出现，是时代发展的必然，也是当地文明进步的表现。

第二节 水族婚俗传承人

五十二、韦宗远

（一）传承人简介

姓名：韦宗远

性别：男

出生年月：1957 年 1 月

民族：水族

身份：教师

文化程度：大学专科

居住地址：都匀市归兰乡奉合村榔木寨

（二）传承生态环境

都匀市归兰乡奉合村榔木寨位于丘陵地带，距都匀市区约 33 千米。全寨共有 92 户水族居民，姓氏均为韦姓。房屋为水族传统杆栏式吊脚木楼。

韦宗远与妻子育有 1 子 1 女，子女均已成家。家有水族传统杆栏式吊脚木楼 1 栋，田 3 亩，地 2 亩。家庭经济的主要来源是个人的退休金。在日常生活中，主要使用水语和本地方言交流。

（三）传承情况

韦宗远是归兰乡奉合中心校的退休教师。受环境影响，韦宗远从小就对水族的婚俗礼仪有着浓厚的兴趣。目前，韦宗远对水族的婚嫁礼仪、禁忌、祭祀等方面有深入的研究，主要服务于附近村寨，当地群众认可度较高。

韦宗远仅收韦忠仁为徒，本村人，现已学成并服务于周边群众。他认为，婚嫁习俗是一种文化，只有感兴趣且在特定的文化环境中，才能将其继承。现在的婚俗大多都简化了，原本的民族婚俗在逐渐消失，文化的传承令人担忧。

（四）传承发展

2019 年 10 月，被黔南州文化广电和旅游局授予“黔南州州级非物质文化遗产代表性项目（水族婚俗）代表性传承人”荣誉称号。

（五）传承人风采

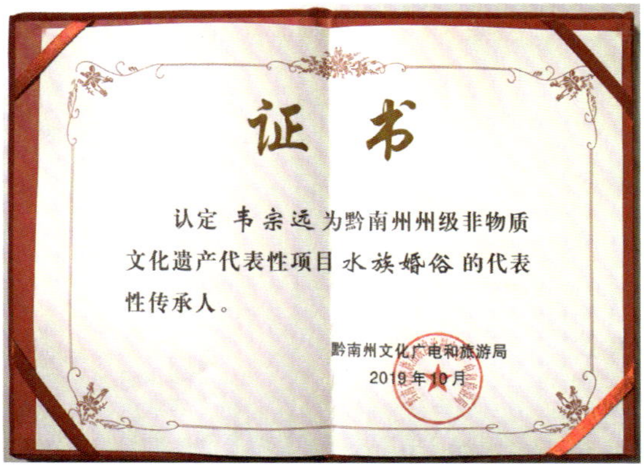

证书

认定 韦宗远 为黔南州州级非物质文化遗产代表性项目 水族婚俗 的代表性传承人。

黔南州文化广电和旅游局
2019年10月

所获荣誉

水族婚礼现场

作者潘建南访谈韦宗远

所住房屋

第三章　手工技艺

第一节　水族手工技艺概述

精美的水族手工技艺，不但具有鲜明的民族风格，还具有华贵、瑰丽、浑厚、古雅的艺术效果。水族的传统工艺有剪纸、刺绣、纺织、印染等，内容十分丰富。水族妇女心灵手巧，几乎人人能剪、能绣、能纺、能织、能染。这不仅是水族青年选择配偶的标准，也是水族妇女才能的表现。水族姑娘从十二三岁起就开始学习剪纸、刺绣、纺纱、织布、染布，母教女、姐教妹，从而形成世代传承的民族艺术。水族雕刻、银饰、竹编等手工艺品的制作，多为男子所擅长，经过历史的发展演变，形成了今天独特的民族风格，体现了水族人民的气质和愿望。这些手工技艺之所以有如此强大的生命力，在于其具有广泛的群众基础和民族艺术的传统性。

剪纸　剪纸是水族人民喜爱的一种传统工艺，因服饰的需要而产生，形象朴实、想象丰富，生活气息浓郁，具有鲜明的民族特色。剪纸主要是为刺绣制作各种花样繁多、纤巧秀丽的图案，图案的内容有龙、凤、麒麟，也有花、鸟、虫、鱼，还有蕴涵民间故事传说的内容及祈求吉祥、美化生活、怀念祖先、庆祝丰收、欢度佳节的题材。这是水族人民在生产劳动和生活中发掘的深远意蕴，表达了一种积极向上、健康有力的态度，反映了他们对生活的美好愿望和执着追求。剪纸中的几何纹样与铜鼓纹式古朴浑厚、结构严密，完整地保存了原始艺术的痕迹，给人一种潜在的神秘感和吸引力。剪纸的工具通常为一把剪刀，偶尔也用小刀。其制作方法是先用较厚的牛皮纸描绘所需图案，再按图案剪下。也有灵巧之人不需描绘，即兴即剪。1994 年，都匀市奉合水族乡被贵州省文化厅授予“剪纸艺术之乡”称号，该乡水族妇女韦帮粉被誉为“金剪刀”。2014年，水族剪纸入选第四批“国家级非物质文化遗产名录”。

马尾绣 刺绣是我国古老的传统工艺。据《尚书·益稷》记载，虞舜时就曾用五彩稀绣作礼服。在王充的《论衡·程材篇》中，有“齐郡世刺绣，恒女无不能”的记载。此外，还有对水族先民男子服饰“丈夫衣服有衫袄，大口裤，以锦绣及布为之”的记载。刺绣是水族地区最负盛名的手工技艺。水族妇女精于刺绣，具有独特的民族风格和技巧。刺绣工艺包括绣花、挑花、补花、梭花等，针法有平绣、打子绣、乱针绣等。其手工艺品主要是小孩的背带、帽子及妇女的花鞋、围腰等。背带刺绣非常精美，有用红、黄、绿三色丝线绣出龙、凤、花、草、虫、鸟、鱼等图案的“腊巴”背带，有用彩色丝线绣成各种条格花纹的“万字格”背带，还有用青、蓝线绣制各种动植物图案的“歹腊亚”背带。童帽刺绣也十分美丽，帽顶绣有花卉、动物图案，两边和后部均绣有云纹、水纹图案。

马尾绣以马尾为绣花原材料，用手将白色丝线缠绕在马尾丝上，成为类似琴弦的白色预制绣花线，然后按照剪纸纹样，将这种白色绣线盘绣于花纹的轮廓上，中间再用彩色丝线填绣即可。色彩浓重明快、图案栩栩如生的马尾绣，被誉为中国“刺绣艺术的活化石”。1990年，三都县中和镇被贵州省文化厅授予“马尾绣艺术之乡”称号。2006年，水族马尾绣列入首批“国家级非物质文化遗产名录”。2017年，水族马尾绣获得国家质检总局授予的“国家地理标志产品保护证书”，标志着“三都水族马尾绣”成为贵州首个获得地理标志产品保护的刺绣类产品，水族妇女的指尖技艺已经成功转化为指尖经济。近年来，三都县涌现出一大批马尾绣专业人才，如马尾绣国家级代表性传承人宋水仙、韦桃花，省级代表性传承人韦引妹、潘小艾、石玉翠、韦应丽等人。2021年，正值中国共产党建党100周年，韦应丽带领绣娘们制作了一幅名为《绣》的刺绣作品，用手中的丝线来表达对中国共产党的感恩和祝福。她们与水族马尾绣的传承发展融为一体，不断行进致远。一次次摘冠、一批批获奖，一场场展览、一趟趟远行，都在诉说马尾绣与其传承人的一个个感人而精彩的故事。

在水语中，马尾绣背带被称为“歹结”，它集中体现了马尾绣的精湛技艺。马尾绣背带的上半部分为主体部位，宽 50 ～ 70 厘米、高 50 厘米，由 20 个大小不同的马尾绣片组成。绣片周边要用大红色或墨绿色丝线在彩色缎料底子上平绣出严密的几何图案，并在上方的左右两边各加一条长 60 厘米、宽 5 厘米的马尾绣背带手，方便拴缚于肩腰。下半部分为背带尾，长 60 厘米、宽 40 厘米，连接在主体部位下方，可以盖住小孩的腿，起到保护和避寒的作用。背带尾上也绣有精美的马尾绣图案，与主体部位遥相呼应，使马尾绣背带成为一件完整的手工艺品。马尾绣背带的图案题材很广泛，最常见的主体图案中心是一只大蝴蝶，蝴蝶上方绣片正中是一个“寿”字，背带最顶上的正方形图案中也有一个“寿”字。大蝴蝶四周的 4 个长方形、5 个正方形和 2 个变形梯形，组合成一个方块，宛如大大小小的梯田。几何形绣片里的花草、蜜蜂、蝴蝶、石榴等纹样呈流动的曲线造型。马尾绣背带将大自然情感化、神韵化，借物托情、借景抒情，体现了水族人民祈望小孩健康成长、长命百岁的种族繁衍观念。制作一份这样的马尾绣背带，要花费一名水族妇女一年的时间和心血。情感的表达，既是制作、创造的源泉和动力，又是审美、意象的归宿和体现。

此外，水族妇女花鞋上的刺绣也十分考究。与“歹结”背带一样，“扎句”鞋是用红、黄、绿三色丝线在鞋面上绣出龙、凤、花、草等图案；“扎各”鞋是用红、黄、绿三色丝线在鞋面上打成疙瘩，绣出各种花纹；“万字格”鞋是用各色丝线在鞋面上绣出大小不一的长条花纹绣；“扎金”鞋则是用丝线或纱线在鞋面上绣出诸多细密的穴纹及各种花纹。

水族刺绣技艺精巧、色彩协调、纹饰大方，给人舒服、畅快的感觉，不失为超群而珍贵的手工艺品，通常出现在服饰、帐檐、门帘、被面、背带、枕套、头帕、荷包和鞋面上。作为文创产品和旅游产品，品种繁多的水族刺绣投资少、见效快，具有一定的纪念意义和观赏性，深受游客欢迎。尤其是工艺精湛的水族马尾绣，令人赏心悦目，使得游客争相抢购，并逐步形成产业化发展态势。

雕刻 水族的雕刻技艺十分发达，许多水族村寨有“十户人家八把锤”的说法。不少水族男子，只需一锤一钻，便能将一块粗糙的石头凿成狮、虎、龙、凤等各种动物的形状，或卧或扑、或立或跃，神态活现。

水族的雕刻主要分为木雕和石雕两种，另有独特的牛角雕。雕刻题材非常丰富，有人物、花草、动物等，姿态活泼、富有动感、栩栩如生，具有较高的艺术价值，是负有盛名的工艺品。木雕工艺主要用于屋宇檐口、窗户、桌、椅、床等。木雕的窗户多为花鸟浮雕，木雕的檐口多为龙凤造型，木雕的床架多为镂空雕花。

水族的石雕工艺主要反映在墓碑、石桥的装饰上。水族的石雕分为圆雕和平雕两种。水族圆雕往往利用石头的自然形状，寥寥数笔，略加刻饰，便能表现出物象的性格特征，且具有质朴的装饰效果。水族平雕分为平面阴刻、平面阳刻等。平面阴刻是在平面上阴刻出线条，用线表现物象动态；平面阳刻则是保留物象的线或面，将空余的地方刻除，艺术性较高。例如在三都县荣耀村水族的画像石墓中，就有许多形象逼真的石雕画像。早期的画像石墓，有铜鼓、弓、箭、刀、枪等，没有铭文。晚期的画像石墓，除有碑文外，还有许多内涵极为丰富的刻像，如汉族服饰官吏、杂技、滑竿、伞盖、出行图、逃难图、射猎图、耕牛图、牧牛图、牵马图、八仙过海、二十四孝、花鸟、麒麟、白象等。这反映了水族的石雕工艺早已达到较高的技艺水平，一座座石墓就是一件件艺术杰作。2015 年，水族石雕入选第四批“省级非物质文化遗产名录”。

水族牛角雕是将水牛角或黄牛角打磨光滑后，在上面雕刻各类图案及水书文字的一种雕刻工艺品。雕刻工艺流程为：锯边——刨平——磨光——布置线条——设计图案——粗雕刻——精雕刻——抛光——成品——包装。作为水族先民抵御外来入侵和在生产生活中传递信息所使用的一种号角，牛角在水族人民的发展历程中占有重要地位，水族人民对其爱护有加。为了便于甄别各宗族的牛角号，水族先祖们最先在牛角上刻画一些简单的图案作为印记。在长期的生活积累中，水族人民开始在牛角上刻画本民族崇拜的各种图腾或吉祥物，用来表示对本民族文化的崇拜和敬仰。此外，水族牛角雕的图案风格各异，文化内涵、雕刻技巧等各有特点，凡人物、花鸟、鱼虫等图案，皆取自本民族身边之物。随着牛角雕雕刻工艺越来越复杂、做工越来越精细，牛角从号角发展成雕刻精美的民族工艺品，被游人所接受和喜爱。

和其他民族不同，水族牛角雕用牛角立体雕刻鸳鸯、鸡、小鸟等图案，采用全浮雕的艺术手法，刀工细腻，形象逼真，如狩猎者装火药的鸟形器皿，集实用性和装饰性于一身。制作这样的鸟形器皿先要在牛角上把鸟身挖空，在鸟的头盖骨上连接一根脊骨到鸟的尾部，然后将火药装进鸟的肚子。使用时只需用手按一下脊骨，小鸟的嘴张开后，取少量火药放在猎枪里，手扣动扳机起火花，撞响火管里面装的铁砂，射出去就能打中猎物。牛角雕火药器皿不仅是狩猎者戴在胸前的配饰，还是水族民间非物质文化遗产的精美艺术品。2019 年，水族牛角雕制作技艺入选第五批“省级非物质文化遗产名录”。

银饰 银饰品加工工艺是一种民族风采极浓的传统工艺，在水族地区具有显著地位。水族的银饰大多是水族工匠所作，但都匀地区的水族银饰传承人多为布依族。其制作方法是先把银毫或银锭置于炉火中熔化，然后铸于特定的模具中，经过反复锤、冲、钻、刻、焊等加工，再用煮沸的白矾洗刷，最后制成所需的银饰品。和金一样，银也是一种贵重金属。水族人民把银加工成银器，主要用作装饰。许多水族妇女身上佩戴的项圈、手镯、耳环、别簪、银扣、压领、银梳、围腰链及儿童帽子上装饰的银佛、银狮、银铃、银片等，既是审美的需要，也是富有的标志。在佩戴方式上，水族银饰因地区不同而有所差异，主要有两种类型，一种是三都型，一种是都匀型。二者最显著的区别体现在少女的盛装上，三都型将银饰直接插于发髻上，以银牛角为特征；都匀型则将银饰插于头帕上，不戴牛角，以银钗见长。

在盛大节日或婚嫁等重要场合，水族妇女会戴上华贵的银饰，穿起繁彩的衣服，走起路来环佩叮当，光彩照人，透出一种端庄、妩媚的风韵。从装饰美学的角度看，一套水族盛装体现出水族独特的审美意识。制作水族盛装的布料，多为自织自染的青色土布，上面缀有色彩鲜艳的刺绣，配上各式各样闪闪发光的银饰，再加上发声的银片、银铃，打破了青色衣裙的单调感，而呈现出色彩斑斓、有静有动、有色有素、有声有光的综合效果，充分展现了水族人民在服饰上丰富的想象力和创造力。2015 年，水族银饰制作技艺入选第四批“省级非物质文化遗产名录”。

九阡酒　水族酿酒历史悠久，三都县九阡地区的九阡酒更是以味美甘醇而远近驰名。九阡酒是一流的纯糯米香酒，由中国水族独特传统工艺酿造，采用100%的纯糯米原料和100%的天然泉水酿造，没有任何添加剂。九阡酒入口清爽，香气浓而不艳，酒度低而不淡，适量饮用，具有补中益气、舒筋活血、助兴提神、延年益寿的作用。2009年，水族九阡酒酿造技艺入选第三批“省级非物质文化遗产名录”。

六月六制曲，九月九烤酒。每年端午，水族人民都会采药制曲。酒曲的制作必须用120味中草药及蒸馏与发酵两种工艺的有机结合。要酿制上等的九阡糯米窖酒，就得在九月重阳前后，以当地当年出产的红糯米为原料，蒸熟冷却后和入酒曲拌匀，待装缸密封发酵后再进行蒸烤；将米酒烤出来后，需另用禾糯酿成糯米甜酒，铁锅烧热加入麦芽炒色，将甜酒倒入锅中与麦芽一起小火熬成棕黄色汁液后，倒入陶质酒坛，再把坛口密封好，放在避光的泥地窖藏；隔年之后，开盖视其挥发情况再补入新酒，连加三年后，不再补以新酒，以草木灰和稀泥密封坛口，将酒坛埋入地下或放进山洞里长时间窖藏。窖藏的环境一般要求无震动和恒温，且窖藏的时间越长，酒味越好。

第二节　马尾绣传承人

五十三、宋水仙

（一）传承人简介

姓名：宋水仙

性别：女

出生年月：1966年6月

民族：水族

身份：三都水族自治县水仙马尾绣有限公司董事长、第十三届全国人民代表大会代表

文化程度：初中

居住地址：三都县中和镇三洞社区水维村板鸟二组（现居三都县凤羽街道沿江社区）

（二）传承生态环境

三都县中和镇三洞社区水维村板鸟二组位于山脚，距中和镇政府约 6 千米，距三都县城约 31 千米。全组共有 52 户水族居民，姓氏均为韦姓。房屋以木砖混合结构为主。

宋水仙家里共有 8 人，除她和丈夫外，还有 2 个儿子、2 个儿媳和 2 个孙子。家有木砖混合结构住房 1 栋，田 1 亩，地 0.5 亩。家庭经济的主要来源是个人经营马尾绣产业。在日常生活中，主要使用水语和本地方言交流。

宋水仙在全国人民代表大会上展示马尾绣作品

（三）传承情况

宋水仙从小爱好刺绣，6 岁便跟随母亲学习马尾绣，主要学习缠马尾、画图、绣图、填心等。后来，宋水仙嫁到了素有“马尾绣之乡”的原三洞乡板告村（现中和镇三洞社区水维村板鸟二组），拜潘水英为师。17 岁时，宋水仙便习得一手好绣技，成为当地有名的绣娘。2006 年，她在三都县城开办全县第一家马尾绣工艺品店，首次将马尾绣变成工艺品，带动三都水族马尾绣的发展。此外，宋水仙还开办了马尾绣培训班，培训学员 2000 余人。通过多年的努力，她获得了很多奖项与成就，得到国内外人士的肯定和赞誉。她创作的马尾绣作品《新娘嫁衣》被云南民族博物馆收藏，《背带梳子绣》被中国丝绸档案馆收藏。

（四）传承发展

2006 年，在三都县开办全县第一家马尾绣工艺品店；在“开磷杯”多彩贵州三都赛区旅游商品设计大赛中荣获二等奖。

2007 年，被贵州省文化厅授予“贵州省非物质文化遗产传承人”荣誉称号。

2008 年，在“多彩贵州”三都县旅游商品能工巧匠选拔大赛中荣获二等奖；在“手牵手”行动制作比赛中荣获二等奖；获得高级工艺师资格。

2010 年，在三都县开办全县第一家民族民间藏品馆；参加上海世博会，现场展示马尾绣制作工艺。

2011 年，赴台湾参加文化民俗观光博览会。

2012 年，成立水仙马尾绣有限公司；赴云南、澳门等地参加非物质文化展览；被联合国教科文组织授予“杰出手工艺品徽章认证书”；获得“国家级非物质文化遗产项目水族马尾绣代表性传承人”荣誉称号；被贵州省总工会授予“五一劳动奖章”。

2013 年，赴北京、深圳等地参加各种文化交流活动；马尾绣作品《福星抱枕》在中国（深圳）国际文化产业博览会交易会上获得“中国工艺美术文化创意奖”铜奖。

2014 年，赴西班牙马德里参加“2014 西班牙马德里 • 多彩贵州文化节”；被中国非物质文化遗产保护中心授予第三届“中华非物质文化遗产传承人”薪传奖。

2015 年，获得黔南妇女特色手工技能大赛二等奖及“十佳绣娘”荣誉称号。

2016 年，被贵州省总工会授予“贵州金牌工人”荣誉称号；在黔南绣娘喜迎建州 60 周年成果展暨第二届妇女特色手工技能大赛中荣获一等奖；获得“黔南州民族团结进步模范个人”荣誉称号。

2017 年，被中华全国总工会授予“全国五一巾帼标兵”荣誉称号；在 2017 黔南第三届妇女特色手工技能大赛中荣获刺绣类一等奖。

2018 年，被黔南州工信委授予黔南州民族服饰和民间工艺品（刺绣类）“工匠大师”荣誉称号。

2019 年，被三都县总工会授予“三都工匠”荣誉称号。

2020 年，被三都县人才工作领导小组办公室评为文化巧匠类“优秀乡土人才”；参加贵州省民族宗教干部培训中心举办的民族传统手工艺领军人才暨乡村文化旅游技能型人才研修班；在贵州省民族传统手工艺领军人才评先推优活动中获得“贵州民族刺绣艺术大师”荣誉称号。

（五）传承人风采

所获荣誉

马尾绣作品（一）

马尾绣作品（二）

五十四、韦桃花

（一）传承人简介

姓名：韦桃花

性别：女

出生年月：1964 年 5 月

民族：水族

身份：三都水族自治县桃花马尾绣艺术品制作有限公司董事长

文化程度：小学

居住地址：三都县中和镇三洞社区新阳村板龙一组（现居三都县凤羽街道万户水寨社区 C 区）

（二）传承生态环境

三都县中和镇三洞社区新阳村板龙一组位于山脚，距中和镇政府约 13 千米，距三都县城约 39 千米。全组共有 39 户水族居民，姓氏以潘姓为主。房屋以木砖混合结构为主。

韦桃花家里共有 20 人，除她本人外，还有 5 个儿子、4 个儿媳和 10 个孙子。家有木砖混合结构住房 1 栋，田 5 亩，地 3 亩。家庭经济的主要来源是个人经营马尾绣产业。在日常生活中，主要使用水语和本地方言交流。

（三）传承情况

韦桃花从小爱好刺绣，3 岁便跟随母亲学习马尾绣，主要学习缠马尾、看图、绣图、填心等。个人擅长配色、刺绣针法、填心。2010 年，她成立三都水族自治县桃花马尾绣艺术品制作有限公司，培训学员 5000 余人。其中，优秀的学徒有中和镇三洞社区新阳村板龙组的覃氏曰、潘梅、潘兰、石女和儿媳石庶、杨晓曲、石本温、覃毅柔等。近年来，韦桃花多次赴杭州、广州、深圳、珠海、上海、北京、青岛、昆明、贵阳、香港、台湾等地，并远赴意大利、法国、西班牙、澳大利亚等国家参加各种大型民间手工艺品展销及展演活动，得到了国内外许多知名人士和艺术家的赞赏。

绣马尾绣

目前，她所创办的三都水族自治县桃花马尾绣艺术品制作有限公司，已经拥有完全自主知识产权的外观设计专利18项、实用新型专利10项、发明专利5项、美术作品版权登记证23项；获得ISO环境、质量、职业健康管理体系认证各1件；获得第25类、第26类、第35类“韦桃花”普通商标注册证各1件。第25类、第26类“韦桃花”商标已经获得贵州省著名商标注册证各1件。此外，该公司还是国家艺术基金“贵州少数民族刺绣及衍生品设计人才培养”项目教学实践基地、贵州大学美术学院设计系多彩贵州非遗传统工艺工作坊实践点、三都县妇联锦绣计划示范基地、三都县脱贫攻坚巾帼建功先进集体等。

（四）传承发展

2006年，获得“开磷杯”多彩贵州旅游商品能工巧匠特等奖；获得“带（助）民增收先进个人”荣誉称号。

2007年，被贵州省文化厅授予“贵州省非物质文化遗产传承人”荣誉称号。

2009年，获得“黔南布依族苗族自治州民族团结进步先进个人”荣誉称号。

2010年，被授予“三都水族自治县优秀人才奖”。

2011年，获得“贵州省百佳创业小老板”“第一届贵州省工艺美术大师”荣誉称号。

2012年，被授予“国家级非物质文化遗产项目水族马尾绣代表性传承人”荣誉称号。

2013 年，在第二届中国 • 凯里银饰刺绣博览会中荣获刺绣类金奖。

2014 年，获得昆明官渡第四届全国非物质文化遗产联展马尾绣金奖；获得高级工艺美术师资格。

2015 年，获得“贵州省科技特派员”荣誉称号；在黔南妇女特色手工技能大赛中荣获一等奖；韦桃花马尾绣获得“贵州省著名商标”（注册号：9637506 和 9637478）。

2016 年，被评为“第一届中国工美行业艺术大师”和贵州省“巾帼建功标兵”；在贵州省“圆梦锦绣 • 巧手脱贫”妇女手工技能大赛中荣获刺绣类特等奖；在黔南绣娘喜迎建州 60 周年成果展暨第二届妇女特色手工技能大赛中荣获一等奖。

2017 年，韦桃花马尾绣被评为“黔南十大工业名优产品”；“韦桃花”牌马尾绣女士手提包获得中国特色旅游商品大赛银奖。

2019 年，获得“贵州省脱贫攻坚优秀共产党员”“黔南州脱贫攻坚优秀共产党员”“全县优秀共产党员”荣誉称号；获得“中国非遗年度人物”提名。

2020 年，被三都县人才工作领导小组办公室评为文化巧匠类“优秀乡土人才”；被贵州省总工会授予“黔绣工匠”荣誉称号；刺绣作品《韦桃花 • 马尾绣女士手提包》荣获中国特色旅游商品大赛银奖。

2021 年，被贵州省总工会授予“贵州省五一劳动奖章”。

（五）传承人风采

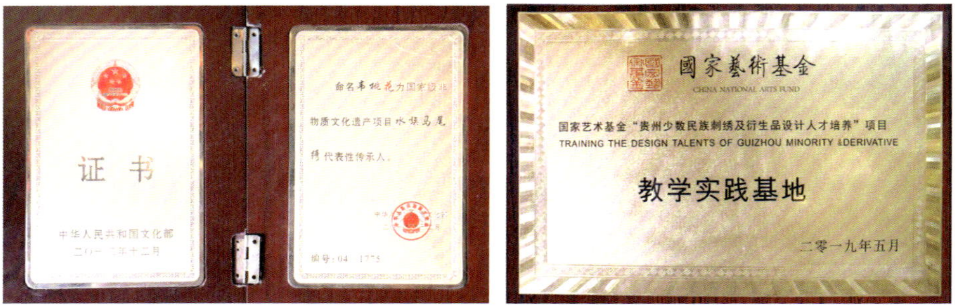

所获荣誉（一）

精准扶贫基地
实训基地
进企业
贵州省百佳创业小老板
韦桃花
民族中等职业学校
专业实训基地
教学实践基地
贵州省名牌产品
聘书
贫攻坚巾帼建功先进集体
全县优秀共产党员
黔南州脱贫攻坚优秀共产党员
全省脱贫攻坚优秀共产党员

证书
优秀奖

所获荣誉（二）

马尾绣作品

作者蒙畅访谈韦桃花

带领绣娘脱贫

作者樊敏主持韦桃花绣娘培训活动

作者樊敏与韦桃花一起培训绣娘

作者樊敏与韦桃花及培训学员合影（一）

作者樊敏与韦桃花及培训学员合影（二）

五十五、韦应丽

（一）传承人简介

姓名：韦应丽

性别：女

出生年月：1963 年 10 月

民族：水族

身份：三都水族自治县应丽马尾绣贸易有限公司理事长、三都水族自治县中和镇三洞马尾绣协会会长

文化程度：初中

居住地址：三都县中和镇三洞社区新阳村板干组（现居三都县中和镇雪花湖移民社区）

（二）传承生态环境

三都县中和镇三洞社区新阳村板干组位于平地，距中和镇政府约 13 千米，距三都县城约 39 千米。全组共有 27 户水族居民，姓氏均为潘姓。房屋以木砖混合结构为主。

韦应丽家里共有 7 人，除她本人外，家里还有 2 个儿子、1 个儿媳和 3 个孙子。儿子和儿媳均就职于韦应丽创办的三都水族自治县应丽马尾绣贸易有限公司。家有木砖混合结构住房 1 栋，田 1.5 亩，地 0.3 亩。家庭经济的主要来源是个人经营马尾绣产业。在日常生活中，主要使用水语和本地方言交流。

（三）传承情况

韦应丽从小爱好刺绣，13 岁便跟随母亲学习马尾绣，主要学习打布壳、贴布、画图、缠马尾、绣图、填心等。个人擅长绣背带和服饰。2010 年，成立“三都水族自治县中和镇三洞马尾绣协会”。目前，该协会培训绣娘 5000 余人，带领群众增收。韦应丽公司制作的马尾绣商品远销北京、上海、杭州等地。

（四）传承发展

2012 年 11 月，被黔南州民族民间文化保护委员会授予“黔南州第三批州级非物质文化遗产（水族马尾绣）代表性传承人”荣誉称号。

2014 年 11 月，作品《水族马尾绣中国梦》在首届中国（张家界）长江流域民间艺术博览会“金菊奖”评选活动中荣获银奖。

2015 年 12 月，被贵州省文化厅授予“贵州省非物质文化遗产项目（水族马尾绣）代表性传承人”荣誉称号。

2016 年 11 月，参加中国民间文艺家协会“全国刺绣艺术杰出传承人”培训班。同年 12 月，在贵州省民族民间工艺领军人才评先推优系列活动中，荣获首届“贵州民族刺绣工艺大师”称号。

2017 年 4 月，被授予贵州省五一劳动奖章。同年 8 月，在 2017 黔南第三届妇女特色手工技能大赛中荣获刺绣类二等奖。

2018 年 8 月，被选为贵州省民间文艺家协会第七届理事会理事，任期五年。同年 12 月，作品《马尾绣背带》荣获第七届贵州省文艺奖民间工艺奖三等奖。

2019 年 3 月，在 2018 年度“村暖花开 • 乡村扶贫扶志典型人物评选”活动中，被评为乡村优秀致富带头人；作品《双龙戏珠》被评为第二届“中国手艺”创意设计比赛织绣组三星作品。同年 5 月，参加黔南州工会干部培训班；被中华非物质文化遗产保护中心授予“功勋式非遗大师”荣誉称号。同年 7 月，被黔南州委、州人民政府授予“优秀民营企业家”荣誉称号。同年 9 月，在“圆梦锦绣 • 巧手脱贫”第五届贵州省妇女特色手工技能暨创新产品大赛技能赛中荣获刺绣类三等奖。同年 10 月，被授予“2019 贵州省文化产业十佳人物”荣誉称号。

2020 年 6 月，被黔南州人民政府授予“黔南州第一届州长质量奖”。同年 8 月，被三都县人才工作领导小组办公室评为文化巧匠类“优秀乡土人才”。同年 10 月，作品《水族马尾绣儿童背带》入选最美小康路——中国西部民间工艺主题创作展。同年 11 月，被贵州省“锦绣计划”实施联席会议办公室聘为“锦绣计划智库专家”；参加文化和旅游部、教育部、人社部举办的中国非物质文化遗产传承人群研修研习培训计划“江苏省对口帮扶贵州、青海、新疆非遗扶贫带头人研修班”。

（五）传承人风采

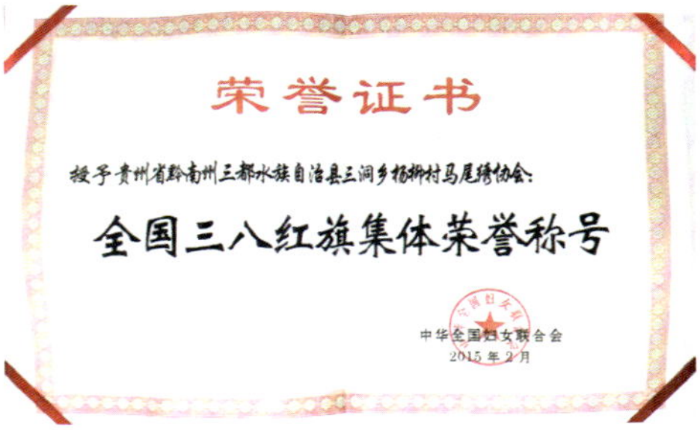
荣誉证书

授予贵州省黔南州三都水族自治县三洞乡杨柳村马尾绣协会：

全国三八红旗集体荣誉称号

中华全国妇女联合会

2015年2月

荣誉证书

韦应丽获：

2019贵州省文化产业

十佳人物

贵州省文化体制改革和发展工作领导小组

二〇一九年十月

授予国家级非遗项目"水族马尾绣"省级代表性传承人：韦应丽

功勋式非遗大师

中华非物质文化遗产保护中心

2019年5月15日

所获荣誉

马尾绣作品（一）

马尾绣作品（二）

作者樊敏与韦应丽一起培训绣娘

五十六、石玉翠

（一）传承人简介

姓名：石玉翠

性别：女

出生年月：1971 年 12 月

民族：水族

身份：个体工商户

文化程度：小学

居住地址：三都县中和镇中和社区华阳村庞寨六组（现居三都县三合街道都柳江社区）

（二）传承生态环境

三都县中和镇中和社区华阳村庞寨六组位于平地，距中和镇政府约 2 千米，距三都县城约 24 千米。全组共有 26 户水族居民，姓氏以杨姓为主。房屋以木砖混合结构为主。

石玉翠家里共有 5 人，她与丈夫育有 2 子 1 女，子女均在上学。家有木砖混合结构住房 1 栋，田 1 亩。家庭经济的主要来源是个人经营马尾绣产业。在日常生活中，主要使用水语和本地方言交流。

（三）传承情况

石玉翠从小爱好刺绣，7 岁便跟随母亲学习马尾绣，主要学习缠马尾、绣边、填心等。目前，个人擅长绣背带、围腰、帽顶、鞋子等。她曾参加贵州省民族刺绣艺术传承人高级研修班、三都县 2016 年“锦绣女”培训班和中国民间文艺家协会“全国刺绣艺术杰出传承人”培训班，不断提升刺绣技艺。后经营一家马尾绣制品店，产品主要销往三都、云南、广东等地。由于刺绣工艺精湛，石玉翠受三都县民宗局、三都县就业局、三都鹏程学校、三都县特殊学校等邀请，开设马尾绣培训课程。期间，多名绣娘慕名前来跟她学习。其中，有 7 人较为优秀，分别是：中和镇塘州社区的潘月季、池秀莲、王柳，中和镇中和村的潘明，中和镇甲化村的潘小内，中和镇松寨村的石小鸾，周覃镇廷牌社区的王小春。目前，她们均被评为“县级马尾绣代表性传承人”。

（四）传承发展

2008年7月，获得“黔南州首批非物质文化遗产传承人”荣誉称号。同年10月，荣获黔南州乡土人才开发工作现场会三洞端坡马尾绣竞技大赛优秀奖。同年12月，获得高级工艺师资格。

2010年12月，作品《马尾绣女装》在贵州省文化厅主办、贵州省群众艺术馆承办的全省非物质文化遗产项目——刺绣、剪纸作品赛中荣获优秀奖；获得“三都水族自治县首批非物质文化遗产（水族马尾绣）代表性传承人”荣誉称号。

2011年11月，参加规模最大的民族民间工艺品制作展演活动——“多彩贵州”旅游商品两赛一会千人赛活动。

2013年12月，荣获2013年民族民间马尾绣技艺培训三等奖。

2015年3月，获得锦绣计划马尾绣培训作品比赛三等奖。同年6月，马尾绣作品在云南“文化遗产日”活动之“中华技艺·百县百艺——昆明官渡第五届全国非遗联展”中荣获最受欢迎奖；在黔南妇女特色手工技能大赛中荣获一等奖。同年8月，在晟世锦乡公司马尾绣骨干培训比赛中荣获优秀奖。同年9月，在中国（贵州）第一届国际民族民间工艺品文化产品博览会妇女手工（刺绣）技能大赛中荣获优秀奖。同年12月，被贵州省文化厅授予“贵州省非物质文化遗产项目（水族马尾绣）代表性传承人”荣誉称号。

2016年8月，在黔南绣娘喜迎建州60周年成果展暨第二届妇女特色手工技能大赛中荣获三等奖。

2017年3月，获得三都县“双学双比女能手”荣誉称号。同年8月，在黔南第三届妇女特色手工技能大赛中荣获刺绣类二等奖；在2017年中国（贵州）国际民族民间工艺品文化旅游产品博览会能工巧匠选拔大赛旅游商品设计大赛荔波赛区中荣获优秀奖。

2018年5月，在黔南第四届妇女特色手工技能大赛中荣获刺绣组二等奖。同年9月，马尾绣作品《蝙蝠（福）——年年有福》被作为展品陈列。同年10月，在“圆梦锦绣·巧手脱贫”贵州省第四届妇女特色手工技能暨创新产品大赛中荣获刺绣类优秀奖。

2019 年 7 月，在黔南州能工巧匠大赛中荣获刺绣类三等奖。同年 9 月，在黔南第五届妇女特色手工技能大赛暨创新产品大赛中荣获优秀奖。

2020 年 5 月，被贵州省黔西南州达兴职业技能培训学校有限责任公司聘为临聘教师。

（五）传承人风采

所获荣誉

马尾绣作品（一）

马尾绣作品（二）

五十七、潘小艾

（一）传承人简介

姓名：潘小艾

性别：女

出生年月：1969 年 7 月

民族：水族

身份：个体工商户

文化程度：初中

居住地址：三都县中和镇三洞社区水维村板鸟二组

（二）传承生态环境

三都县中和镇三洞社区水维村板鸟二组位于山脚，距中和镇政府约 6 千米，距三都县城约 31 千米。全组共有 52 户水族居民，姓氏均为韦姓。房屋以木砖混合结构为主。

潘小艾家里共有 5 人，她与丈夫育有 1 子 2 女。丈夫韦家贵是水族民间牛角雕刻代表性传承人。家有水族传统杆栏式吊脚木楼1栋，田1亩。家庭经济的主要来源是制作、销售马尾绣和牛角雕。在日常生活中，主要使用水语和本地方言交流。

（三）传承情况

潘小艾从小爱好刺绣，6岁便跟随母亲学习马尾绣，主要学习编填心带、缠马尾、绣框等。个人擅长绣背带和鞋。潘小艾不断学习，努力提升自己在刺绣方面的技艺。为了更好地传承水族文化、推广马尾绣工艺，潘小艾在中和镇雪花湖移民社区创办了自己的马尾绣工艺品制作公司，产品主要销往三都、上海、北京、天津、广州等地。每年，潘小艾的马尾绣公司还会开设培训班，培养一批年轻、优秀的绣娘，为传承水族马尾绣贡献自己的力量。

（四）传承发展

2008年，被授予“黔南州首批非物质文化遗产传承人”荣誉称号；在国家开发银行资助的“手牵手”行动中，制作的马尾绣片获得优等奖；荣获黔南州乡土人才开发工作现场会三洞端坡马尾绣竞技大赛优秀奖。

2009年，在“国密董酒杯”多彩贵州旅游商品两赛一会能工巧匠选拔大赛中荣获优秀奖。

2010年，被授予“三都水族自治县首批非物质文化遗产（水族马尾绣）代表性传承人”荣誉称号。

2011年，作品《马尾绣背袋》荣获中国（浙江）非物质文化遗产博览会优秀参展项目奖；参加由文化部、四川省人民政府、联合国教科文组织主办的第三届中国成都国际非物质文化遗产节博览会。

2012年，获得“非物质文化遗产项目水族马尾绣省级代表性传承人”荣誉称号；作品《水族马尾绣》在首届“两岸四地非物质文化遗产（珠海）精品展”中获得铜奖。

2013年，参加国家级非物质文化遗产项目“水族马尾绣”传承培训班；参加由国家民委、文化部在北京民族文化宫举办的“中国少数民族非物质文化遗产展示周”活动。

2014年，作品《马尾绣鞋》荣获2013“金沙回沙杯”多彩贵州旅游商品两赛一会旅游商品设计大赛产品设计类二等奖。

2015 年，在晟世锦乡公司马尾绣骨干培训比赛中荣获优秀奖。

2016 年，参加文化部、教育部组织的“中国非物质文化遗产传承人群研修研习培训计划”研修班；在黔南绣娘喜迎建州 60 周年成果展暨第二届妇女特色手工技能大赛中荣获三等奖。

2017 年，被贵州省人力资源和社会保障厅评为“全省就业创业优秀个人”；在中国（贵州）国际民族民间文化旅游产品博览会能工巧匠选拔大赛旅游商品设计大赛荔波赛区中荣获优秀奖。

（五）传承人风采

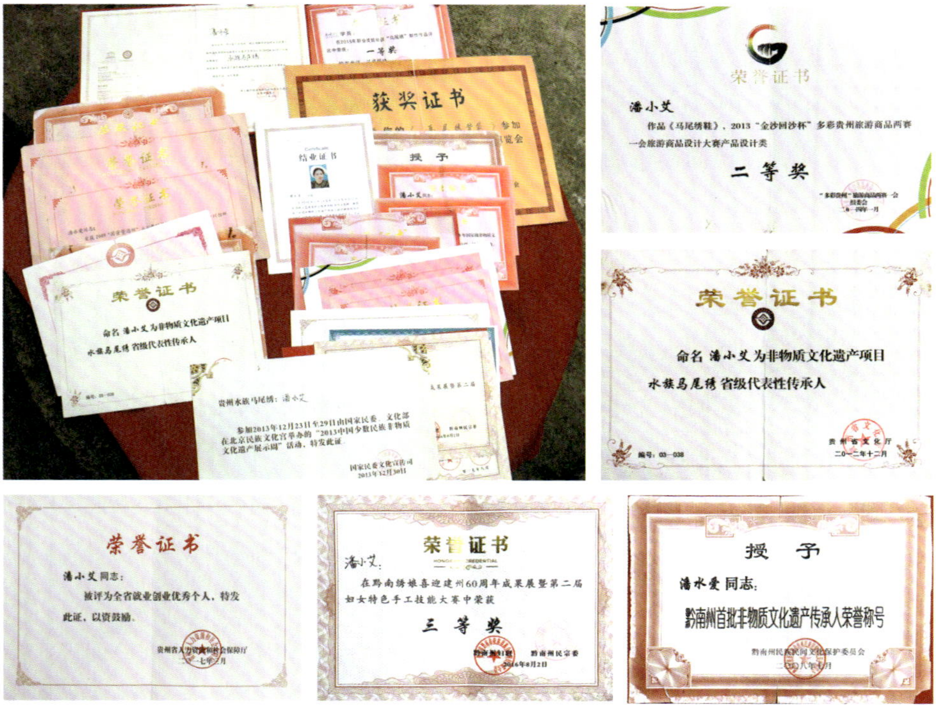

所获荣誉

马尾绣作品

绣马尾绣

五十八、潘勉

（一）传承人简介

姓名：潘勉

性别：女

出生年月：1965 年 5 月

民族：水族

身份：三都水族自治县彩凤凰民族工艺品有限公司董事长

文化程度：小学

居住地址：三都县中和镇塘州社区仙人桥村打某组（现居三都县凤羽街道万户水寨社区 A 区）

（二）传承生态环境

三都县中和镇塘州社区仙人桥村打某组位于山林地带，距三都县城约 32 千米。全组共有 12 户水族居民，姓氏均为潘姓。房屋以水族传统杆栏式吊脚木楼为主。

潘勉与丈夫育有 1 子 1 女，子女均已成家。女儿潘小慧在贵州民族大学水书文化研究院工作，儿子潘广清协助潘勉经营公司。家有木砖混合结构住房 1 栋，田 2 亩，地 1 亩。家庭经济的主要来源是经营马尾绣产业。在日常生活中，主要使用水语和本地方言交流。

（三）传承情况

潘勉从小爱好刺绣，12 岁便跟随奶奶学习马尾绣，主要学习缠马尾、配线、上马尾、绣花、绘图等。个人擅长绣制婴儿背带。当时，奶奶在村里、镇上都有着较大的影响力，她就跟奶奶绣马尾绣并拿到集市上出售。后来，潘勉成立三都水族自治县彩凤凰民族工艺品有限公司，主要经营马尾绣品，知名度高，客源广，全国各地的马尾绣爱好者都慕名而来。此外，潘勉还成立了马尾绣协会和合作社，组织和指导马尾绣制作、销售，提供马尾绣技术咨询、培训。

（四）传承发展

2006 年 7 月，荣获“开磷杯”多彩贵州旅游商品两赛一会——东峰杯黔南赛区“能工巧匠”称号。

2007 年 8 月，荣获三都县“多彩贵州”旅游商品能工巧匠选拔大赛二等奖。

2008 年 7 月，获得“黔南州首批非物质文化遗产传承人”荣誉称号；同年 8 月，参加北京奥运会“中国故事”文化展示活动，获得第 29 届奥林匹克运动会组织委员会和中华人民共和国文化部表彰。同年 12 月，获得高级工艺师资格。

2010 年，作品《马尾绣－迎世博》荣获贵州省非物质文化遗产项目——刺绣、剪纸作品赛优秀奖；获得“三都水族自治县首批非物质文化遗产（水族马尾绣）代表性传承人”荣誉称号。

2012 年，作品《水族马尾绣》在首届“两岸四地非物质文化遗产（珠海）精品展”中荣获铜奖。

2013 年，公司作品在中国 • 临夏—马来西亚 • 吉兰丹州民族用品展示展销活动中获得银奖；被中华非物质文化遗产博物馆（中国·珠海）特聘为非遗专家。

2014 年，参加贵州省民族刺绣艺术传承人高级研修班学习培训；公司作品在第二届中国·临夏—马来西亚·吉兰丹州—伊朗·库姆市民族用品展销会上获得金奖。

2016 年，参加中国民间文艺家协会“全国刺绣艺术杰出传承人”培训；在贵州省民族民间工艺领军人才评优推优系列活动中，获得首届“贵州民族刺绣工艺大师”荣誉称号。

2017 年，参加黔南州民族民间工艺美术人员创新能力培训；荣获三都县“多彩贵州”旅游商品能工巧匠选拔大赛二等奖。

2018 年 4 月，成立三都水族自治县三合街道永康村马尾绣协会。同年 5 月，成立三都水族自治县潘勉马尾绣农民专业合作社，带领群众发展指尖经济。同年 8 月，被黔南州工信委授予黔南州民族服饰和民间工艺品（刺绣类）“工匠大师”荣誉称号。

2019 年 7 月，荣获黔南州工信局举办的黔南州能工巧匠大赛刺绣类二等奖。

2020 年 8 月，被三都县人才工作领导小组办公室评为文化巧匠类“优秀乡土人才”。同年 12 月，被贵州省文化和旅游厅授予“贵州省非物质文化遗产（水族马尾绣）代表性传承人”荣誉称号。

（五）传承人风采

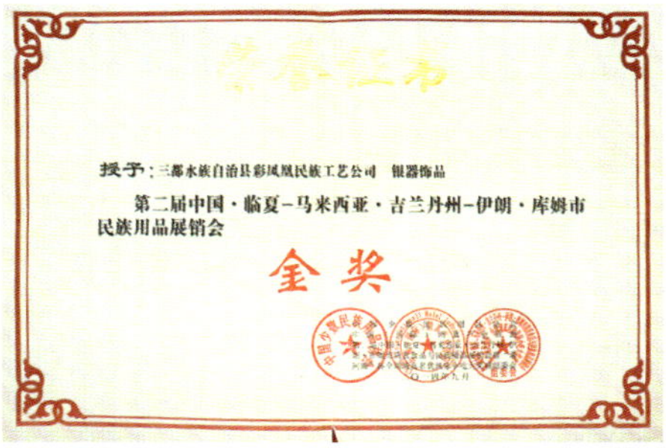

所获荣誉（一）

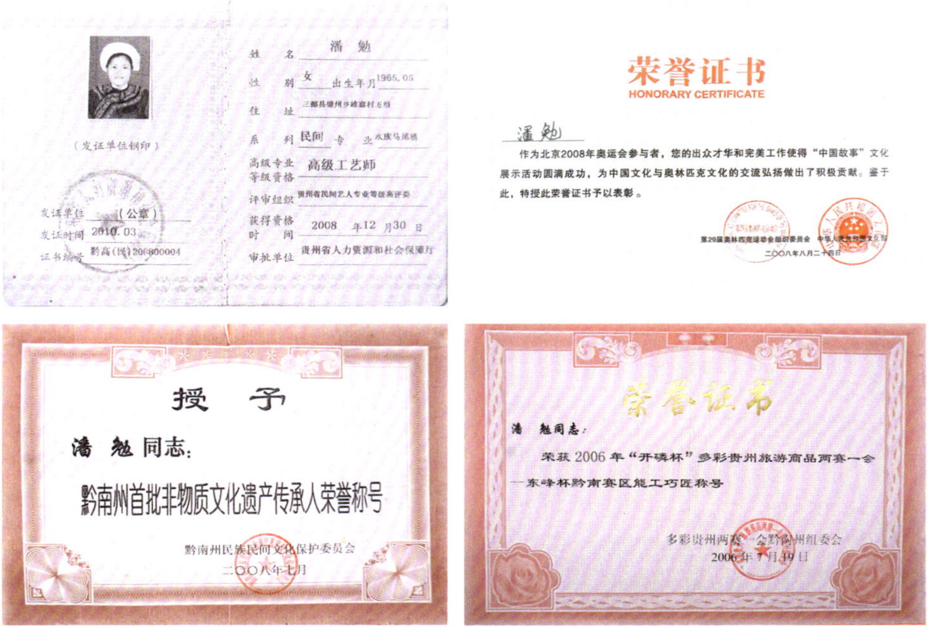

姓　名　潘勉
性　别　女　出生年月　1965. 05
住　址　三都县塘州乡雄寨村E组
系　列　民间　专　业　水族马尾绣
高级专业等级资格　高级工艺师
评审组织　贵州省民间艺人专业等级高评委
获得资格时间　2008　年12　月30　日
审批单位　贵州省人力资源和社会保障厅
（发证单位钢印）
发证单位　（公章）
发证时间　2010. 03
证书编号　黔高(民)200800004

荣誉证书
HONORARY CERTIFICATE
潘勉
作为北京2008年奥运会参与者，您的出众才华和完美工作使得“中国故事”文化展示活动圆满成功，为中国文化与奥林匹克文化的交流弘扬做出了积极贡献。鉴于此，特授此荣誉证书予以表彰。
第29届奥林匹克运动会组织委员会　中华人民共和国文化部
二〇〇八年八月二十四日

授　予
潘勉同志：
黔南州首批非物质文化遗产传承人荣誉称号
黔南州民族民间文化保护委员会
二〇〇八年七月

荣誉证书
潘勉同志：
荣获2006年“开磷杯”多彩贵州旅游商品两赛一会—东峰杯黔南赛区能工巧匠称号
多彩贵州两赛一会黔南州组委会
2006年7月19日

所获荣誉（二）

马尾绣作品（一）

马尾绣作品（二）

绣马尾绣

五十九、王金花

（一）传承人简介

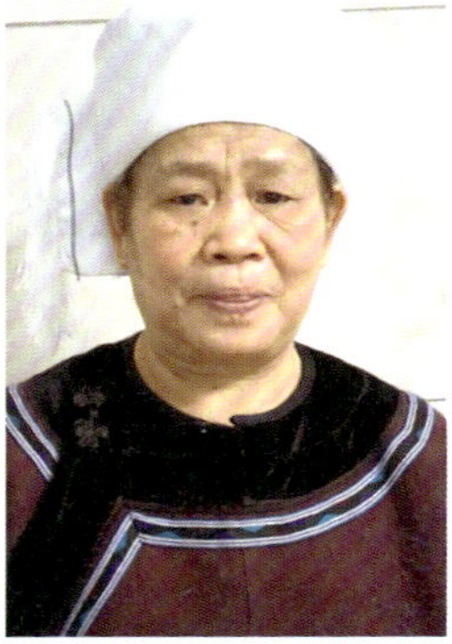

姓名：王金花

性别：女

出生年月：1956 年 5 月

民族：水族

身份：农民

文化程度：小学

居住地址：三都县都江镇羊福社区高新村党卡组（现居三都县三合街道滨江苑）

（二）传承生态环境

三都县都江镇羊福社区高新村党卡组位于丘陵地带，距三都县城约 62 千米。全组共有 32 户水族居民，姓氏均为韦姓，房屋以水族传统杆栏式吊脚木楼为主。

王金花家里共有 12 人，除她和丈夫外，还有 2 个儿子、2 个儿媳和 6 个孙子。家有商品房 1 栋，田 2 亩，地 1 亩。家庭经济的主要来源是儿子和丈夫的工资。在日常生活中，主要使用水语和本地方言交流。

（三）传承情况

幼时，王金花便跟随师父杨英开始学习缠、结马尾，后又学习刺绣、绘画及创意图案设计。王金花在绘画方面很有天赋，无须草稿就能画出构思美丽的图案。

（四）传承发展

2008 年 7 月，被黔南州民族民间文化保护委员会授予“黔南州首批非物质文化遗产传承人”荣誉称号。同年 12 月，获得高级工艺师资格。

2010 年 12 月，被三都县人民政府授予“三都水族自治县首批非物质文化遗产（水族马尾绣）代表性传承人”荣誉称号。

（五）传承人风采

所获荣誉（一）

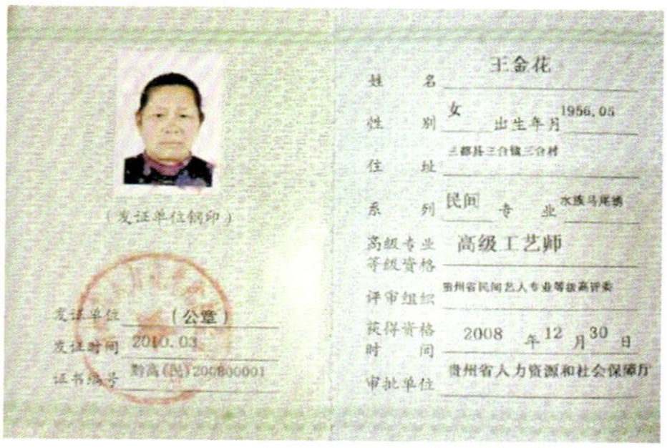
（发证单位钢印）
发证单位 （公章）
发证时间 2010.03
证书编号 黔高(民)200800001
姓名 王金花
性别 女 出生年月 1956.05
住址 三都县三合镇三合村
系列 民间 专业 水族马尾绣
高级专业等级资格 高级工艺师
评审组织 贵州省民间艺人专业等级高评委
获得资格时间 2008 年 12 月 30 日
审批单位 贵州省人力资源和社会保障厅

所获荣誉（二）

马尾绣作品（一）

马尾绣作品（二）

六十、潘晓菊

（一）传承人简介

姓名：潘晓菊

性别：女

出生年月：1978 年 5 月

民族：水族

身份：三都水族自治县艳菊马尾绣有限公司董事长

文化程度：小学

居住地址：三都县中和镇中和社区甲化村庙良三组

（二）传承生态环境

三都县中和镇中和社区甲化村庙良三组位于丘陵地带，距中和镇政府约 7 千米，距三都县城约 32 千米。全组共有 55 户水族居民，姓氏均为陆姓。房屋以木砖混合结构为主。

潘晓菊家里共有 5 人，她与丈夫育有 2 子 1 女，子女均在上学。丈夫陆义维从事建筑工程工作。家有木砖混合结构住房 1 栋，田 2 亩，地 2 亩。家庭经济的主要来源是个人经营马尾绣产业及丈夫在外务工。在日常生活中，主要使用水语和本地方言交流。

（三）传承情况

潘晓菊从小爱好刺绣，13 岁便跟随奶奶学习马尾绣，主要学习缠马尾、固定马尾、打结、填心。个人擅长绣背带和鞋。为了更好地传承水族文化、推广马尾绣工艺，潘晓菊在中和镇雪花湖移民社区创办了自己的马尾绣工艺品制作公司，产品主要销往三都县。曾到台湾、北京、江苏等地参加文化展示交流活动，屡获好评。受三都县妇联、县民宗局、县文广局、县就业局的邀请，担任马尾绣培训班授课老师。在培训学员中，有 6 人较为优秀，分别是：中和镇甲化村的莫请、石密、潘锐、潘小芝、潘宝纪、潘兴。目前，她们均被评为“县级马尾绣代表性传承人”。

（四）传承发展

2008 年，荣获“瓮福杯”多彩贵州旅游商品两赛一会——“牛头杯”黔南赛区能工巧匠一等奖；荣获黔南州乡土人才开发工作现场会三洞端坡马尾绣竞技大赛优秀奖；获得高级工艺师资格。

2009 年，荣获“五一”国际劳动节马尾绣能工巧匠大赛二等奖。

2010 年，被三都县委、县政府授予“三都水族自治县优秀人才奖”；被授予“三都水族自治县首批非物质文化遗产（水族马尾绣）代表性传承人”荣誉称号；在黔南州第三届旅游产业发展大会暨中国水族文化旅游节水族马尾绣技艺大

绣马尾绣

赛上荣获鼓励奖；刺绣作品《图腾》在贵州省非物质文化遗产项目——刺绣、剪纸作品赛中荣获优秀奖。

2011 年，马尾绣技能培训评选作品荣获三等奖；在黔南州职业技能培训基地三都职教中心教学点参加水族马尾绣工艺培训。

2012 年，被黔南州民族民间文化保护委员会授予“黔南州第三批州级非物质文化遗产（水族马尾绣）代表性传承人”荣誉称号。

2014 年，作品《水族马尾绣龙凤呈祥》荣获“金沙回沙杯”多彩贵州旅游商品两赛一会旅游商品设计大赛产品设计类三等奖；荣获 2014 年春节马尾绣竞技大赛一等奖。

2015 年，荣获 2015 年春节马尾绣竞技大赛二等奖；荣获锦绣设计马尾绣培训作品比赛三等奖；在黔南州妇女特色手工技能大赛中荣获三等奖；在晟世锦乡公司马尾绣骨干培训比赛中荣获二等奖；荣获中国（贵州）第一届国际民族民间工艺品文化产品博览会妇女特色手工（刺绣）技能大赛三等奖。

2016 年，在黔南绣娘喜迎建州 60 周年成果展暨第二届妇女特色手工技能大赛中荣获三等奖；在贵州省民族民间工艺领军人才评先推优系列活动中，荣获首届“贵州民族刺绣工艺大师”称号；参加中国民间文艺家协会“全国刺绣艺术杰出传承人”培训班；获得“贵州省首届民族民间工艺大师”荣誉称号。

2017 年，荣获黔南第三届妇女特色手工技能大赛刺绣类二等奖；荣获中国（贵州）国际民族民间文化旅游产品博览会能工巧匠选拔大赛旅游商品设计大赛荔波赛区优秀奖；荣获“对话锦绣 • 巧手脱贫”贵州省妇女特色手工技能大赛（刺绣类）三等奖。

2018 年，被评为黔南州非物质文化遗产“水族马尾绣制作技艺”优秀传承人；荣获黔南州第四届妇女特色手工技能大赛优秀奖；被授予黔南州民族服饰和民间工艺品（刺绣类）“工匠大师”称号；服饰作品在三都县周覃赛区民族服饰大赛活动中荣获铜奖；荣获贵州省第四届妇女特色手工技能暨创新产品大赛创新产品三等奖。

2019 年，荣获黔南州能工巧匠大赛刺绣类三等奖；荣获黔南州第五届妇女特色手工技能大赛暨创新产品大赛三等奖；参加贵州省“中小企业星光培训工程”黔南州马尾绣技艺培训班，不断提升刺绣工艺水平。

（五）传承人风采

所获荣誉（一）

所获荣誉（二）

马尾绣作品（一）

马尾绣作品（二）

六十一、王玉蕊

（一）传承人简介

姓名：王玉蕊

性别：女

出生年月：1956 年 5 月

民族：水族

身份：三都水族自治县水仙马尾绣有限公司高级工艺师

文化程度：文盲

居住地址：三都县中和镇水龙社区拉佑村马联四组（现居三都县三合街道尧人山社区建设西路商贸楼）

（二）传承生态环境

三都县中和镇水龙社区拉佑村马联四组位于山脚，距三都县城约 21 千米。全组共有 27 户水族居民，姓氏均为韦姓。房屋以木砖混合结构为主，有少量水族传统杆栏式吊脚木楼。

王玉蕊家里共有2人，丈夫韦国体曾就职于黔南州人民防空办公室。家有木砖混合结构住房1栋，田3亩，地1亩。家庭经济的主要来源是个人制作、销售马尾绣和丈夫的退休金。在日常生活中，主要使用水语和本地方言交流。

（三）传承情况

王玉蕊从小爱好刺绣，16岁便跟随母亲学习马尾绣，主要学习选马尾、缠马尾、绣图、填心等。个人擅长绣背带和鞋子。刺绣作品主要在三都县和广州等地销售。受三都县政府、县民宗局、三都职校、县妇联、县文化馆的邀请，担任马尾绣培训班授课老师。

（四）传承发展

2006年7月，在“开磷杯”多彩贵州旅游商品两赛一会——东峰杯黔南赛区能工巧匠中荣获二等奖。

2007年8月，在三都县“多彩贵州”旅游商品能工巧匠选拔大赛中荣获二等奖。同年12月，在“金元杯”多彩贵州旅游商品能工巧匠选拔大赛中荣获三等奖。

2008年7月，被授予“黔南州首批非物质文化遗产传承人”荣誉称号；同年10月，在黔南州乡土人才开发工作现场会三洞端坡马尾绣竞技大赛中荣获一等奖。

2010年10月，在黔南州第三届旅游产业发展大会暨中国水族文化旅游节水族马尾绣技艺大赛中荣获鼓励奖。同年12月，被授予“三都水族自治县首批非物质文化遗产（水族马尾绣）代表性传承人”荣誉称号。

2011年2月，荣获水龙乡春节马尾绣比赛一等奖。同年11月，参加规模最大的民族民间工艺品制作展演活动——“多彩贵州”旅游商品两赛一会千人赛活动。

2014年2月，荣获春节马尾绣比赛二等奖。同年6月，在党的群众路线教育实践活动“水族歌谣比赛暨民族文化进校园活动”中荣获马尾绣比赛一等奖。同年10月，在水族端坡马尾绣竞技大赛中荣获三等奖。同年12月，在三都县“与高铁同行”水族马尾绣竞技展演大赛中荣获四等奖。

2015 年 3 月，荣获锦绣设计马尾绣培训作品比赛一等奖。同年 8 月，在晟世锦乡公司马尾绣骨干培训比赛中荣获一等奖。

2016 年 6 月，在云南省“文化遗产日”活动之“工匠精神・手工造一中国（昆明）官渡第六届全国非遗联展”中荣获马尾绣银奖。同年 8 月，在黔南绣娘喜迎建州 60 周年成果展暨第二届妇女特色手工技能大赛中荣获二等奖。同年 9 月，在贵州省“圆梦锦绣・巧手脱贫”妇女手工技能大赛中荣获刺绣类三等奖。

2017 年 8 月，在中国（贵州）国际民族民间文化旅游产品博览会能工巧匠选拔大赛旅游商品设计大赛荔波赛区中荣获优秀奖；在黔南州第三届妇女特色手工技能大赛中荣获刺绣类二等奖。同年 9 月，在“金元杯”多彩贵州旅游商品两赛一会——长通杯黔南赛区能工巧匠中荣获一等奖。同年 11 月，在“对话锦绣・巧手脱贫”贵州省妇女特色手工技能大赛中荣获刺绣类优秀奖。

2018 年 5 月，作品《原生态服饰》在三都县中和镇民族服饰大赛活动中，荣获金奖、铜奖。同年 8 月，作品《水族马尾绣福》在三都县都江镇民族服饰大赛活动中荣获铜奖。同年 10 月，在“圆梦锦绣・巧手脱贫”贵州省第四届妇女特色手工技能暨创新产品大赛技能赛中荣获刺绣类二等奖。同年 12 月，获得高级工艺师资格。

2019 年 1 月，在 2018 年“民族文化旅游商品水族马尾绣创意设计培训”中荣获二等奖。同年 9 月，在黔南州第五届妇女特色手工技能大赛暨创新产品大赛中荣获优秀奖。同年 10 月，剪纸作品《双凤飞翔》在贵州省“水族剪纸”大赛中荣获优秀奖。

2020 年 10 月，在贵州省总工会、省妇联、省人社厅举办的“贵州省职工技能大赛——贵州省手工刺绣职工职业技能大赛”中获得银奖。

（五）传承人风采

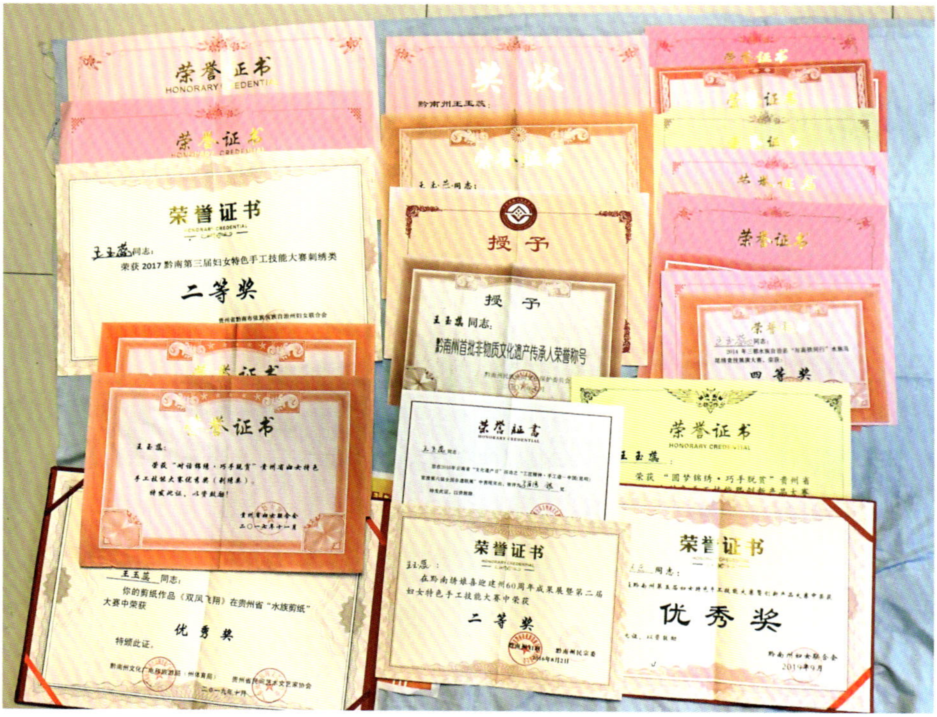
荣誉证书
HONORARY CREDENTIAL
王玉蕊同志：
荣获 2017 黔南第三届妇女特色手工技能大赛刺绣类
二等奖
授予
王玉蕊同志：
黔南州首批非物质文化遗产传承人荣誉称号
荣誉证书
王玉蕊同志：
你的剪纸作品《双凤飞翔》在贵州省“水族剪纸”大赛中荣获
优秀奖
特颁此证。
荣誉证书
在黔南绣娘喜迎建州60周年成果展暨第二届妇女特色手工技能大赛中荣获
二等奖
荣誉证书
优秀奖
四等奖

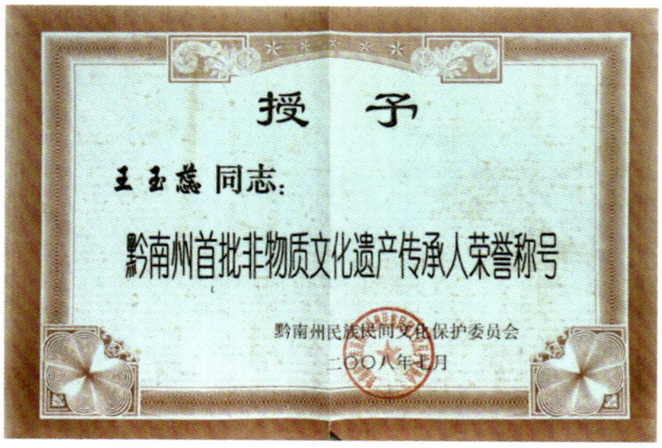
授　予
王玉蕊同志：
黔南州首批非物质文化遗产传承人荣誉称号
黔南州民族民间文化保护委员会
二〇〇八年七月

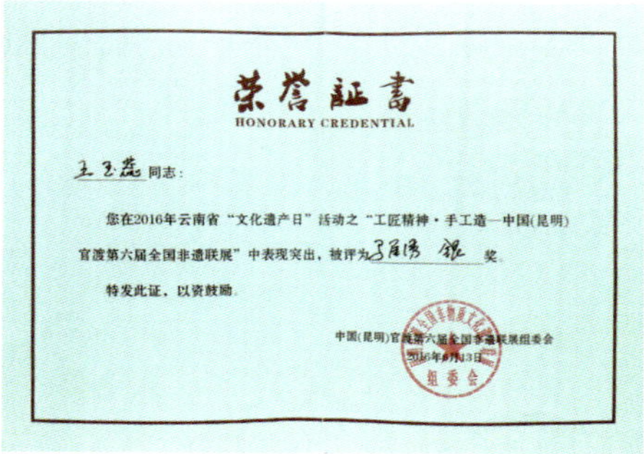
荣誉証書
HONORARY CREDENTIAL
王玉蕊同志：
您在2016年云南省“文化遗产日”活动之“工匠精神·手工造—中国(昆明)官渡第六届全国非遗联展”中表现突出，被评为　　银　奖。
特发此证，以资鼓励。
中国(昆明)官渡第六届全国非遗联展组委会

所获荣誉

绣马尾绣

马尾绣作品（一）

马尾绣作品（二）

六十二、韦妹

（一）传承人简介

姓名：韦妹

性别：女

出生年月：1977 年 9 月

民族：水族

身份：三都水族自治县彩燕马尾绣贸易有限公司董事长

文化程度：小学

居住地址：三都县周覃镇廷牌社区新仰村上的鸭组（现居三都县周覃镇廷牌社区廷牌村一组）

（二）传承生态环境

三都县周覃镇廷牌社区新仰村上的鸭组位于半山腰，距三都县城约 38 千米。全组共有 108 户水族居民，姓氏均为韦姓。房屋以木砖混合结构为主。

韦妹家里共有 4 人，她与丈夫育有 1 子，母亲健在，丈夫韦志利是本托小学的教师。家有木砖混合结构住房 1 栋，田 1 亩，地 0.5 亩。家庭经济的主要来源是个人经营马尾绣产业和丈夫的工资。在日常生活中，主要使用水语和本地方言交流。

（三）传承情况

韦妹从小爱好刺绣，7 岁便跟随母亲学习马尾绣，主要学习缠马尾、绣图、填心。2020 年，韦妹成立三都水族自治县彩燕马尾绣贸易有限公司，产品主要销往三都、昆明、北京、广州等地。曾到西班牙、葡萄牙、台湾参加文化展示交流活动，屡获好评。韦妹收有学徒 50 余人，其中，有 3 人较为优秀，分别是周覃镇廷牌社区新仰村韦小娟，周覃镇廷牌社区廷牌村的潘曼妹、谢丹丹。目前，她们均被评为“县级马尾绣代表性传承人”。

（四）传承发展

2008 年 7 月，被授予“黔南州首批非物质文化遗产传承人”荣誉称号。同年 8 月，在三都县“多彩贵州”旅游商品能工巧匠选拔赛中荣获特等奖。同年 12 月，获得高级工艺师资格。

2010 年 12 月，获得“三都水族自治县首批非物质文化遗产（水族马尾绣）代表性传承人”荣誉称号；作品《马尾绣女装》在贵州省文化厅主办的全省非物质文化遗产项目——刺绣、剪纸作品大赛中荣获二等奖。

2011 年 12 月，作品《马尾绣花鞋》在多彩贵州旅游商品两赛一会能工巧匠选拔大赛中荣获传统工艺组“市场潜力奖”。

2012 年 3 月，被三都县委、县政府授予“三都水族自治县优秀人才奖”；同年 12 月，作品《水族马尾绣》在首届“两岸四地非物质文化遗产（珠海）精品展”中荣获银奖。

2013 年 3 月，被廷牌镇党委政府授予“‘三八’红旗手”荣誉称号。

2016 年 10 月，组建的彩燕马尾绣代表队在廷牌高丰端坡服饰走秀大赛中荣获一等奖。

2018 年 8 月，被黔南州工信委授予黔南州民族服饰和民间工艺品（刺绣类）“工匠大师”荣誉称号。

（五）传承人风采

所获荣誉

马尾绣作品

六十三、石庶

（一）传承人简介

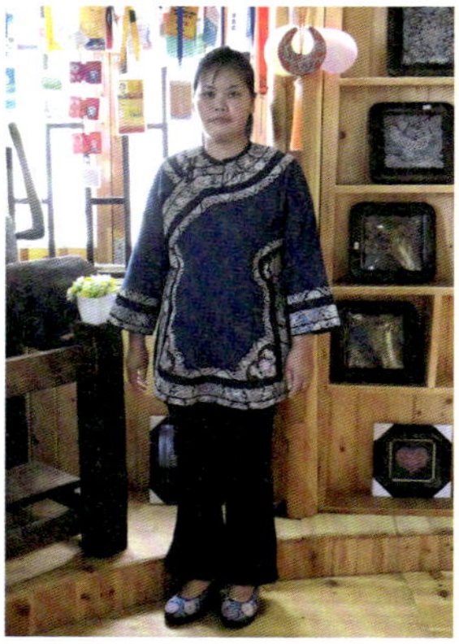

姓名：石庶

性别：女

出生年月：1987 年 3 月

民族：水族

身份：三都水族自治县桃花马尾绣艺术品制作有限公司工艺师

文化程度：初中

居住地址：三都县中和镇三洞社区新阳村板龙一组（现居三都县凤羽街道万户水寨社区 C 区）

（二）传承生态环境

三都县中和镇三洞社区新阳村板龙一组位于山脚，距中和镇政府约 13 千米，距三都县城约 39 千米。全组共有 39 户水族居民，姓氏均为潘姓。房屋以木砖混合结构为主。

石庶家里共有 5 人，她与丈夫育有 2 子 1 女，子女均在上学。丈夫潘文甜是水族银饰工艺美术师。家有木砖混合结构住房 1 栋，田 5 亩，地 3 亩。家庭经济的主要来源是制作、销售马尾绣和水族银饰。在日常生活中，主要使用水语和本地方言交流。

（三）传承情况

石庶从小爱好刺绣，嫁入潘家后便跟随婆婆韦桃花学习马尾绣。起初学习配线、缠马尾、绣图、填心，之后学习画图创作和配色。经过多年的刻苦学习，石庶的刺绣技术显著提高，曾到深圳、浙江、贵阳、凯里等地参加手工技能大赛，她所创作的马尾绣作品在比赛中屡屡获奖。目前，石庶是三都水族自治县桃花马尾绣艺术品制作有限公司的工艺师，负责给学员进行马尾绣培训。

（四）传承发展

2008 年，制作的马尾绣片在国家开发银行资助的“手牵手”行动制作比赛中荣获二等奖。

2009 年，作品《马尾绣（小孩肚兜）》在“锦绣中华·中国织绣精品大展”荣获创作银奖；作品《马尾绣绣片》《鱼图腾绣片》在“锦绣中华·中国织绣精品大展”中分别荣获创作铜奖和优秀作品奖。

2011 年，参加规模最大的民族民间工艺品制作展演活动——“多彩贵州”旅游商品两赛一会千人赛活动。

2013 年，作品《马尾绣香包》在第二届“市西商会杯”贵州·云岩旅游商品原创设计大赛中荣获铜奖和最佳公众满意奖；荣获第二届中国·凯里银饰刺绣博览会银奖。

2014 年，参加 SYB 课程学习，获得创业培训合格证书；获得中级工艺美术师资格。

2016 年，在中国（贵州）国际民族民间文化旅游产品博览会能工巧匠选拔大赛中荣获刺绣类二等奖。

2017 年，作品《马尾绣背带》在第十三届中国（深圳）国际文化产业博览交易会上荣获“中国工艺美术文化创意奖”银奖；在黔南第三届妇女特色手工技能大赛中荣获刺绣类三等奖；作品《马尾绣绣片》在中国（贵州）国际民族民间文化旅游产品博览会能工巧匠选拔大赛旅游商品设计大赛荔波赛区和贵安赛区中荣获优秀奖。

2018 年，作品《水族马尾绣凤凰绣片》在黔南州第四届妇女特色手工技能大赛中荣获优秀奖，被浙江理工大学收藏；被三都县人民政府授予“三都水族自治县第二批非物质文化遗产（水族马尾绣项目）代表性传承人”荣誉称号；被黔南州工信委授予黔南州民族服饰和民间工艺品（刺绣类）“工匠大师”荣誉称号。

2020 年，被授予三都县“巾帼建功标兵”荣誉称号；作品《马尾绣背包》在“绿博杯”黔南十大特色手工艺品评选中被评为“黔南十大特色手工艺品”。

（五）传承人风采

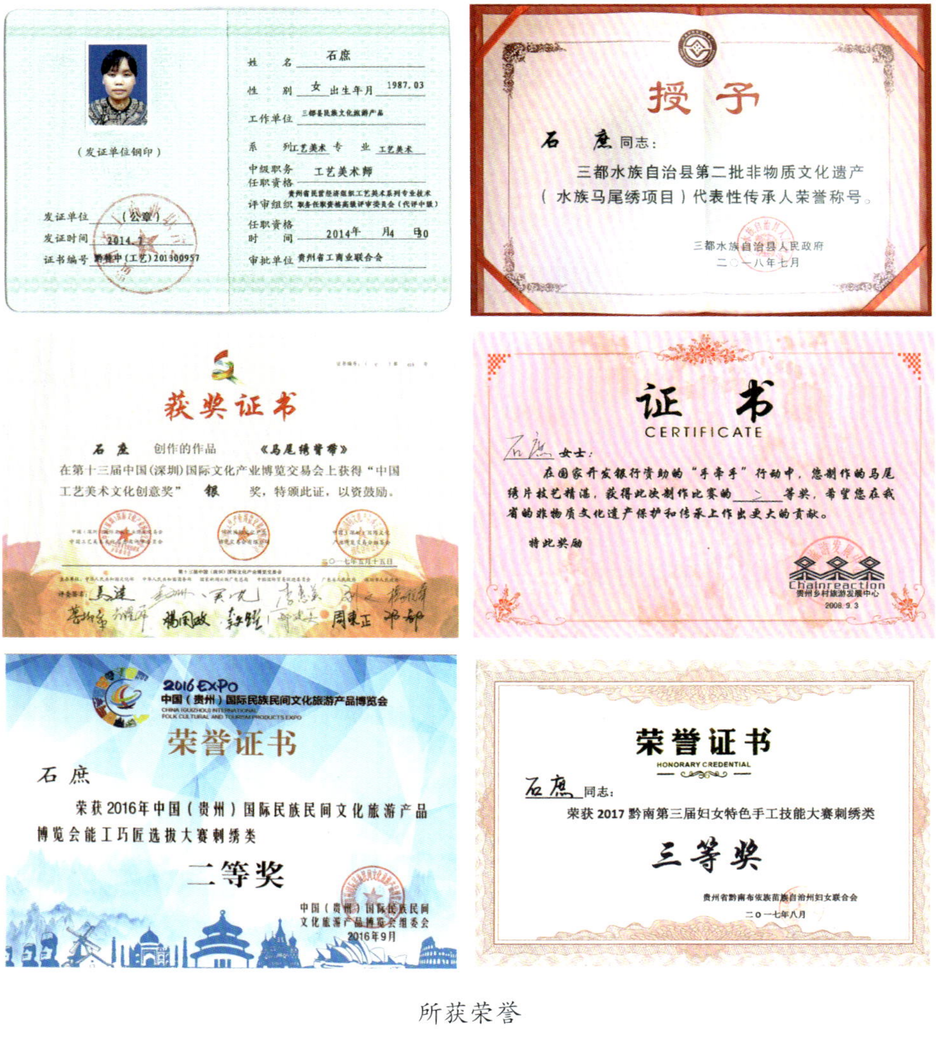

姓 名 石庶
性 别 女 出生年月 1987.03
系 列 工艺美术 专 业 工艺美术
中级职务任职资格 工艺美术师
任职资格时间 2014年 月4 日30
审批单位 贵州省工商业联合会
（发证单位钢印）
发证单位 （公章）
授予
石 庶 同志：
三都水族自治县第二批非物质文化遗产（水族马尾绣项目）代表性传承人荣誉称号。
三都水族自治县人民政府
二〇一八年七月
获奖证书
石庶 创作的作品 《马尾绣背带》
在第十三届中国（深圳）国际文化产业博览交易会上获得"中国工艺美术文化创意奖" 银 奖，特颁此证，以资鼓励。
证 书
CERTIFICATE
石庶 女士：
在国家开发银行资助的"手牵手"行动中，您制作的马尾绣片技艺精湛，获得此次制作比赛的 二 等奖，希望您在我省的非物质文化遗产保护和传承上作出更大的贡献。
特此奖励
Chainreaction
贵州乡村旅游发展中心
2008.9.3
2016 EXPO
中国（贵州）国际民族民间文化旅游产品博览会
荣誉证书
石 庶
荣获2016年中国（贵州）国际民族民间文化旅游产品博览会能工巧匠选拔大赛刺绣类
二等奖
中国（贵州）国际民族民间文化旅游产品博览会组委会
2016年9月
荣誉证书
HONORARY CREDENTIAL
石庶 同志：
荣获2017黔南第三届妇女特色手工技能大赛刺绣类
三等奖
贵州省黔南布依族苗族自治州妇女联合会
二〇一七年八月

所获荣誉

马尾绣作品

六十四、潘正永

（一）传承人简介

姓名：潘正永

性别：女

出生年月：1989 年 5 月

民族：水族

身份：三都水族自治县嘉庆民族工艺品发展有限公司董事长

文化程度：初中

居住地址：三都县中和镇三洞社区水维村板告组（现居三都县中和镇三洞社区三洞村下街组）

（二）居住环境情况

三都县中和镇三洞社区水维村板告组位于山脚，距中和镇政府约 6 千米，距三都县城约 31 千米。全组共有 42 户水族居民，姓氏均为韦姓。房屋以木砖混合结构为主。

潘正永家里共有 4 人，她与丈夫育有 2 子，儿子均在上学。家有砖房 1 栋，田 1 亩。家庭经济的主要来源是个人经营马尾绣产业。在日常生活中，主要使用水语和本地方言交流。

（三）传承情况

潘正永从小爱好刺绣，出嫁后便跟随嫂子潘水英学习马尾绣，主要学习缠马尾、绣图、填心。后拜宋水仙为师，进一步学习技法。个人擅长制作小件马尾绣工艺品，如背包、钱包、手镯等。产品主要销往三都县内和周边县市。其优秀刺绣作品有《水族生命之歌》《太阳鼓》等。

（四）传承发展

2017 年 8 月，在中国（贵州）国际民族民间文化旅游产品博览会能工巧匠选拔大赛旅游商品设计大赛荔波赛区中荣获优秀奖。同年 9 月，参加贵州省民族地区特色手工艺培训。同年10月，参加三都县贵州省中小企业星光培训工程“马尾绣刺绣能力提升和产品创新”培训班，并在技艺评选中获得三等奖。

2018年1月，被评为黔南州非物质文化遗产“水族马尾绣制作技艺”优秀传承人。同年4月，参加中国苏州文化创意设计产业交易博览会；在“国际新手工艺运动”大奖评选活动中荣获优秀奖。同年5月，在黔南州第四届妇女特色手工技能大赛中荣获优秀奖；作品《原生态服饰》在三都县中和镇民族服饰大赛活动中荣获银奖。同年6月，在科技助力脱贫攻坚水族马尾绣“二传手”培训期间，荣获马尾绣技艺大赛评比活动二等奖。同年7月，被三都县人民政府授予“三都水族自治县第二批非物质文化遗产（水族马尾绣项目）代表性传承人”荣誉称号；在黔南州民族服饰创意设计大赛中荣获原生态民族服饰优秀奖。

2019年7月，在“黔南好花红·非遗月月聚”活动中，被黔南州非物质文化遗产保护中心授予“黔南优秀传承人”荣誉称号；在黔南州能工巧匠大赛中荣获刺绣类一等奖。同年8月，在“圆梦锦绣·巧手脱贫”第五届贵州省妇女特色手工技能暨创新产品大赛技能赛中荣获刺绣类特等奖。同年11月，被黔南州非物质文化遗产协会授予“2018年度非遗技艺优秀传承人”荣誉称号；被聘为贵州省“中小企业星光培训工程”黔南州马尾绣技艺培训班导师；参加第六期全省“双培”行动师资培训班的学习；同年12月，在三都县马尾绣技艺提升暨妇女庭院经济发展培训班中荣获一等奖。

2020年10月，在首届全国乡村手工艺（刺绣）大赛暨展示活动中获得银奖；作品《水族马尾绣背带》在“绿博杯”黔南十大特色手工艺品评选中获得刺绣类优秀奖。同年11月，被贵州省“锦绣计划”实施联席会议办公室聘为“锦绣计划智库专家”。

（五）传承人风采

荣誉证书
潘正永：
黔南州第四届妇女特色手工技能大赛
优秀奖
黔南州妇女联合会
2018年5月
荣誉证书
潘正永 同志：
在黔南州2019年能工巧匠大赛中
荣获刺绣类“一等奖”。
特发此证
荣誉证书
HONORARY CREDENTIAL
潘正永 同志
在三都水族自治县中和镇2018年民族服饰大赛活动中，
您的作品《 》荣获
银 奖
中共三都水族自治县中和镇委员会
三都水族自治县中和镇人民政府
二〇一八年五月
授 予
潘正永同志：
三都水族自治县第二批非物质文化遗产
（水族马尾绣项目）代表性传承人荣誉称号。
三都水族自治县人民政府
二〇一八年七月
荣誉证书
潘正永同志被评为：
2018年度非遗技艺优秀传承人
中国苏州文化创意设计产业
交易博览会组委会
获奖证书
潘正永：
您在2018“国际新手工艺运动”大奖评选活动中
荣获 优秀奖 。
特发此证，以资鼓励。
中国苏州文化创意设计产业交易博览会组委会
2018年4月19日
荣誉证书
潘正永：
荣获“圆梦锦绣·巧手脱贫”第五届贵州省妇女特色手工技能暨创新产品大赛技能赛刺绣类特等奖。
特发此证，以资鼓励！
贵州省妇女联合会 贵州省妇女手工协会
二〇一九年八月

所获荣誉

马尾绣作品

作者樊敏访谈潘正永

六十五、石鸿思

（一）传承人简介

姓名：石鸿思

性别：女

出生年月：1995 年 3 月

民族：水族

身份：三都水族自治县应丽马尾绣贸易有限公司工艺师

文化程度：初中

居住地址：三都县中和镇三洞社区新阳村板干组（现居三都县中和镇三洞社区和雪花湖移民社区两地）

（二）传承生态环境

三都县中和镇三洞社区新阳村板干组位于平地，距中和镇政府约 13 千米，距三都县城约 39 千米。全组共有 27 户水族居民，姓氏均为潘姓。房屋以木砖混合结构为主。

石鸿思家里共有 5 人，她与丈夫育有 3 子，儿子均年幼。家有木砖混合结构住房 1 栋，田 1.5 亩，地 0.3 亩。家庭经济的主要来源是个人经营马尾绣产业。在日常生活中，主要使用水语和本地方言交流。

（三）传承情况

石鸿思从小爱好刺绣，9 岁便跟随母亲潘锦棉学习马尾绣，主要学习缠马尾、绣图、填心等。个人擅长填心和配色，刺绣作品《五湖四海》获得比赛二等奖，《龙凤呈祥》获得比赛三等奖。目前，石鸿思就职于婆婆韦应丽创办的三都水族自治县应丽马尾绣贸易有限公司，马尾绣产品主要销往三都、北京、上海、杭州等地及阿拉伯等国家。此外，石鸿思还会在三都水族自治县三洞马尾绣协会培训绣娘，累计培训绣娘 3000 余人。

（四）传承发展

2014 年 9 月，刺绣作品在第七期马尾绣刺绣培训中荣获二等奖。

2017 年，刺绣作品在三都县农商银行农村金融致富学校第一期水族马尾绣技术培训班的作品评选中荣获二等奖；在三都县马尾绣技艺提升暨妇女庭院经济发展培训班举办的活动中荣获二等奖。

2018 年 5 月，在黔南州第四届妇女特色手工技能大赛中荣获刺绣组三等奖。同年 6 月，作品《水族马尾绣小孩帽顶》被浙江理工大学收藏；在科技助力脱贫攻坚水族马尾绣“二传手”培训期间，荣获马尾绣技艺大赛评比活动一等奖。同年 7 月，被授予“三都水族自治县第二批非物质文化遗产（水族马尾绣项目）代表性传承人”荣誉称号。同年 9 月，刺绣作品在“三都县水族马尾绣技艺提升暨妇女庭院经济发展培训（第二期）”中荣获一等奖。同年 10 月，刺绣作品在“锦绣计划”马尾绣培训作品比赛中荣获二等奖。

2019 年 9 月，在黔南州第五届妇女特色手工技能大赛暨创新产品大赛中荣获刺绣组二等奖；参加黔南州农村妇女致富带头人培训班。同年 11 月，被黔南州妇女民族手工业协会聘为贵州省“中小企业星光培训工程”黔南州马尾绣技艺培训班导师。

（五）传承人风采

所获荣誉

马尾绣作品

六十六、杨晓曲

（一）传承人简介

姓名：杨晓曲

性别：女

出生年月：1991 年 3 月

民族：水族

身份：三都水族自治县桃花马尾绣艺术品制作有限公司工艺师

文化程度：中专

居住地址：三都县中和镇三洞社区新阳村板龙一组（现居三都县中和镇三洞社区）

（二）传承生态环境

三都县中和镇三洞社区新阳村板龙一组位于半山坡，距中和镇政府约 13 千米，距三都县城约 39 千米。全组共有 39 户水族居民，姓氏均为潘姓。房屋以木砖混合结构为主。

杨晓曲家里共有 5 人，她与丈夫育有 2 子 1 女，子女均在上学。丈夫潘文先在母亲韦桃花的公司担任设计师。家有砖房 1 栋，地 1 亩。家庭经济的主要来源是个人经营马尾绣产业。在日常生活中，主要使用水语和本地方言交流。

（三）传承情况

杨晓曲从小爱好刺绣，13 岁便跟随伯母蒙石花学习马尾绣，主要学习纺线、缠马尾等。出嫁后，她又跟随婆婆韦桃花学习图案设计、选布、固定马尾和填心等方面的内容。目前，杨晓曲在婆婆创办的三都水族自治县桃花马尾绣艺术品制作有限公司工作，开办绣娘培训班。马尾绣产品主要销往三都、广州、深圳等地。曾多次参加省、州、县级的比赛和展演。杨晓曲培训过许多绣娘，其中，技艺精湛的有中和镇新阳村的吴耐，元幹村的潘间、石秀梅、韦春花以及水维村的潘小切、潘贵娘，她们的参赛作品都获得奖项。

（四）传承发展

2013 年，刺绣作品《马尾绣钱包》在中国 • 贵阳避暑季暨第二届云岩（城市）文化旅游年“市西商会杯”贵州 • 云岩旅游商品原创设计大赛中荣获银奖，本人获得最佳网络人气奖、最佳公众满意奖；在第二届中国 • 凯里银饰刺绣博览会中荣获铜奖；在“金沙回沙杯”多彩贵州旅游商品黔南州两赛一会能工巧匠大赛中荣获优秀奖。

2014 年，参加 SYB 课程学习，获得创业培训资格证书；获得中级工艺美术师资格。

2017 年，刺绣作品《马尾绣绣片》在中国（贵州）民族民间文化旅游产品博览会民族民间旅游商品设计大赛贵安赛区中荣获优秀奖。

2018 年，被三都县人民政府授予“三都水族自治县第二批非物质文化遗产（水族马尾绣项目）代表性传承人”荣誉称号；在黔南州第四届妇女特色手工技能大赛中荣获刺绣组三等奖；在三都县中和镇民族服饰大赛中荣获优秀奖。

（五）传承人风采

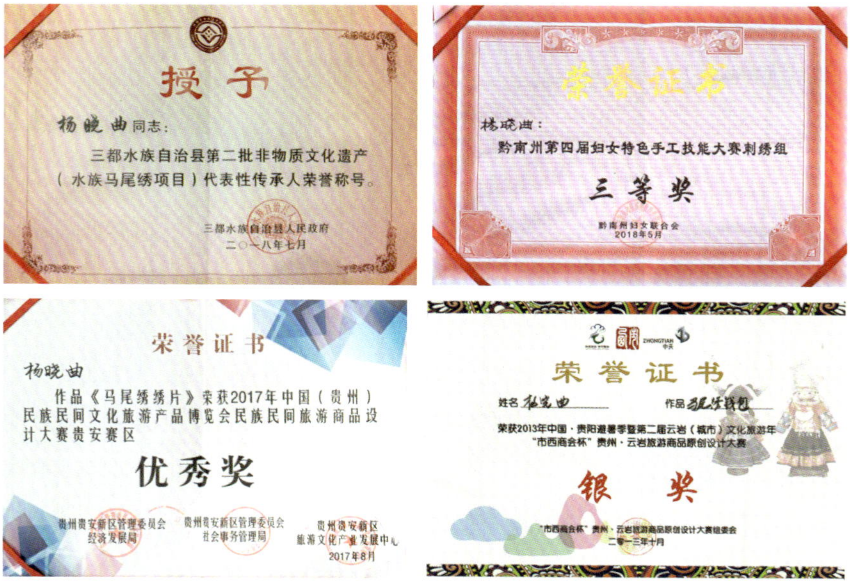

所获荣誉

马尾绣作品

杨晓曲在培训绣娘

六十七、韦家敏

（一）传承人简介

姓名：韦加（家）敏

性别：女

出生年月：1963 年 6 月

民族：水族

身份：个体工商户

文化程度：初中

居住地址：三都县中和镇三洞社区水维村板了组

（二）传承生态环境

三都县中和镇三洞社区水维村板了组位于山脚，距中和镇政府约 8 千米，距三都县城约 38 千米。全组共有 48 户水族居民，姓氏以韦姓和潘姓为主。房屋以木砖混合结构为主。

韦家敏家里共有 11 人，除她和丈夫外，还有 3 个儿子、2 个儿媳和 4 个孙子。家有砖房 1 栋，田 3 亩，地 0.6 亩。家庭经济的主要来源是子女外出务工和个人经营马尾绣产业。在日常生活中，主要使用水语和本地方言交流。

（三）传承情况

韦家敏从小爱好刺绣，10 岁便跟随母亲学习马尾绣。起初学习纺线、缠马尾、固定马尾、填心，之后学习图案设计、选布、绣织衣服等方面的内容。个人擅长制作背带，目前在三都县中和镇三洞社区集镇中心街经营马尾绣服饰店，主要销售马尾绣服饰、背带和绣片，产品主要销往三都、荔波、都匀、贵阳等地。曾多次参加州级、县级的比赛和展演，并获得广泛赞誉。

韦家敏将刺绣技术传给儿媳韦口下、石草兰和弟媳石木兰，带领她们传承水族马尾绣文化。

（四）传承发展

2007 年 8 月，在三都县“多彩贵州”旅游商品能工巧匠选拔大赛中荣获三等奖。

2008 年 9 月，制作的马尾绣片在国家开发银行资助的“手牵手”行动中荣获优等奖。同年 10 月，在黔南州乡土人才开发工作现场会三洞端坡马尾绣竞技大赛中荣获三等奖。

2010 年 10 月，在黔南州第三届旅游产业发展大会暨中国水族文化旅游节水族马尾绣技艺大赛中荣获三等奖。同年 12 月，被三都县人民政府授予“三都水族自治县首批非物质文化遗产（水族马尾绣）代表性传承人”荣誉称号。

2011 年 12 月，获得高级工艺师资格。

2013 年 9 月，参加三都县文体广电旅游局举办的国家级非物质文化遗产项目“水族马尾绣”传承培训班。

2018 年 8 月，被黔南州工信委授予黔南州民族和民间工艺品（刺绣类）“工匠大师”荣誉称号。

（五）传承人风采

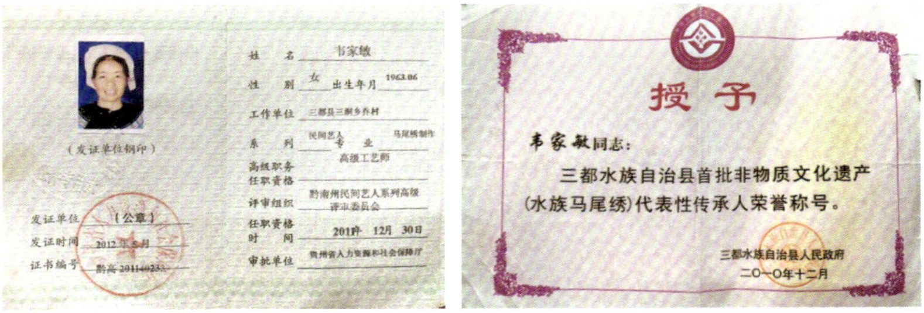

所获荣誉

马尾绣作品（一）

马尾绣作品（二）

六十八、覃氏曰

（一）传承人简介

姓名：覃氏曰

性别：女

出生年月：1967 年 6 月

民族：水族

身份：农民

文化程度：小学

居住地址：三都县中和镇三洞社区新阳村板龙三组

（二）传承生态环境

三都县中和镇三洞社区新阳村板龙三组位于平地，距中和镇政府约 13 千米，距三都县城约 39 千米。全组共有 26 户水族居民，姓氏以潘姓和石姓为主。房屋以木砖混合结构为主。

覃氏曰与丈夫育有 1 子 5 女，3 个女儿已成家。家有木砖混合结构住房 1 栋，田 0.6 亩，地 1 亩。家庭经济的主要来源是子女外出务工和个人制作、销售马尾绣。在日常生活中，主要使用水语和本地方言交流。

（三）传承情况

覃氏曰从小爱好刺绣，15 岁便跟随母亲学习马尾绣，主要学习纺线、缠马尾等，后来又跟随韦桃花学习图案设计、选布、固定马尾和填心等方面的内容。她制作的马尾绣主要销往三都、荔波、都匀、贵阳、广州、深圳等地。曾多次参加省、州、县的比赛和展演，并获得优异的成绩。其优秀刺绣作品有《手机壳》《马尾绣衣服》等。

（四）传承发展

2013 年 1 月，刺绣作品《马尾绣》在 2012 年“牛头牌杯”多彩贵州旅游商品两赛一会能工巧匠选拔大赛中荣获刺绣类三等奖。同年 9 月，参加三都县文体广电旅游局举办的国家级非物质文化遗产项目“水族马尾绣”传承培训班。

2014 年 3 月，刺绣作品在手工协会马尾绣培训作品评比中荣获一等奖。

2015 年 8 月，刺绣作品在锦绣计划马尾绣培训作品比赛中荣获一等奖。

2018 年 5 月，在黔南州第四届妇女特色手工技能大赛中荣获优秀奖。同年 7 月，被三都县人民政府授予“三都水族自治县第二批非物质文化遗产（水族马尾绣项目）代表性传承人”荣誉称号。

2019 年 11 月，在贵州省星光培训工程（三都马尾绣）培训班评选中荣获一等奖。

2020 年 6 月，在三都县首届“非遗”文创大赛中获得优秀奖。同年 11 月，在三都县妇联举办的“新市民·追梦桥”“锦绣计划”巧手脱贫基地马尾绣技能提升第二期培训班评选中荣获二等奖。

（五）传承人风采

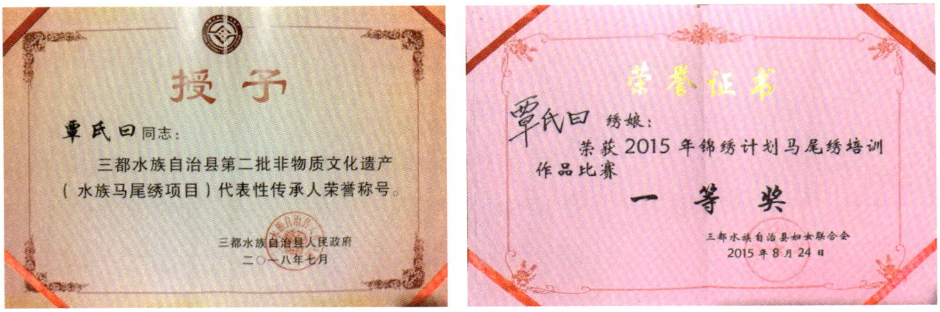

所获荣誉

马尾绣作品（一）

马尾绣作品（二）

六十九、潘贵娘

（一）传承人简介

姓名：潘贵娘

性别：女

出生年月：1980 年 5 月

民族：水族

身份：农民

文化程度：小学

居住地址：三都县中和镇三洞社区水维村良村二组

（二）传承生态环境

三都县中和镇三洞社区水维村良村二组位于平地，距中和镇政府约 8 千米，距三都县城约 36 千米。全组共有 35 户水族居民，姓氏均为韦姓。房屋以木砖混合结构为主。

潘贵娘家里共有 6 人，她与丈夫育有 2 子 1 女，母亲健在。家有木砖混合结构住房 1 栋，田 1.5 亩，地 0.2 亩。家庭经济的主要来源是个人制作、销售马尾绣和丈夫在家务农。在日常生活中，主要使用水语和本地方言交流。

（三）传承情况

潘贵娘从小爱好刺绣，2010 年开始跟村里的妇女学习马尾绣，之后在韦桃花、韦应丽开办的培训班学习。主要学习缠马尾、固定马尾、填心、绣图等方面的内容。个人擅长绣衣服、背带，特别是绣花草、蝴蝶等动植物，绣工精心，针法独特，成品栩栩如生。

（四）传承发展

2013 年 9 月，参加三都县文体广电旅游局举办的国家级非物质文化遗产项目“水族马尾绣”传承培训班。同年 10 月，在水族端坡马尾绣竞技大赛中荣获三等奖。

2017 年 11 月，参加三都县贵州省中小企业星光培训工程“马尾绣刺绣能力提升和产品创新”培训班，并在马尾绣制作技艺评选中荣获二等奖。

2018 年 9 月，刺绣作品在三都县水族马尾绣技艺提升暨妇女庭院经济培训（第二期）中荣获三等奖。

2019 年 11 月，在三都县“锦绣计划”三洞社区马尾绣培训评选中荣获一等奖；在贵州省星光培训工程（三都马尾绣）培训班评选中荣获特等奖。

（五）传承人风采

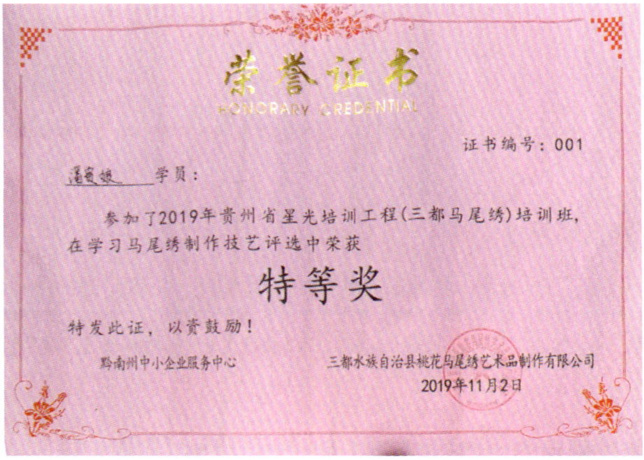

所获荣誉

马尾绣作品

七十、石本温

（一）传承人简介

姓名：石本温

性别：女

出生年月：1993 年 10 月

民族：水族

身份：三都水族自治县桃花马尾绣艺术品制作有限公司设计员

文化程度：初中

居住地址：三都县中和镇三洞社区新阳村板龙一组（现居三都县凤羽街道万户水寨社区 C 区）

（二）传承生态环境

三都县中和镇三洞社区新阳村板龙一组位于山脚，距中和镇政府约 13 千米，距三都县城约 39 千米。全组共有 39 户水族居民，姓氏均为潘姓。房屋以木砖混合结构为主。

石本温家里共有 5 人，她与丈夫育有 2 子 1 女，子女尚且年幼。丈夫潘文望在母亲韦桃花的公司负责销售。家有木砖混合结构住房 1 栋，田 5 亩，地 3 亩。家庭主要经济来源是个人经营马尾绣产业。在日常生活中，主要使用水语和本地方言交流。

（三）传承情况

石本温从小爱好刺绣，出嫁后便跟随婆婆韦桃花学习马尾绣，主要学习缠马尾、画图、绣图、填心等方面的内容。在婆婆的指导以及个人的不断钻研下，石本温的刺绣技艺有了很大的提升。现担任三都水族自治县桃花马尾绣艺术品制作有限公司的设计员，她创作的马尾绣作品参加手工技能比赛获得优异的成绩。

（四）传承发展

2016 年 4 月，参加 SYB 课程学习，获得创业培训合格证书。

2017 年 8 月，在中国（贵州）国际民族民间文化旅游产品博览会能工巧匠旅游商品设计选拔大赛荔波赛区中荣获优秀奖。

2018 年 10 月，在“圆梦锦绣 · 巧手脱贫”贵州省第四届妇女特色手工技能暨创新产品大赛技能赛中荣获刺绣类三等奖。

（五）传承人风采

MOHRSS
SIYB
创业培训合格证书
SIYB Training Certificate
石本温 自2016年 04 月 06 日至2016年 04 月 15 日参加SYB课程学习，成绩合格，特发此证。
This is to certify the bearer completed the SYB Training Course and has fulfilled the requirements of this certificate.
中国就业培训技术指导中心
China Employment Training Technical Instruction Center
MOHRSS P.R.CHINA
证书编号：SYBSD01600138
身份证号：522732199310159820
证书序列号 00116013

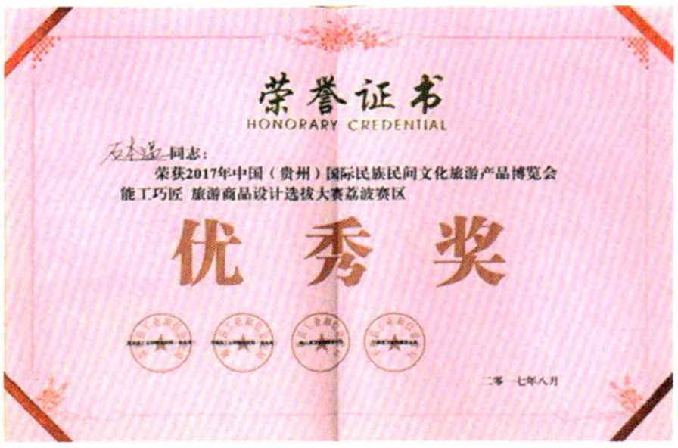
荣誉证书
HONORARY CREDENTIAL
石本温 同志：
荣获2017年中国（贵州）国际民族民间文化旅游产品博览会能工巧匠 旅游商品设计选拔大赛荔波赛区
优秀奖
二零一七年八月

荣誉证书
石本温：
荣获“圆梦锦绣 · 巧手脱贫”贵州省第四届妇女特色手工技能暨创新产品大赛技能赛刺绣类三等奖。
特发此证，以资鼓励！
贵州省妇女联合会 贵州省妇女手工协会
二〇一八年十月

所获荣誉

马尾绣作品（一）

马尾绣作品（二）

七十一、覃毅柔

（一）传承人简介

姓名：覃毅柔

性别：女

出生年月：1996 年 3 月

民族：布依族

身份：三都水族自治县桃花马尾绣艺术品制作有限公司技术员

文化程度：大专

居住地址：三都县中和镇三洞社区新阳村板龙一组（现居三都县凤羽街道万户水寨社区 C 区）

（二）传承生态环境

三都县中和镇三洞社区新阳村板龙一组位于山脚，距中和镇政府约 13 千米，距三都县城约39千米。全组共有39户水族居民，姓氏均为潘姓。房屋以木砖混合结构为主。

覃毅柔家里共有3人，她与丈夫育有1子。丈夫潘金智在三都县凤羽街道办事处万户水寨社区工作。家有木砖混合结构住房1栋，田5亩，地3亩。家庭经济的主要来源是经营马尾绣产业和丈夫的工资。在日常生活中，主要使用水语和本地方言交流。

（三）传承情况

覃毅柔从小爱好刺绣，出嫁后便跟随婆婆韦桃花学习马尾绣，主要学习缠马尾、画图、绣图、填心。在婆婆的细心指导下，覃毅柔对马尾绣有了更深的了解，刺绣技艺日益提升，个人擅长服饰刺绣和小件工艺品刺绣。目前，覃毅柔担任三都水族自治县桃花马尾绣艺术品制作有限公司的技术员。她所创作的马尾绣作品曾参加各类比赛，获得多个奖项。

（四）传承发展

2017年，参加SYB课程学习，获得创业培训合格证书；参加贵州省中小企业星光培训工程中小企业“财税管理及投融资”培训班；在中国（贵州）国际民族民间文化旅游产品博览会能工巧匠选拔大赛旅游商品设计大赛荔波赛区中荣获优秀奖。

2018年，刺绣作品《原生态服饰》在三都县中和镇民族服饰大赛活动中荣获银奖；刺绣作品《刺绣精品服饰》在三都县都江镇民族服饰大赛活动中荣获优秀奖。

2019年，在“圆梦锦绣·巧手脱贫”第五届贵州省妇女特色手工技能暨创新产品大赛技能赛中荣获刺绣类三等奖。

（五）传承人风采

所获荣誉

马尾绣作品

七十二、潘小敏

（一）传承人简介

姓名：潘小敏

性别：女

出生年月：1966 年 5 月

民族：水族

身份：农民

文化程度：小学

居住地址：三都县中和镇中和社区中和村姑引二组

（二）传承生态环境

三都县中和镇中和社区中和村姑引二组位于平地，距三都县城约 28 千米。全组共有 106 户水族居民，姓氏均为石姓。房屋以木砖混合结构为主。

潘小敏家里共有 3 人，她与丈夫和 1 女，丈夫石毛就职于三都县吉尔斯生态农业发展有限公司。家有木砖混合结构住房 1 栋，田 3 亩，地 2 亩。家庭经济的主要来源是个人制作、销售马尾绣和丈夫在外务工。在日常生活中，主要使用水语和本地方言交流。

（三）传承情况

潘小敏从小爱好刺绣，13 岁便跟随村里的长辈学习马尾绣，主要学习缠马尾、画图、上线、填心等。个人擅长制作马尾绣背带、衣服、绣包，马尾绣产品主要在三都县境内出售。曾参加县、镇两级组织的马尾绣培训班及各类刺绣比赛，创作的马尾绣作品获得多个奖项。因个人刺绣技艺精湛，村里的许多妇女都来跟她学习马尾绣，凭借着自己的耐心传授和学徒自身的努力，潘小敏带出了一些技艺出众的绣娘，携手村里的妇女共同发展指尖经济。

（四）传承发展

2008 年 7 月，被黔南州民族民间文化保护委员会授予“黔南州首批非物质文化遗产传承人”荣誉称号。

（五）传承人风采

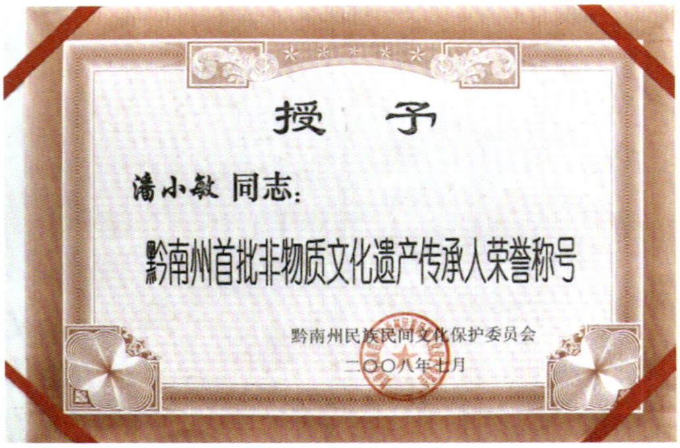
授予

潘小敏 同志：

黔南州首批非物质文化遗产传承人荣誉称号

黔南州民族民间文化保护委员会

二〇〇八年七月

所获荣誉

马尾绣作品（一）

马尾绣作品（二）

作者蒙畅访谈潘小敏

第三节 剪纸传承人

七十三、韦帮粉

（一）传承人简介

姓名：韦帮粉

性别：女

出生年月：1954 年 6 月

民族：水族

身份：个体工商户

文化程度：小学

居住地址：都匀市归兰乡奉合村第十组（现居都匀市新华办事处石板街社区）

（二）传承生态环境

都匀市归兰乡奉合村（原奉合乡政府所在地）位于山地，距都匀城区约 31 千米，被贵州省文化厅命名为“剪纸艺术之乡”。房屋以水族传统杆栏式吊脚木楼和砖房为主。

韦帮粉家里共有 14 人，除她和丈夫外，还有 3 个儿子、3 个儿媳和 6 个孙子。家有水族传统杆栏式吊脚木楼 1 栋，田 1 亩，地 1 亩。家庭经济的主要来源是个人制作、销售水族剪纸及其他工艺品。在日常生活中，主要使用水语和本地方言交流。

（三）传承情况

韦帮粉从小跟随母亲及村里的长辈学习刺绣、剪纸，8 岁便能独自绣背带、剪围腰花。创作的题材绝大部分源于生活，图案有人物、花鸟、瓜果、鱼虫、走兽、几何纹样等。这些都是水族人民生活中所熟悉的东西，反映了水族人民对现实生活的热爱和对美好生活的向往。

韦帮粉不仅是“全国十大金剪刀”的获得者，还是现代贵州民间剪纸传承人的杰出代表。30 多年来，韦帮粉和她的水族剪纸作品走出偏远的大山，走进北上广、粤港澳，甚至漂洋过海到美国纽约联合国组织会议大厅。现在，韦帮粉在都匀市石板街开办了自己的工作室，儿子、儿媳和孙子都在跟随她学习剪纸。儿子邹洪兴的手艺过人，可以一次性用一叠纸剪 10 多幅同样的作品。此外，韦帮粉还受邀到学校教孩子们剪纸，把水族剪纸文化带进校园，受到师生们的喜爱。

（四）传承发展

1991 年，剪纸作品《水族背带花图案》在中国民间文艺家协会、中国剪纸学会联合举办的首届中国民族民间剪纸大赛中荣获三等奖，在黔南妇女剪纸艺术比赛中荣获一等奖。

1992 年，剪纸作品《神话人物》入选“中国民族民间艺术展”，并被送往瑞典展出。

1995 年，应邀赴广州参加中华白绝博览会，现场展示水族剪纸技艺，受到中外友人的赞赏。

2004 年，在中国工艺美术学会民间工艺美术委员会、湖南省民间文艺家协会等多家单位联合举办的“全国剪纸邀请赛”中荣获特等奖。

2008 年，剪纸作品《求福》在西风烈 • 中国剪纸艺术大赛中获得金奖；在迎市庆“剑锋杯”都匀地区第二届民族民间文艺大赛中荣获剪纸布贴类一等奖。

2012 年，被贵州省文化厅授予“非物质文化遗产项目（水族剪纸）省级代表性传承人”荣誉称号。

2016 年，获得“贵州省首届民族民间工艺大师”荣誉称号。

2017 年，被黔南州人民政府授予“黔南十大民族工艺传承人”荣誉称号。

2018 年，剪纸作品《福人》在“天禾杯”相约河豚岛 共筑绿色梦——全国剪纸艺术名家邀请展中被评为优秀典藏作品。

2020 年，剪纸作品《水族接亲》在都匀地区“水族剪纸”大赛中荣获一等奖。

（五）传承人风采

作品《乡村农忙时节》

作品《欢乐鱼宴》

作品《背新娘》

作品《欢乐舞蹈》

培训剪纸技艺

切磋剪纸技艺

在“生态之州、幸福黔南”——2015 北京·黔南州 60 周年成就展上，
韦帮粉热情地向栗战书同志介绍水族剪纸文化

七十四、陆武舒

（一）传承人简介

姓名：陆武舒

性别：男

出生年月：1963 年 2 月

民族：布依族

身份：小学教师

文化程度：大学本科

居住地址：都匀市归兰乡大定村三组（现居都匀市鸿安家园）

（二）传承生态环境

都匀市归兰乡大定村三组位于山间盆地，距都匀市区约 48 千米。全组共有 42 户布依族居民，姓氏均为陆姓。但因周边村寨居住的多为水族居民，本组居民大多使用水语交流，布依语已淡化。受当地居住环境影响，房屋为水族传统杆栏式吊脚木楼。

陆武舒与妻子育有 1 女，父母健在。妻子吴汉华是奉合中心校的教师，女儿已成家。家有水族传统杆栏式吊脚木楼 1 栋，地 1 亩。家庭经济的主要来源是夫妻二人的工资。在日常生活中，主要使用水语和本地方言交流。

（三）传承情况

水族剪纸技艺没有书本教材，只能手口相传，且需具备丰富的想象力和扎实的美术功底。陆武舒自幼跟随母亲罗香元学习剪纸。中学时，他一边上学一边跟堂嫂胡佳叶学习剪纸，并拿到市场上出售。大学毕业后受韦帮粉的指点，他的剪纸技艺得到进一步提升。

此外，陆武舒还是都匀市第十小学的教师，负责民族手工教学任务，为民族文化进校园做出一定贡献。陆武舒多次受邀到都匀市第二幼儿园、都匀市第六完全小学、都匀市第八完全小学、都匀市民族中学等学校及三都县、荔波县等地传授剪纸技艺，担任主讲教师；曾在剪纸技艺方面指导都匀民族中学的蒙国爱老师、都匀市第六小学的广艳梅、张露老师。

（四）传承发展

2012 年，荣获第四届全国艺术美育成果展评教师组美术类一等奖；剪纸作品在“奥林匹克星”中华儿女书画大奖赛成年组中荣获五星墨玉奖（剪纸铜奖）；剪纸作品《绣花》获得中国“四花”剪纸大赛铜奖；论文《开发校本课程　传承民间艺术》在第四届全国艺术美育成果展评中荣获一等奖。

2014 年，剪纸作品《孝道》在“我们的中国梦——大黄河·风情陕州”全国剪纸艺术大赛中荣获三等奖；剪纸作品《大凉山风情》在渭南市首届全国剪纸精品邀请展中荣获优秀奖。

2016 年，剪纸作品在第三届“翰墨九州”影印诗书画艺术作品大赛中荣获优秀奖。

2018 年，被黔南州工信委授予黔南州民族服饰和民间工艺品（剪纸类）“工匠大师”荣誉称号；被中国俊彬书画院聘请为中国俊彬书画院院士。

2019 年，剪纸作品《女红军的革命故事》在庆祝新中国成立七十周年“永远的记忆·不朽的芳华”全国女红军题材剪纸作品征集活动中荣获入围奖；在贵州省“水族剪纸”大赛中，《水家过端》荣获三等奖，《吊脚楼前喜事多》荣获优秀奖，《水族年庆》荣获二等奖；剪纸作品《神鹤》在首届中国“吉祥鹤城·中瑞杯”窗花剪纸大赛中荣获优秀奖。

2019 年 10 月，被黔南州文化广电和旅游局授予“黔南州非物质文化遗产（水族剪纸）代表性传承人”荣誉称号。

（五）传承人风采

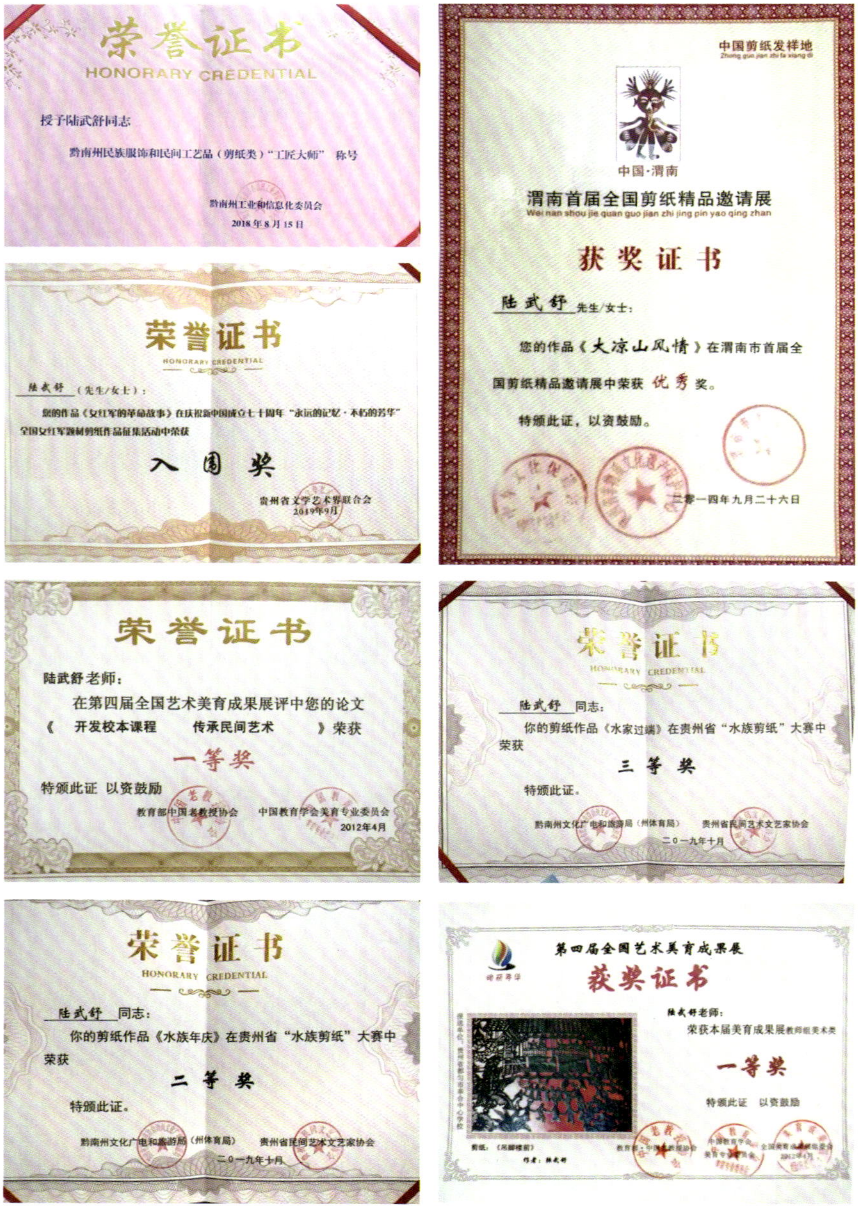
荣誉证书
HONORARY CREDENTIAL
授予陆武舒同志
黔南州民族服饰和民间工艺品（剪纸类）“工匠大师” 称号
黔南州工业和信息化委员会
2018年8月15日
中国剪纸发祥地
中国·渭南
渭南首届全国剪纸精品邀请展
Wei nan shou jie quan guo jian zhi jing pin yao qing zhan
获奖证书
陆武舒 先生/女士：
您的作品《大凉山风情》在渭南市首届全国剪纸精品邀请展中荣获 优秀 奖。
特颁此证，以资鼓励。
二零一四年九月二十六日
荣誉证书
HONORARY CREDENTIAL
陆武舒 （先生/女士）：
您的作品《女红军的革命故事》在庆祝新中国成立七十周年“永远的记忆·不朽的芳华”全国女红军题材剪纸作品征集活动中荣获
入围奖
贵州省文学艺术界联合会
2019年9月
荣誉证书
陆武舒老师：
在第四届全国艺术美育成果展评中您的论文
《 开发校本课程 传承民间艺术 》荣获
一等奖
特颁此证 以资鼓励
教育部中国老教授协会 中国教育学会美育专业委员会
2012年4月
荣誉证书
HONORARY CREDENTIAL
陆武舒 同志：
你的剪纸作品《水家过端》在贵州省“水族剪纸”大赛中荣获
三等奖
特颁此证。
黔南州文化广电和旅游局（州体育局） 贵州省民间艺术文艺家协会
二〇一九年十月
荣誉证书
HONORARY CREDENTIAL
陆武舒 同志：
你的剪纸作品《水族年庆》在贵州省“水族剪纸”大赛中荣获
二等奖
特颁此证。
黔南州文化广电和旅游局（州体育局） 贵州省民间艺术文艺家协会
二〇一九年十月
第四届全国艺术美育成果展
获奖证书
陆武舒老师：
荣获本届美育成果展教师组美术类
一等奖
特颁此证 以资鼓励

所获荣誉

剪纸作品

七十五、李兴霞

（一）传承人简介

姓名：李兴霞

性别：女

出生年月：1975 年 11 月

民族：苗族

身份：农民

文化程度：小学

居住地址：都匀市归兰乡翁高村二组

（二）传承生态环境

都匀市归兰乡翁高村二组位于半山腰，距都匀市区约 40 千米。全组共有 53 户村民，苗族、水族和汉族杂居，姓氏以李姓和韦姓为主。房屋以水族传统杆栏式吊脚木楼为主，有少量砖房。

李兴霞家里共有 3 人，她与丈夫育有 1 女。丈夫韦佩敏就职于归兰乡土管所，女儿在上学。家有水族传统杆栏式吊脚木楼 1 栋，田 1.5 亩，地 1.5 亩。家庭经济的主要来源是个人制作、销售水族剪纸工艺品和丈夫的工资。在日常生活中，主要使用水语、苗语和本地方言交流。

（三）传承情况

受父亲影响，李兴霞自幼便跟随父亲李枝懿学习剪纸，以手口相传的方式传承剪纸技艺。小学时，李兴霞的剪纸作品便可以拿到集市上出售。小学毕业后，她的剪纸技艺进步飞速，不用作画便可随自己想象的意境剪纸。个人擅长制作人物、风景类的剪纸，主要服务于附近乡镇，当地群众认可度较高。

李兴霞将其剪纸技艺传给亲妹李兴粉、李兴鲜和堂妹李兴凤三人。

（四）传承发展

2013 年 5 月，作品《马尾绣》在都匀市第一期水族马尾绣工艺制作中荣获一等奖。

2016 年 8 月，在黔南绣娘喜迎建州 60 周年成果展暨第二届妇女特色手工技能大赛中荣获优秀奖。

2017 年，在都匀市中等职业技术学校举办的“银饰艺术”大赛中荣获优秀奖。同年 8 月，在黔南第三届妇女特色手工技能大赛中荣获刺绣类优秀奖。同年 9 月，受黔·视界 2017 非遗文化艺术周组委会邀请，作为“民族刺绣艺人特邀展示嘉宾”参加活动。

2018 年 3 月，参加都匀市举办的国家级非物质文化遗产项目“水族剪纸技艺”培训、双语助推脱贫攻坚行动“水族木人偶制作”“水族剪纸技艺”培训。同年 5 月，在黔南州第四届妇女特色手工技能大赛中荣获优秀奖；被都匀市文化和旅游局授予“非物质文化遗产项目水族剪纸技艺市级代表性传承人”荣誉称号。

2019 年 4 月，参加都匀市举办的国家级非物质文化遗产代表性项目“水族剪纸”传承人群及移民搬迁贫困户的普及培训。同年 10 月，剪纸作品《生机勃勃》《喜过端节》在贵州省“水族剪纸”大赛中分别荣获优秀奖、三等奖；被黔南州文化广电和旅游局授予“黔南州非物质文化遗产（水族剪纸）代表性传承人”荣誉称号。

2020 年 9 月，被都匀市文物保护研究中心聘为第一期都匀地区（水族剪纸）传承人群及移民搬迁户普及培训班授课讲师。

2021 年 3 月，被都匀市归兰乡阳和中心校聘为校少年宫剪纸社团项目校外辅导教师。

（五）传承人风采

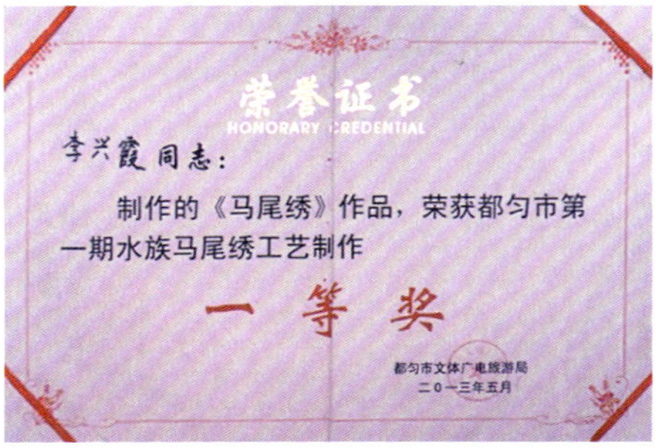

所获荣誉（一）

荣誉证书
李兴霞 同志：
你的剪纸作品《生机勃勃》在贵州省"水族剪纸"大赛中荣获
优秀奖
特颁此证。
黔南州文化广电旅游局（州体育局）
贵州省民间艺术文艺家协会
二〇一九年十月
荣誉证书
命名李兴霞为非物质文化遗产项目
水族剪纸技艺市级代表性传承人
都匀市文化和旅游局
2018年5月
QIAN VIEW
黔·视界2017非遗文化艺术周
组委会
授予
民族刺绣艺人
李兴霞
特邀展示嘉宾
黔·视界2017非遗文化艺术周
组委会
2017年9月

所获荣誉（二）

剪纸作品

七十六、潘银花

（一）传承人简介

姓名：潘银花

性别：女

出生年月：1962 年 9 月

民族：水族

身份：农民

文化程度：小学

居住地址：三都县中和镇三洞社区红星村善宏一组

（二）传承生态环境

三都县中和镇三洞社区红星村善宏一组位于山脚，距中和镇政府约 11 千米，距三都县城约 36 千米。全组共有 71 户水族居民，姓氏均为潘姓。房屋以水族传统杆栏式吊脚木楼为主，有少量木砖混合结构住房。

潘银花家里共有 7 人，除她和丈夫外，还有儿子、儿媳和 3 个孙子。家有木砖混合结构住房 1 栋，田 1 亩。家庭经济的主要来源是个人制作、销售水族剪纸及其他工艺品和家人务工、务农。在日常生活中，主要使用水语和本地方言交流。

（三）传承情况

潘银花是当地优秀的剪纸传承人。她 20 岁时便开始在家自学剪纸和绣花，观察生活中常见的花草、鸟类，画出图形后便练习裁剪。剪纸图案主要用于背带、衣服、裤脚和围腰上的刺绣。个人擅长剪围腰和背带上的图案，曾参加中和、三洞一带民间举办的剪纸刺绣比赛和当地组织的剪纸培训班，并将剪纸刺绣技能传授给女儿潘小蚁。

目前，潘小蚁也成了当地的剪纸刺绣传承人，在居住地所在的三洞社区经营马尾绣商品专卖店。此外，潘银花还想把自己创作的剪纸作品做成一本册子，留给自己的女儿和其他爱好者参考学习。

（四）传承发展

2012 年 5 月，获得中级工艺师资格。

（五）传承人风采

剪纸作品《背带花》

剪纸作品《鞋花》

第四节 银饰制作技艺传承人

七十七、陈珍安

（一）传承人简介

姓名：陈珍安

性别：男

出生年月：1962 年 3 月

民族：布依族

身份：农民

文化程度：初中

居住地址：都匀市归兰乡基场村一组

（二）传承生态环境

都匀市归兰乡基场村一组位于丘陵地带，距都匀市区约 50 千米。全组共有 31 户布依族居民，姓氏以陈姓为主。但因周边村寨居住的多为水族居民，本组居民大多使用水语交流，布依语已淡化。受当地居住环境影响，房屋以水族传统杆栏式吊脚木楼为主，有少量砖房。

陈珍安与妻子育有 1 子 1 女，子女均已成家。家有水族传统杆栏式吊脚木楼 1 栋，田 1.5 亩，地 2 亩。家庭经济的主要来源是个人制作、销售银饰。在日常生活中，主要使用水语和本地方言交流。

（三）传承情况

陈珍安是第二代水族银饰制作技艺传承人及州级代表性传承人。他 14 岁开始跟随父亲陈朝贵学习银饰的制作技艺，后到黔东南州台江县施洞镇与刘勇贵、吴通云二人学习交流。刘勇贵和吴通云精通银饰模具的制作，而陈珍安擅长花丝和搭配，三人亦师亦友。主要服务于周边县市及乡镇，当地群众认可度较高。此外，他还受邀到清华大学美术学院、中国美术学院艺术设计职业技术学院等多所高校授课，被聘为北京服装学院艺术设计系金工专业技师，被北京万慕文化发展有限公司等多家公司聘用。

陈珍安有 5 个徒弟，分别是陈贵科（儿子）、韦叶花（儿媳）、陈贵开、陈贵锦、蒙跃明，他们均已学有所成，服务于周边县市和乡镇。

（四）传承发展

2006 年 10 月，被贵州仰阿莎民族工艺品有限责任公司聘为银饰高级制作师。同年 11 月，银饰作品《龙头钗》被贵州省文学艺术界联合会收藏。

2007 年，参加清华大学美术学院非物质文化遗产保护项目工作；被中国美术学院艺术设计职业技术学院聘为特种工艺美术系 2007—2008 学年度第一学期 06 装饰艺术班金属工艺课程的主讲老师；被聘为北京万慕文化发展有限公司技术顾问；被聘为北京屋顶文化传媒有限公司学术顾问。

2018 年，被黔南州工信委授予黔南州民族服饰和民间工艺品（银饰类）“工匠大师”荣誉称号。

（五）传承人风采

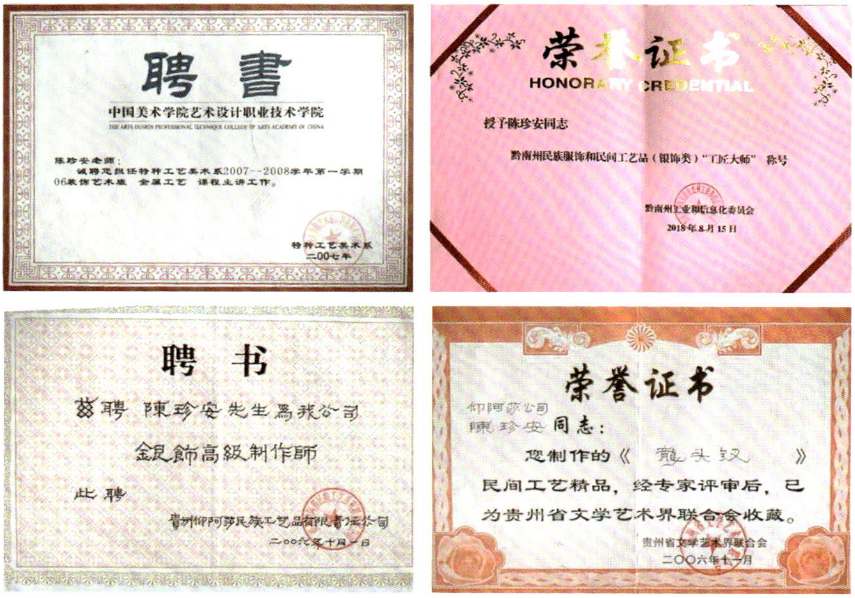

所获荣誉

银饰作品

七十八、潘文甜

（一）传承人简介

姓名：潘文甜

性别：男

出生年月：1983 年 12 月

民族：水族

身份：三都水族自治县水族银饰手工艺品有限公司董事长

文化程度：高中

居住地址：三都县中和镇三洞社区新阳村板龙一组（现居三都县凤羽街道万户水寨社区 C 区）

（二）传承生态环境

三都县中和镇三洞社区新阳村板龙一组位于山脚，距中和镇政府约 13 千米，距三都县城约 39 千米。全组共有 39 户水族居民，姓氏均为潘姓。房屋以木砖混合结构为主。

潘文甜家里共有 5 人，他与妻子育有 2 子 1 女，子女均在上学。妻子石庶是县级马尾绣代表性传承人。家有木砖混合结构住房 1 栋，田 5 亩，地 3 亩。家庭经济的主要来源是夫妻二人制作、销售马尾绣及水族银饰。在日常生活中，主要使用水语和本地方言交流。

（三）传承情况

2003 年，潘文甜开始跟随黔东南州台江县吴国武学习银饰的制作技艺，积累银饰制作经验。银饰是水族传统饰物，主要用于头饰、颈饰、肩饰、胸饰、腰饰、臂饰、脚饰、手饰等水族妇女的装饰，水族银饰制作是水族民间独有的技艺，于是，他开始钻研水族银饰。潘文甜在传统的基础上创作，制作出风格独特的银饰饰品。他曾多次参加国内外各种大型民间手工艺品展销活动及比赛，得到许多知名人士和艺术家的赞赏。多次在县内举办培训班，对银饰制作能手进行培训和引导，帮助他们提高工艺水平，传承水族银饰制作技艺。同时，协助母亲韦桃花经营企业和培训绣娘。

（四）传承发展

2013 年，被中华非物质文化遗产博物馆（中国·珠海）聘为“非遗专家”。

2014 年，成立三都县水族银饰手工艺品有限公司；参加 SYB 课程学习，获得创业培训合格证书；参加第十届中国（深圳）国际文化产业博览交易会。

2015 年，参加重点文化设施经营管理人才培养计划学习培训班；在中国（贵州）第一届国际民族民间工艺品文化产品博览会能工巧匠选拔大赛（青年组）中荣获银器类三等奖；在中国（贵州）第一届国际民族民间工艺品文化产品博览会黔南赛区能工巧匠选拔大赛中荣获优秀奖。

2016 年，被黔南州民族手工艺术品旅游商品协会聘为副会长；获得中级工艺美术师资格。

2017 年，在中国（贵州）国际民族民间文化旅游产品博览会能工巧匠旅游商品设计大赛荔波赛区中荣获优秀奖；银饰作品《凤戏牡丹》在第十三届中国（深圳）国际文化产业博览交易会中荣获“中国工艺美术文化创意奖”铜奖。

2018 年，被黔南州工信委授予黔南民族服饰和民间工艺品（银饰类）“工匠大师”荣誉称号。

2019 年，参加第六届贵州省“双培”行动师资培训班。

（五）传承人风采

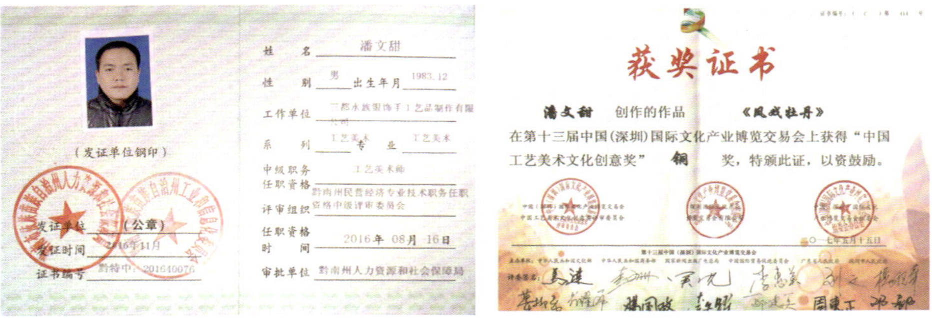

所获荣誉（一）

荣誉证书

HONORARY CREDENTIAL

潘文甜：

荣获中国（贵州）第一届国际民族民间工艺品文化产品博览会黔南赛区能工巧匠选拔大赛

优秀奖

二〇一五年六月三十日

2015 EXPO

中国（贵州）第一届国际民族民间工艺品文化产品博览会

荣誉证书

潘文甜

荣获中国（贵州）第一届国际民族民间工艺品文化产品博览会能工巧匠选拔大赛（青年组）银器类

三等奖

中国（贵州）国际民族民间工艺品文化产品博览会组委会

2015年9月

所获荣誉（二）

银饰作品

七十九、陈贵选

（一）传承人简介

姓名：陈贵选

性别：男

出生年月：1969 年 1 月

民族：布依族

身份：个体工商户

文化程度：小学

居住地址：都匀市归兰乡基场村一组

（二）传承生态环境

都匀市归兰乡基场村一组位于丘陵地带，距都匀市区约 50 千米。全组共有 31 户布依族居民，姓氏以陈姓为主。但因周边村寨居住的多为水族居民，本组居民大多使用水语交流，布依语已淡化。受当地居住环境影响，房屋以水族传统杆栏式吊脚木楼为主，有少量砖房。

陈贵选家里共有 5 人，他与妻子育有 2 女，母亲健在。2 个女儿都继承了陈贵选的技艺。其中，小女儿还做起了微商，专售银饰工艺品。家有木砖混合结构住房 1 栋，田 2.3 亩，地 12 亩。家庭经济的主要来源是个人制作、销售银饰。在日常生活中，主要使用水语和本地方言交流。

（三）传承情况

陈贵选出生于银饰制作世家，是第三代水族银饰制作技艺传承人。12 岁时，陈贵选便开始跟随祖父陈大奎、父亲陈珍远学习银饰的制作技艺，后到凯里市旁海镇学习，得到杨望先生的指点，为传统制作工艺注入新的“血液”。在银饰制作技能上，陈贵选擅长花丝工艺。主要服务于周边县市及乡镇，当地群众认可度较高。

陈贵选有 4 名徒弟，分别是陈金香（长女）、陈忠艳（次女）、陈忠银、陈忠江，他们均已学有所成，服务于周边县市和乡镇。

（四）传承发展

2015 年 3 月，银饰作品《头饰》在 2014“多彩贵州城杯”多彩贵州旅游商品两赛一会能工巧匠选拔大赛中荣获银饰类三等奖。同年 6 月，在中国（贵州）第一届国际民族民间工艺品文化产品博览会黔南赛区能工巧匠选拔大赛中荣获优秀奖。

2016 年 8 月，获得中级工艺美术师资格。

2017 年 6 月，在都匀市中等职业技术学校举办的“银饰艺术”比赛中荣获二等奖；被黔南州民族宗教事务委员会授予“黔南州民族工艺——银饰技艺大师”荣誉称号。

2018 年 5 月，被都匀市文化和旅游局授予“非物质文化遗产项目水族银饰制作技艺市级代表性传承人”荣誉称号；同年 8 月，被黔南州工信委授予黔南州民族服饰和民间工艺品（银饰类）“工匠大师”荣誉称号。

2019 年 10 月，被黔南州文化广电和旅游局授予“黔南州非物质文化遗产（水族银饰制作技艺）代表性传承人”荣誉称号。

（五）传承人风采

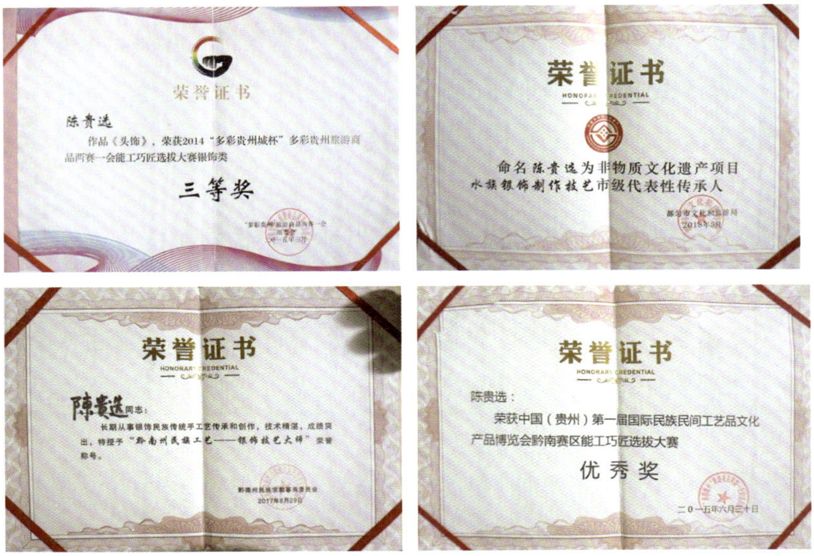

所获荣誉（一）

所获荣誉（二）

所住房屋

银饰作品

八十、潘永相

（一）传承人简介

姓名：潘永相

性别：男

出生年月：1968 年 5 月

民族：水族

身份：个体工商户

文化程度：小学

居住地址：三都县中和镇塘州社区塘州村高本四组

（二）传承生态环境

三都县中和镇塘州社区塘州村高本四组位于平地，距中和镇政府约 9 千米，距三都县城约 33 千米。全组共有 36 户水族居民，姓氏均为潘姓。房屋以木砖混合结构为主。

潘永相家里共有 5 人，除他和妻子外，还有儿子、儿媳和孙子。家有木砖混合结构住房 1 栋，田 1 亩。家庭经济的主要来源是个人制作、销售银饰。在日常生活中，主要使用水语和本地方言交流。

（三）传承情况

因父亲潘宗志曾是当地知名的银饰工匠师，潘永相 25 岁开始跟随父亲学习银饰工艺制作，最早学习熔炼、锻造、雕刻，之后学习手工造型，开始制作手镯、项圈、背带挂件、蚊帐钩、头饰等银饰，个人擅长做手镯和压领。他一边跟随父亲学习银饰制作技艺，一边经营父亲的银饰加工店铺，制作的银饰产品主要在三都、荔波县销售。目前，潘永相是当地知名的水族银饰工艺传承人。

（四）传承发展

潘永相在周覃镇集镇中心街上经营银饰加工店 20 多年，制作工艺精湛，在当地小有名气。他亲手制作的头饰、手镯、项圈、背带等银饰挂件深受三都和荔波的水族中青年妇女喜爱，特别是压领银饰，展现了其精湛的锻造工艺。

水族银饰承载着潘永相一生的心血，他希望能把银饰制作技艺传给自己的儿子和其他热爱银饰制作的青年。

（五）传承人风采

银饰作品

作者蒙畅访谈潘永相

八十一、陈贵辉

（一）传承人简介

姓名：陈贵辉

性别：男

出生年月：1986 年 4 月

民族：布依族

身份：农民

文化程度：小学

居住地址：都匀市归兰乡基场村一组

（二）传承生态环境

都匀市归兰乡基场村一组位于丘陵地带，距都匀市区约 50 千米。全组共有 31 户布依族居民，姓氏以陈姓为主。但因周边村寨居住的多为水族居民，本组居民大多使用水语交流，布依语已淡化。受当地居住环境影响，房屋以水族传统杆栏式吊脚木楼为主，有少量砖房。

陈贵辉家里共有 6 人，他与妻子育有 1 子 1 女，父母健在。家有砖房 1 栋，田 1.2 亩，地 3 亩。家庭经济的主要来源是个人制作、销售银饰。在日常生活中，主要使用水语和本地方言交流。

（三）传承情况

陈贵辉出生于银饰制作世家，是第三代水族银饰制作技艺传承人。他 17 岁开始跟随父亲陈珍为学习银饰制作。经过多年的刻苦学习，陈贵辉的银饰制作工艺日益精湛，主要服务于周边县市及乡镇，当地群众满意度较高。

（四）传承发展

2013 年 1 月，作品《银饰》在 2012“牛头牌杯”多彩贵州旅游商品两赛一会能工巧匠选拔大赛中荣获银器银饰类二等奖。

2017 年 6 月，在都匀市中等职业技术学校举办的“银饰艺术”比赛中荣获三等奖；因长期从事银饰民族传统手工艺传承和创作，技术精湛，成绩突出，被黔南州民族宗教事务委员会授予“黔南州民族工艺——银饰技艺大师”

荣誉称号。

2018 年 5 月，被都匀市文化和旅游局命名为“非物质文化遗产项目水族银饰制作技艺市级代表性传承人”。

（五）传承人风采

所获荣誉

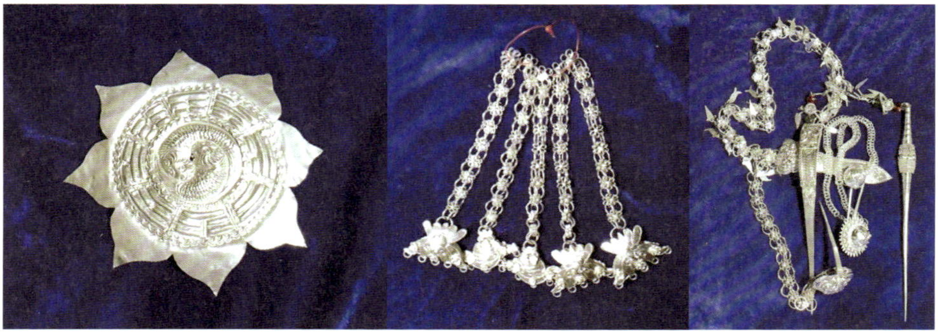

银饰作品（一）

银饰作品（二）

八十二、陈珍魁

（一）传承人简介

姓名：陈珍魁

性别：男

出生年月：1956 年 8 月

民族：布依族

身份：农民

文化程度：小学

居住地址：都匀市归兰乡基场村一组

（二）传承生态环境

都匀市归兰乡基场村一组位于丘陵地带，距都匀市区约 50 千米。全组共有 31 户布依族居民，姓氏以陈姓为主。但因周边村寨居住的多为水族居民，本组居民大多使用水语交流，布依语已淡化。受当地居住环境影响，房屋以水族传统杆栏式吊脚木楼为主，有少量砖房。

陈珍魁与妻子育有 1 子 1 女，子女均已成家。长子陈贵海传承了陈珍魁的技艺。家有木砖混合结构住房 1 栋，田 1.5 亩，地 3 亩。家庭经济的主要来源是个人制作、销售银饰。在日常生活中，主要使用水语和本地方言交流。

（三）传承情况

21 岁时，陈珍魁一边务农一边跟随四哥陈珍为学习银饰技艺。出师后，他走村串寨、上门入户地为村民打制银饰，积累了丰富的经验，影响力较强。主要服务于周边县市及乡镇，当地群众认可度较高。

陈珍魁将其技艺传给儿子陈贵海，陈贵海现已学有所成，服务于都匀市、三都县及附近乡镇。

（四）传承发展

2017 年 6 月，在都匀市中等职业技术学校举办的“银饰艺术”比赛中荣获优秀奖。

2018 年 5 月，被都匀市文化和旅游局授予“非物质文化遗产项目水族银饰制作技艺市级代表性传承人”荣誉称号。

（五）传承人风采

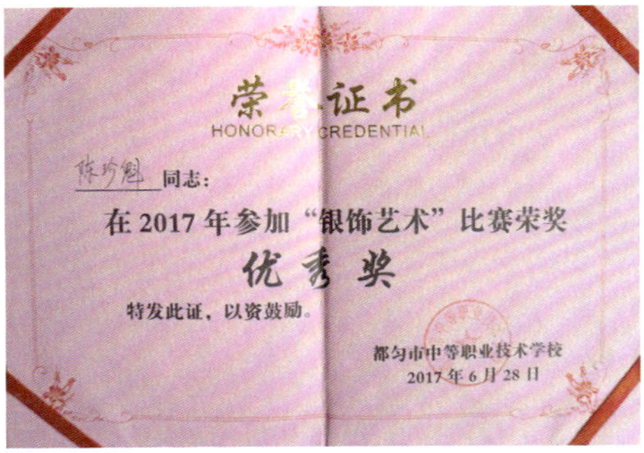

所获荣誉

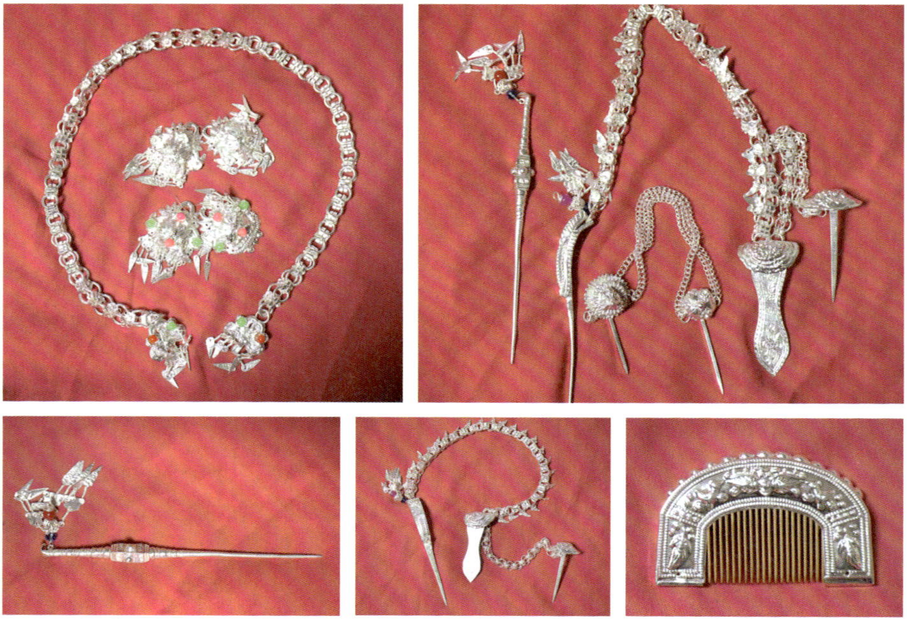

银饰作品

制作银饰

所住房屋

八十三、陈珍为

（一）传承人简介

姓名：陈珍为

性别：男

出生年月：1949 年 12 月

民族：布依族

身份：农民

文化程度：小学

居住地址：都匀市归兰乡基场村一组

（二）传承生态环境

都匀市归兰乡基场村一组位于丘陵地带，距都匀市区约 50 千米。全组共有31户布依族居民，姓氏以陈姓为主。但因周边村寨居住的多为水族居民，本组居民大多使用水语交流，布依语已淡化。受当地居住环境影响，房屋以水族传统杆栏式吊脚木楼为主，有少量砖房。

陈珍为与妻子有3子1女，子女均已成家。陈珍为继承了父亲陈朝金的技艺，3个儿子则继承了陈珍为的技艺。家有砖房1栋，田1.2亩，地3亩。家庭经济的主要来源是个人制作、销售银饰。在日常生活中，主要使用水语和本地方言交流。

（三）传承情况

陈珍为是第二代水族银饰制作技艺传承人。他17岁时跟随父亲陈朝金学习技艺，以父为师，主要学习银饰的制作。在技能上，除银饰制作工艺高超外，陈珍为的石匠和木工技艺也超群。主要服务于周边县市及乡镇，当地群众认可度较高。

陈珍为有6名徒弟，分别是陈贵敏（长子）、陈贵银（次子）、陈贵辉（三子）、陈贵锦、韦良恩和韦良文。他们均已学有所成，服务于周边县市和乡镇。

（四）传承发展

2011年10月，参加规模最大的民族民间工艺品制作展演活动——“多彩贵州”旅游商品两赛一会千人赛活动；荣获“宏立城杯”多彩贵州旅游商品黔南州两赛一会“匀酒杯”能工巧匠优秀奖。

2013年9月，荣获“金沙回沙杯”多彩贵州旅游商品黔南州两赛一会能工巧匠优秀奖。

2014年1月，作品《银饰烟具》在2013年“金沙回沙杯”多彩贵州旅游商品两赛一会能工巧匠选拔大赛中荣获单项奖“最佳制作奖”。

（五）传承人风采

所获荣誉

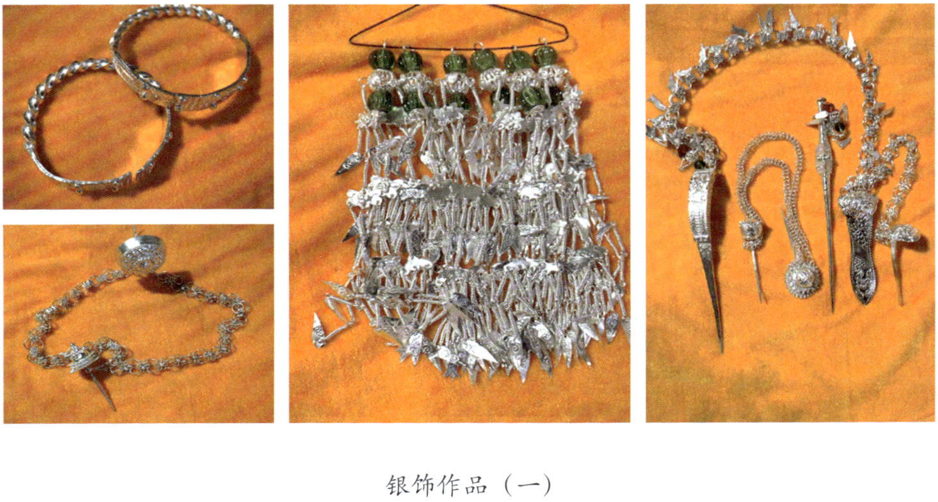

银饰作品（一）

银饰作品（二）

所住房屋

八十四、陈珍相

（一）传承人简介

姓名：陈珍相

性别：男

出生年月：1950 年 8 月

民族：布依族

身份：农民

文化程度：初中

居住地址：都匀市归兰乡基场村一组

（二）传承生态环境

都匀市归兰乡基场村一组位于丘陵地带，距都匀市区约 50 千米。全组共有 31 户布依族居民，姓氏以陈姓为主。但因周边村寨居住的多为水族居民，本组居民大多使用水语交流，布依语已淡化。受当地居住环境影响，房屋以水族传统杆栏式吊脚木楼为主，有少量砖房。

陈珍相与妻子育有 2 子 3 女，子女均已成家。儿媳蒙文菊继承了陈珍相的技艺。家有木砖混合结构住房 1 栋，田 2 亩，地 3 亩。家庭经济的主要来源是个人制作、销售银饰。在日常生活中，主要使用水语和本地方言交流。

（三）传承情况

1970 年，陈珍相拜二叔陈朝贵为师，开始学习银饰技艺，出师后四处游历学习，积累了丰富的经验。陈珍相的银饰制作技艺精湛，主要服务于周边县市及乡镇，当地群众认可度较高。

陈珍相有 4 名徒弟，分别是蒙文菊（长儿媳）、韦荣金（女婿）、陈贵林（侄子）、吴文海，他们均已学有所成，服务于都匀市、三都县等周边县市和乡镇。

（四）传承发展

2017 年 6 月，在都匀市中等职业技术学校举办的“银饰艺术”比赛中荣获优秀奖。同年 10 月，参加归兰乡阳立村毛栗芦笙会系列活动。

2018 年 5 月，被都匀市文化和旅游局命名为“非物质文化遗产项目水族银饰制作技艺市级代表性传承人”。

（五）传承人风采

荣誉证书

HONORARY CREDENTIAL

陈珍相同志：

在 2017 年参加“银饰艺术”比赛荣奖

优秀奖

特发此证，以资鼓励。

都匀市中等职业技术学校

2017 年 6 月 28 日

荣誉证书

HONORARY CREDENTIAL

命名陈珍相为非物质文化遗产项目水族银饰制作技艺市级代表性传承人

都匀市文化和旅游局

2018年5月

荣誉证书

HONORARY CREDENTIAL

陈珍相：

积极支持和参与2017毛来芦笙会系列活动，为弘扬民族优秀传统文化、促进民族团结繁荣付出了辛勤的劳动，特发此证，以资鼓励。

都匀市归兰乡毛[illegible]民间文艺活动组委会

2017 年 10 月 29 日

所获荣誉

银饰作品（一）

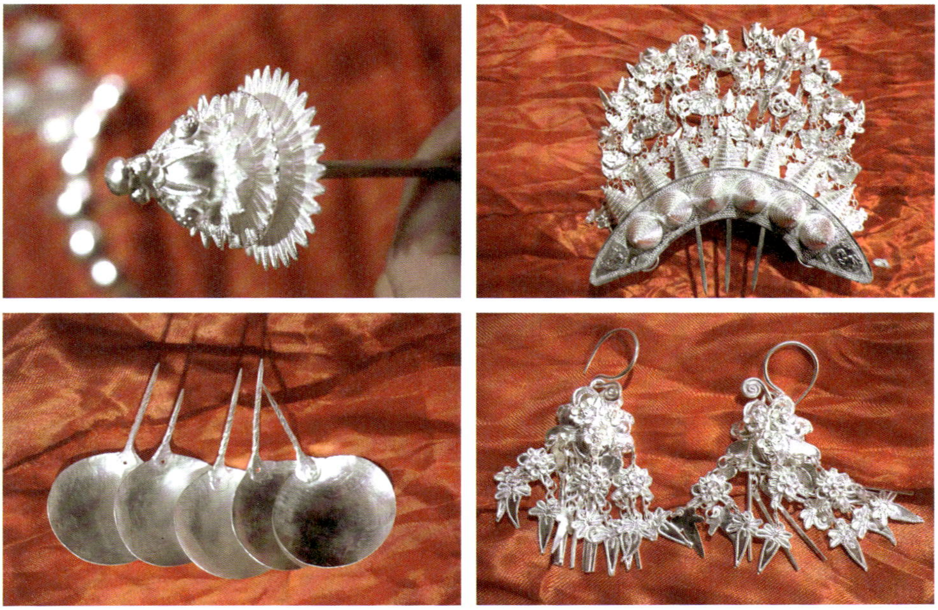

银饰作品（二）

所住房屋

八十五、韦良恩

（一）传承人简介

姓名：韦良恩

性别：男

出生年月：1968 年 3 月

民族：水族

身份：个体工商户

文化程度：小学

居住地址：都匀市归兰乡基场村十一组

（二）传承生态环境

都匀市归兰乡基场村十一组位于山间盆地，距都匀市区约 44 千米。全组共有 50 户水族居民，姓氏均为韦姓。房屋以水族传统杆栏式吊脚木楼为主，有少量砖房。

韦良恩与妻子育有 1 子 1 女，子女均已成家。儿子韦继敏继承了韦良恩的技艺。家有水族传统杆栏式吊脚木楼 1 栋，田 8 亩，地 10 亩。家庭经济的主要来源是个人制作、销售银饰。在日常生活中，主要使用水语和本地方言交流。

（三）传承情况

韦良恩是第二代水族银饰制作技艺传承人，15 岁便开始跟随父亲韦忠云学习银饰制作技艺，后又拜陈珍为为师，同时得到堂哥韦良文的指导，又到三都与其他银饰传承人交流学习。韦良恩的花丝工艺最为精湛，主要服务于周边县市及乡镇，当地群众认可度较高。

韦良恩有 3 名徒弟，分别是儿子韦继敏、三都县大河镇丰乐社区的刘国文和张老协，他们均已学有所成，服务于周边群众。

（四）传承发展

2007 年，荣获第二届“多彩贵州”两赛一会都匀赛区能工巧匠“民族特色奖”。

2012 年，银饰作品《八角九碗龙筷》荣获中国・凯里银饰刺绣博览会优秀作品评选银饰类金奖。

2013 年，银饰作品《银碗》荣获 2012 “牛头牌杯”多彩贵州旅游商品两赛一会能工巧匠选拔大赛银饰类二等奖。

2015 年，银饰作品《银碗》荣获中国（贵州）第一届国际民族民间工艺品文化产品博览会能工巧匠选拔大赛（中老年组）银器类三等奖。

2016 年，银饰作品《银碗》荣获中国（贵州）国际民族民间文化旅游产品博览会能工巧匠选拔大赛银器类二等奖。

2018 年，银饰作品《银碗》荣获中国（贵州）国际民族民间工艺品・文化产品博览会能工巧匠选拔大赛银器类一等奖。

2019 年，被黔南州非物质文化遗产协会授予“2018 年度非遗技艺优秀传承人”荣誉称号；银饰作品《八角九龙九凤碗》在 2019 年非遗薪传奖传统工艺（金属工艺）大展中荣获金奖；被黔南州文化广电和旅游局授予“黔南州非物质文化遗产（水族银饰制作技艺）代表性传承人”荣誉称号。

2020 年，被贵州省文化和旅游厅授予“贵州省非物质文化遗产（水族银饰制作技艺）代表性传承人”荣誉称号。

（五）传承人风采

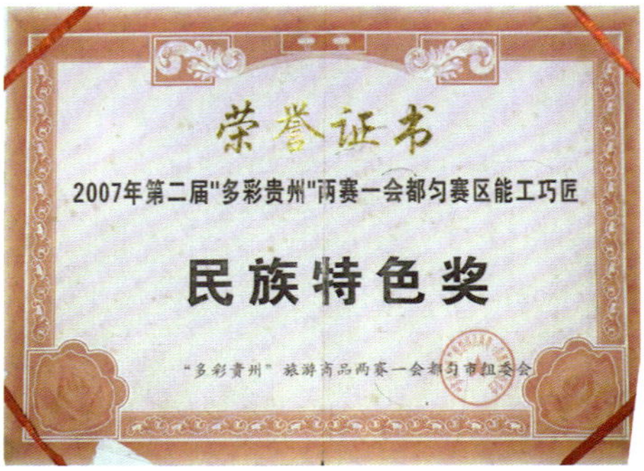

所获荣誉（一）

所获荣誉（二）

韦良恩与他的银饰作品

银饰作品

第五节　雕刻传承人

八十六、韦家贤

（一）传承人简介

姓名：韦家贤

性别：男

出生年月：1968 年 3 月

民族：水族

身份：农民

文化程度：高中

居住地址：三都县中和镇三洞社区水维村板鸟二组

（二）传承生态环境

三都县中和镇三洞社区水维村板鸟二组位于山脚，距中和镇政府约 6 千米，距三都县城约 31 千米。全组共有 52 户水族居民，姓氏为韦姓。房屋以木砖混合结构为主。

韦家贤家里共有 4 人，母亲健在，他与妻子育有 1 子。妻子吴爱芝在家务农，儿子韦祖曲在三都县城务工。家有木砖混合结构住房 1 栋，田 2 亩，地 0.5 亩。家庭经济的主要来源是夫妻二人在家务农及制作、销售牛角雕。在日常生活中，主要使用水语和本地方言交流。

（三）传承情况

韦家贤 17 岁便开始跟随叔叔韦祥顺学习牛角雕技艺，主要学习雕刻烟盒、酒杯、牛角号、火药包等。通过多年的练习和积累，韦家贤的牛角雕技艺不断提升，多次参加州、县相关比赛并获奖，得到大家的认可和关注。他创作的牛角雕工艺品主要销往三都、凯里，甚至还有法国、英国游客慕名前来购买。

（四）传承发展

2010 年 8 月，荣获“国酒茅台杯”多彩贵州旅游商品两赛一会黔南州赛区能工巧匠二等奖。同年 12 月，被三都县人民政府授予“三都水族自治县首批非物质文化遗产（水族牛角雕）代表性传承人”荣誉称号；牛角雕作品荣获“国酒茅台杯”多彩贵州旅游商品两赛一会设计大赛“最具民族特色奖”、能工巧匠选拔大赛雕塑类二等奖。

2011 年 12 月，获得高级工艺师资格。

（五）传承人风采

所获荣誉[①]

① 因存放时间较长，左下图所获奖牌中部分字体模糊，模糊字体由上至下分别为“授予”“荣誉称号”。

火药包

牛角雕烟盒

牛角号

凤凰牛角酒杯

牛角雕酒杯

鱼形牛角酒杯

雕刻牛角

八十七、韦家贵

（一）传承人简介

姓名：韦家贵

性别：男

出生年月：1969 年 7 月

民族：水族

身份：三都水族自治县天龙民族手工艺品有限公司总经理

文化程度：小学

居住地址：三都县中和镇三洞社区水维村板鸟二组

（二）传承生态环境

三都县中和镇三洞社区水维村板鸟二组位于山脚，距中和镇政府约 6 千米，距三都县城约 31 千米。全组共有 52 户水族居民，姓氏均为韦姓。房屋以木砖混合结构为主。

韦家贵家里共有 5 人，他与妻子育有 1 子 2 女。妻子潘小艾是省级水族马尾绣代表性传承人。家有水族传统杆栏式吊脚木楼 1 栋，田 1.3 亩，地 1 亩。家庭经济的主要来源是夫妻二人制作、销售马尾绣和牛角雕。在日常生活中，主要使用水语和本地方言交流。

（三）传承情况

韦家贵是当地知名的牛角雕刻工艺代表性传承人，10 岁时便开始跟随父亲学习雕刻，主要学习刻章、牛角雕。经过多年的刻苦学习，韦家贵的雕刻技艺显著提升，他将牛角雕刻技艺运用在雕刻葫芦上，制作出新型雕刻工艺品，如葫芦灯罩、葫芦器皿等，深受收藏爱好者和需求者的青睐。此外，韦家贵还是民间收藏家，在党委政府的重视和支持下，创建了“水族家庭博物馆”。2020 年以来，接待游客 3000 余次，经济收益达 30 万元。

（四）传承发展

2008 年 8 月，荣获“瓮福杯”多彩贵州旅游商品两赛一会——“牛头杯”

黔南赛区能工巧匠优秀奖。

2015 年 11 月，在北京民族文化宫举办的“生态之州、幸福黔南”——黔南州 60 周年成就展上，向首都人民展示牛角雕工艺与文化。

2017 年 2 月，雕刻作品《龙纹牛角号（牛角雕）》被黔南州人民政府、贵州省质量技术监督局评为“黔南十大民族工艺品”。

2019 年 10 月，被黔南州文化广电和旅游局授予“黔南州非物质文化遗产（水族牛角雕）代表性传承人”荣誉称号。

2020 年 8 月，被三都县人才工作领导小组办公室评为文化巧匠类“优秀乡土人才”。同年 12 月，被贵州省文化和旅游厅授予“贵州省非物质文化遗产（水族牛角雕制作技艺）代表性传承人”荣誉称号。

（五）传承人风采

所获荣誉

雕刻牛角

雕刻工艺品

八十八、韦纪配

（一）传承人简介

姓名：韦纪配

性别：男

出生年月：1969 年 10 月

民族：水族

身份：农民

文化程度：小学

居住地址：三都县中和镇三洞社区水维村板鸟一组

（二）传承生态环境

三都县中和镇三洞社区水维村板鸟一组位于山脚，距中和镇政府约 6 千米，距三都县城约 31 千米。全组共有 50 户水族居民，姓氏为韦姓。房屋以木砖混合结构为主。

韦纪配家里共有 6 人，除他和妻子外，还有儿子、儿媳和 2 个孙子。妻子韦学彩是马尾绣传承人。家有木砖混合结构住房 1 栋，田 7 亩，地 1 亩。家庭经济的主要来源是夫妻二人制作、销售马尾绣和牛角雕工艺品。在日常生活中，主要使用水语和本地方言交流。

（三）传承情况

韦纪配是当地知名的牛角雕刻工艺传承人，25 岁开始学习雕刻。个人擅长雕刻小的烟盒和其他手工艺品盒子。目前，韦纪配制作的工艺品有牛角酒杯、牛角号、烟盒、小礼盒等，深受收藏爱好者和需求者的青睐。

（四）传承发展

2007 年，参加“多彩贵州”两赛一会三都县分赛区旅游商品能工巧匠选拔大赛。

2015 年，参加中国（贵州）第一届国际民间工艺品文化产品博览会黔南州赛区（选拔）大赛。

（五）传承人风采

牛角凤凰

牛角烟盒

牛角鱼形

牛角酒杯

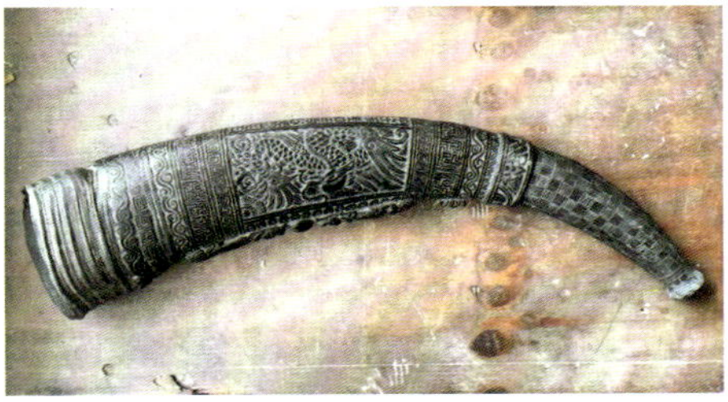

牛角长号

雕刻牛角

第六节　皮鼓制作传承人

八十九、潘道刊

（一）传承人简介

姓名：潘道刊

性别：男

出生年月：1964 年 12 月

民族：水族

身份：农民

文化程度：小学

居住地址：三都县中和镇三洞社区元幹村

（二）传承生态环境

三都县中和镇三洞社区元幹村位于丘陵地带，距三洞社区约 3 千米，距三都县城约 34 千米。全村共有 1049 户水族居民，姓氏均为潘姓。房屋以水族传统杆栏式吊脚木楼为主，有少量砖房。

潘道刊家里共有 10 人，除他和妻子外，还有 2 个儿子、2 个儿媳和 4 个孙子。家有砖房 1 栋，田 5 分。家庭经济的主要来源是子女在外务工和个人制作、销售牛皮鼓。在日常生活中，主要使用水语和本地方言交流。

（三）传承情况

1982 年，潘道刊在担任本村舞狮队队长时，发现缺乏为舞狮表演伴奏的鼓。而牛皮鼓音质好且耐用，是舞狮伴奏最好的选择。在一次偶然的场合中，潘道刊看到了别人使用的牛皮鼓。通过仔细观察、认真研究，他模仿制作出牛皮鼓。后经不断改造，制作出音色和质量都很好的牛皮鼓，他本人也因此名誉四方。他制作的水族牛皮鼓很受欢迎，荔波县、三都县、丹寨县、麻江县及广西等地都有人前来购买。

潘道刊尚未正式收徒，但有爱好者跟随其学习牛皮鼓的制作，如三洞社区水维村的韦归、周覃镇的潘红昌等。随着年龄的增长，潘道刊欲将其所学授予其子。同时，他也希望有更多的爱好者来学习水族牛皮鼓的制作技艺，传承和发展水族手工艺文化。

（四）传承发展

2017 年，携带其制作的牛皮鼓参加三都县 60 周年县庆活动，广受好评。

2012—2020 年，多次参加三都县组织的三洞姑稔端坡庆典活动。在活动中，其所制作的水族牛皮鼓参演节目获得较高评价。

（五）传承人风采

牛皮鼓

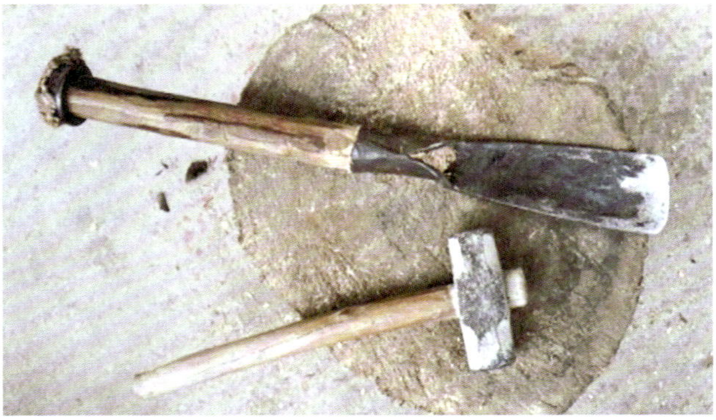

制作工具

水族牛皮鼓与铜鼓合奏

第七节　九阡酒酿造技艺传承人

九十、潘仕林

（一）传承人简介

姓名：潘仕林

性别：男

出生年月：1969 年 6 月

民族：水族

身份：个体工商户

文化程度：高中

居住地址：三都县九阡镇九阡社区九阡村

（二）传承生态环境

三都县九阡镇九阡社区九阡村位于平地，距三都县城约 67 千米。全村有 93% 的水族居民、7% 的布依族居民，姓氏以潘姓为主。房屋以木砖混合结构为主。

潘仕林家里共有 4 人，他与妻子育有 1 子 1 女，子女均在上学。夫妻二人长年酿酒，经营着一家九阡酒店铺。家有木砖混合结构住房 1 栋，田 3 亩，地 1 亩。家庭经济的主要来源是夫妻二人酿造、销售九阡酒。在日常生活中，主要使用水语和本地方言交流。

（三）传承情况

高中毕业后，潘仕林便到九阡酒厂上班，在厂里跟着老师傅学习酿酒工艺和酿造流程[①]。离开酒厂后，潘仕林将学到的酿造技术和积累的酿造经验用于

① 酿造流程：第一步是泡米，第二步是蒸饭，第三步是发水冷却，第四步是坛化（做酒酿），第五步是熬酒色，第六步是发酵，第七步是蒸馏，第八步是作色，第九步是窖藏（至少一年）。

实践，开始在家酿造九阡酒，并在九阡集镇上开了一家九阡酒销售店铺。年产量 1 万斤，销量可观，产品主要销往三都、荔波、独山、贵定等地。此外，潘仕林还与省外电商公司合作，将九阡酒销往浙江、江苏、广东、深圳等地。

（四）传承发展

2010 年，被评为 2006—2009 年度优秀个体工商户；被授予“三都水族自治县首批非物质文化遗产（水族九阡酒酿制技艺）代表性传承人”荣誉称号，为将九阡酒“中华老字号”“中国营养酒著名品牌”“贵州省名牌农产品”等称号发扬光大做出积极贡献。

（五）传承人风采

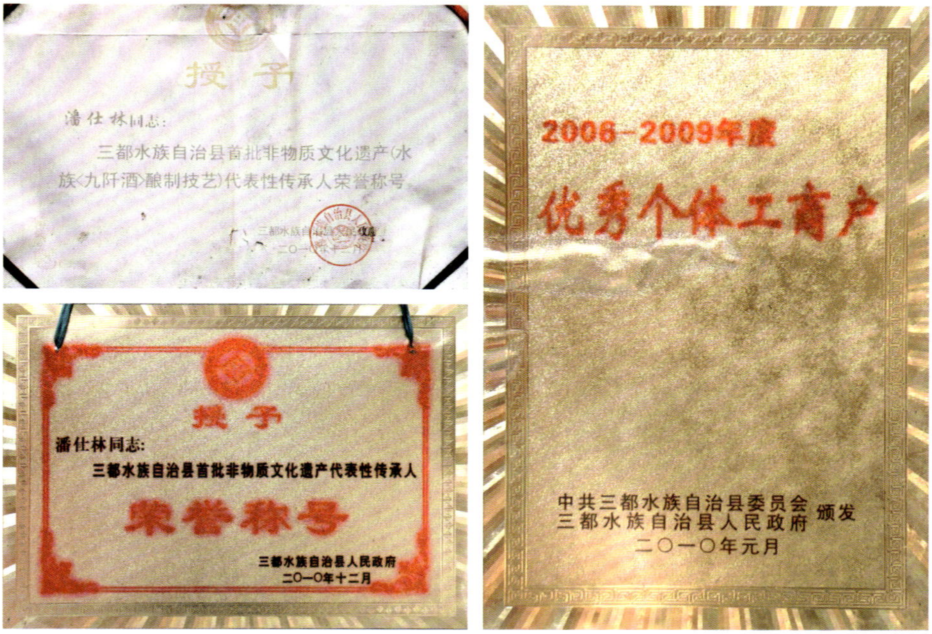

所获荣誉[1]

① 因存放时间较长，左下图所获奖牌中部分字体模糊，模糊字体由上至下分别为“授予”“荣誉称号”。

酒药

九阡酒窖藏

作者蒙畅与潘仕林开坛试酒

第四章　表演艺术

第一节　水族表演艺术概述

水族表演艺术主要有歌舞、曲艺和鼓乐。

“旭”意为唱歌，分为旭早、旭挤、旭虹等。“旭早”中的“早”是双、对的意思，因此，“旭早”又称“双歌”。在实际的流传中，双歌分为礼俗型双歌和叙事说唱型双歌两种类型。组成双歌的每一组歌在内容上都有相对的独立性，但不能单独成篇，它们必须组合在一起，相互配搭、联系，才能完成歌者所表述的完整主题。2002 年，水族双歌入选第二批“省级非物质文化遗产名录”；2021 年，“旭早”入选第五批国家级非物质文化遗产代表性项目名录。双歌的演唱至少需要两人来打和声，这种和声类似于川戏里的帮腔，故又称帮腔。帮腔是在歌的后句重复时加上“哈”“喂”等衬词来作为和声。在演唱“旭早”前，常常由演唱者与席间的人齐唱“腊——业喂——腊——来唷——喂——”或“流嗨——业喂，流嗨——唷喂——”。前者为妇女的和声，意为“所有你的亲戚朋友喂！所有我的亲戚朋友喂！”这是“旭早”起歌的和声，既要引起听众的注意，烘托场面、渲染气氛，又要使演唱者的嗓子得到舒缓，有回旋的余地。

“旭挤”中的“挤”是单、奇的意思。它与双歌相对，可以一人独唱，也可以多人合唱。对唱时，每次只需唱一首，不需要像“旭早”那样唱一组。“旭挤”吟唱的题材十分广泛，演唱的场所不受限制，多用于情歌、生产歌、苦歌、逃荒（难）歌等。在情歌上，“旭挤”可以即兴而起（俗称“飞歌”，正如见子打子的客歌），叫对方一时难以回答，把歌的演唱推上新的高潮。

“旭虹”中的“虹”是一蔸、一蓬、一丛的意思，故又称“蔸歌”。蔸歌取材广泛，主要为群体的演唱，且不受人数多少、歌体单双、演唱场合的限制，一事多叙，一情多咏，你一首我一首合成一组，就像一蓬蓬吐蕊的山花。蔸歌的音乐形态与单歌、双歌相同，故又有“蔸单歌”和“蔸双歌”之称。

正因水族人民长期将这种民间文学作品称为“旭早”“旭虹”，而相关研究者将其汉译为“双歌”“蔸歌”，于是这些说唱艺术便被归为水族民间歌谣而非水族民间曲艺。关于水族这种独具特色的说唱艺术兴起于什么年代，历史文献中并没有留下任何记载。因此，我们仅能从广为流传并具有一定代表性的作品以及民间歌手对某些作品的源流附注里，粗略地推断它们产生的大体年代。

在早期封建社会，经过唐、宋两代，水族社会的农业有了一定的发展。到了明朝，尤其是大力推行改土归流政策后，土司被迫交出政权，封建割据的局面被打破，进一步促进了社会经济的发展和各民族间的交往。从清初至1840年鸦片战争的200年间，水族地区的地主经济已经取得主导地位，从农业分离出来的少数手工业者也在三脚屯（今三都）、荔波等城镇建立起独立的小规模手工业作坊。据记载，清乾隆五年（1740）便有粤盐商在三脚屯开设子埠。与此同时，农村初级市场相继涌现。伴随着农业和手工业的不断发展及都柳江的疏浚，城镇商业逐渐发展起来。清代初年，清王朝为了巩固其统治地位，开始在水族地区实行科举制度。随着经济的逐渐发展和民族间的日益往来，书院、义学相续兴办起来。这对水族地区的文化发展起到一定的推动作用。

在这一社会历史背景下，为使水族地区经济不断发展，更好地反映其社会生活的广阔面貌，水族文学便以水族歌谣为基础，借助寓言、传说故事等其他表述形式，产生了水族所独有的说唱曲艺——双歌与蔸歌。无可讳言，除了水族自身的歌谣形式给二者提供发展基础外，还有各民族文化间的互相影响，尤其是城镇经济的逐步发展及书院、义学的建立，使汉族说唱文学相继流传到水族地区，这对水族双歌和蔸歌的产生与发展也起到一定的推动作用。从内容上看，水族双歌中就有不少受到汉族传说故事及其书面文学影响的作品广为流传。

在形式上，水族的双歌和蔸歌可分为说白和吟唱两个部分。说白部分只是一个引言，它往往通过一个富有寓意的短小故事，把吟唱部分中的主要角色

（人或拟人化的动植物）介绍出来。因此，双歌和蔸歌的吟唱部分是说白所介绍的角色间的吟唱，但它们在演唱场所和演唱方式上有所不同。双歌多在庄严、热闹的酒席上进行，常常带有对歌比赛的性质，也被称为酒歌、大歌。而蔸歌则不拘任何场所和环境，如人们在消遣闲谈，或青年男女在谈情说爱时，都可以根据当时的气氛和各自的感情即兴演唱。在演唱方式上，除了每一组歌的说白和吟唱部分都由一人来承担外，在唱双歌时，每一方还必须要由两名以上的同伴帮腔伴唱起歌的和声句和最后的和声句，在此情况下，一问一答、一唱一和地展开对唱。而一方所唱的每一组歌，除了在开头部分有一次说白外，吟唱部分可根据内容的需要，由演唱者同时扮演其中的两个角色，去演唱两首歌、四首歌、六首歌不等，同时也可扮演更多的角色和演唱多首歌。双歌的每一首歌都有其相对独立性，不能单独成篇，只有将每一组歌的几首歌合在一起才能表达一个完整的主题。并且，不管对唱双方所唱的每一组歌里有多少首歌，最终都必须构成偶数，这也是其取名为双歌的主要原因。

水族曲艺双歌与蔸歌以其特有的说唱形式反映着社会生活，内容丰富，题材多样。从古至今，从人及物，从天到地，大至宇宙星辰，小到鱼鸟花虫等，这些都可以编成双歌与蔸歌，借以表达某种主题。若将双歌与蔸歌从内容和表达方式上来划分，大体可分为寓言式和非寓言式两类。其中，语言含蓄、情趣幽默的寓言式“旭早”尤为绚丽多彩。

在长期的社会发展进程中，水族曲艺“旭早”亦有长足的发展。其说白大量增加，不仅用在开头，起到交代故事背景、人物等作用，还大量运用于各首唱段之间，起到补充故事情节、刻画人物心理等作用。演唱“旭早”时会采用水族民间乐曲，其曲调为水族人民所喜闻乐听，表演形式亦灵活，可以一人多角、单独演唱全篇作品，亦可按角色的不同而对唱，一出一对，前后对答，相互呼应。听众往往要在歌头、歌尾的唱和呼应中放声高歌，故而演唱时气氛热烈，听众情绪高涨，会产生很好的艺术效果。

中华人民共和国成立以来，根据水族说唱曲艺“旭早”形式改编、创作的水族题材新作品较多。第一个被推上舞台的水族曲艺节目是黔南州文化局、三都县文化局、三都县文化馆利用“旭早”形式创作的《造铜鼓》。在 1986 年参加贵州省曲艺调演，《造铜鼓》演出时还有乐器伴奏，该节目为水族曲艺的发展迈出可喜的第一步。2004 年，由杨胜超编剧，杨胜超、蒙汐濛编曲，中国文联“朝霞工程”三都县水族受助学生表演的水族“旭早”《朝霞情缘》荣获中央电视台全国校园迎春晚会节目二等奖；2010 年，由都匀市歌舞剧团编剧演出的《水寨除魔》荣获第四届全国少数民族曲艺展演一等奖、第六届中国曲艺牡丹奖节目奖，实现了黔南州乃至整个贵州曲艺国家级大奖零纪录的突破，2012 年 12 月，该节目再获“贵州省第五届文艺奖荣誉奖”。2019 年 9 月，“水族双歌”说唱曲艺《第一书记》在由文化和旅游部非物质文化遗产司、文化和旅游部艺术司、山东省文化和旅游厅、济南市人民政府联合主办的 2019 全国非遗曲艺周上亮相，展示近年来水族曲艺“旭早”的成果，不断激发着“旭早”传承人的积极性，对水族曲艺“旭早”的传承和保护起到了积极作用，丰富了人民群众的精神文化生活，推动了三都县文旅融合发展，使曲艺与人民生活的结合更加密切。

水族民间舞蹈主要有芦笙舞、铜鼓舞、斗角舞、弦鼓舞、打毽舞、刀舞、盘绾舞等。这些舞蹈直接或间接地体现了水族人民的生活情趣和宗教信仰。其中，最具代表性的是斗角舞。在中国，牛耕时代有着上千年的历史。牛勤劳、任劳任怨，在水族文化中，牛的地位颇为重要，水族人民对牛的感情非常深厚。为了表达对牛的歌颂之情，水族人民便创作了《斗角舞》。2010 年，《斗角舞》《角鼓舞》入选“县级非物质文化遗产名录”。

通常，水族人民会在过节、丧葬、祭祀等活动中跳《斗角舞》，尤其是在秧苗拔节抽穗后，舞队中有威望的头人会摘一株谷穗插在芦笙上，表示“芦笙吹涨了谷穗”，用舞蹈迎接丰年。《斗角舞》对耕牛嬉戏、打闹的形象化表达表现了水族人对牛的感情，也是耕作文明的一种体现。

据史料记载，水族祖先看到周边的苗族同胞在过节、祭祀时，既有欢快的芦笙舞，又有热闹的斗牛场面，很是羡慕。但当时水族祖先刚从外地迁来，牛的数量很少（有的甚至没有），不舍得用牛来打斗，便用竹子、木条做成牛头戴在头顶，俨然一副“牛”的形象。此外，他们还在斗笠上装上一对特制的牛角，嵌上两面小镜子做牛的眼睛，斗笠下端缀着饰以白鸡毛的花布条，后面钉上一块长绸布遮盖舞者的背部，使道具更加美观。表演时，一般由五支芦笙、五支莽筒伴奏，一名表演者吹着最小的芦笙在前面领舞，其他表演者边奏边舞，紧随其后，还有两名男舞者各戴“牛头”道具作半蹲式边斗边舞。五位头插雉尾、腰拴白鸡毛花裙的姑娘和着节拍伴舞。舞者抖动“牛头”道具，阳光下“牛眼”闪烁发光、鸡毛花布条翻飞摇曳，如瞪起双目、凶猛待斗的牯牛。乐声一起，另一头“牯牛”一跃而起，飞奔而来，两角“嘎”的一声相碰，然后，或抵或拉，忽高忽低，又闪又转，斗得难解难分，这使水族人民粗犷、奔放的性格得到充分显现。

铜鼓文化主要流传于贵州的水族地区，把铜鼓当作圣物和重要的响器、乐器，是中华民族古代文化宝库中的瑰宝，是我国西南古代各民族共通的文化现象。历史上，贵州省都匀、三都、丹寨、独山四县市交界处的基场、奉合、阳和三个地区，被称为“套头”，是水族的“大哥”。

在水语中，“夺咚”指怀念先辈迁徙历史的铜鼓乐。“套头”水族一直完整地保留着在端节和丧葬中隆重、庄严演奏“夺咚”的习俗。水族端节歌有“同是水家，套头先吃，兰岭关尾”之说，“套头”水族演奏“夺咚”，昭告其他地区的水寨开始过端。“大哥”过端后，其他地区的水族兄弟才能依次进行。

在水族地区，“夺咚”独具特色，属于北面水族典型的悬挂非桶式奏法，由一面木鼓和多面雄雌配对的铜鼓成奇数组合使用。击打铜鼓不仅可用木桶共鸣，还可用铁炮、芦笙、长号、响钹等来配音。2015 年，水族“夺咚”入选第四批“省级非物质文化遗产名录”。

“夺咚”流传于都匀“套头”水族地区，在端节和丧葬中依据水书确定的特定时间演奏。“夺咚”旋律由四个不同的部分组成，依次为 qai^{2} ȶan^{2} 开拔出征（开头部分）、sup^{8} ȵi^{6} ȶa^{2} ni^{4} sup^{8} ȵi^{6} ȶa^{2} la:k^{8} 平安曲（主调部分）、sa^{5} hən^{2} 战斗曲（过渡部分）和 tok^{7} tsum^{2} ȵau^{6} 定居欢乐曲（结尾部分）。完整的一次“夺咚”演奏，为“A+B+C+D”的音乐四段体结构，技法多变，节奏性强，轻重有别。古朴的韵味既有恢宏激越、豪迈壮烈之感，也有稳健、和谐之感。曲调内涵深厚，表达对先祖的怀念及迁徙的追思。在演奏前后，“夺咚”还有请铜鼓、送铜鼓等独特礼仪，具有鲜明的地域传统文化特色。

“夺咚”集水族原始铜鼓乐之大成，又是水族其他铜鼓乐派生的源头，是水族地区其他铜鼓乐不可比拟的，在全国少数民族铜鼓乐中独树一帜，具有重要的学术研究价值。“夺咚”和水族的其他民俗联系广泛，交相辉映，是促进不同地区水族间文化交流的重要纽带，对维系水族的文化传承具有重要意义。

第二节 水歌传承人

九十一、石玉秋

（一）传承人简介

姓名：石玉秋

性别：女

出生年月：1982 年 1 月

民族：水族

身份：三都县文化馆馆长

文化程度：大学本科

居住地址：三都县中和镇塘州社区仙人桥村雄寨姑卯组（现居三都县三合街道鑫海财富广场）

（二）传承生态环境

三都县中和镇塘州社区仙人桥村雄寨姑卯组位于平地，距三都县城约 31 千米。全寨均为水族居民，姓氏均为潘姓。房屋以木砖混合结构为主。

石玉秋家里共有 3 人，她与丈夫育有 1 子。丈夫潘天来是三都民族中学的教师，儿子潘安宇在上学。家有木砖混合结构住房 1 栋，地 10 亩。家庭经济的主要来源是夫妻二人的工资。在日常生活中，主要使用水语和本地方言交流。

（三）传承情况

石玉秋从小爱好唱歌，5 岁便开始跟随奶奶学习水歌，主要学习以鸟、昆虫、月亮等为主题的儿童歌曲，参加过全国少儿文艺展演。15 岁时，石玉秋又跟随石绍霞学习唱水族情歌、双歌。曾到北京、上海、成都、重庆、广州、青岛、兰州等地参加展演和比赛，均获得不错的成绩。此外，她还担任水歌培训基地的授课老师，培训小学、初中、高中学员。其中，学员吴春花、潘承同、潘永丽最为出众。经过不懈的努力，石玉秋创作了很多水歌作品，如《喜鼓铜鼓庆丰收》《乡思之恋》《和谐三都》《家乡美》等，深受广大水族群众喜欢。

（四）传承发展

2011 年，荣获多彩贵州歌唱大赛黔南赛区原生态唱法二等奖；演唱曲目《现几认恒睢起端》荣获“中天城投杯”多彩贵州歌唱大赛原生态表现形式铜鼓奖。

2012 年，音乐类节目《金秋端节》在“贵州‘群星奖’决赛”中荣获二等奖。

2014 年，荣获黔南州“七·一”暨“好花正红·群众路线教育实践活动”民族山歌大赛组合唱组三等奖。

2015 年，在中央电视台举办的《争奇斗艳——少数民族冠军歌手争霸赛》中荣获水族“十强选手”称号。

2019 年，在黔南州青少年网络迎新晚会中荣获“优秀辅导老师”称号；编唱的“水族双歌”说唱曲艺《第一书记》作为贵州代表队的表演曲目参加由文化和旅游部非物质文化遗产司、艺术司、山东省文化和旅游厅主办的全国非遗曲艺周展演，广受好评。

2020 年，指导节目《夯坝耐》在黔南州“好花红”文化旅游节“聆听贵州”山歌大赛中荣获二等奖。

2021 年，被评为第四届中国绿化博览会“优秀个人”；参与黔南州打造的音舞诗画《你的眼睛能看多远》剧目表演。

（五）传承人风采

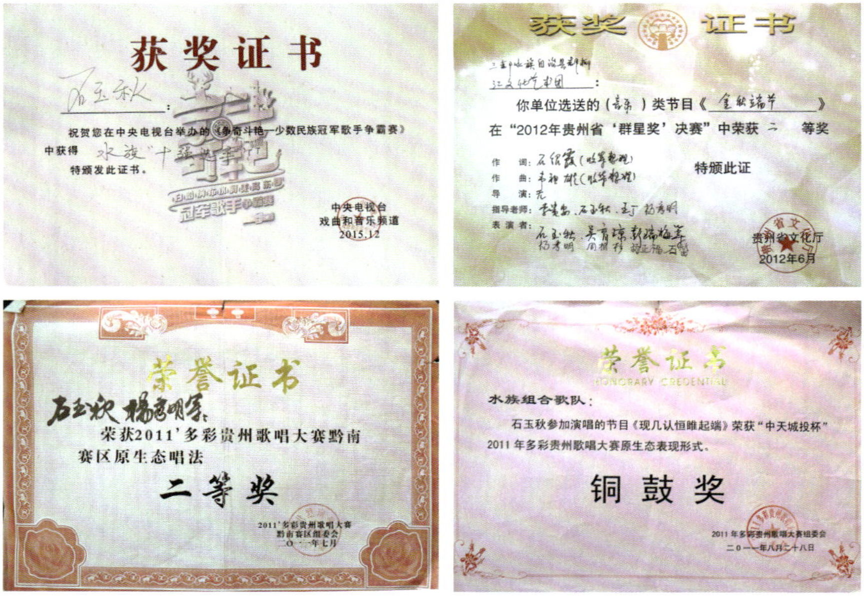

所获荣誉

作者蒙畅访谈石玉秋

九十二、石绍霞

（一）传承人简介

姓名：石绍霞

性别：女

出生年月：1964 年 11 月

民族：水族

身份：三都县三合街道办事处退休职工

文化程度：大专

居住地址：三都县中和镇中和社区中和村中和四组（现居三都县三合街道上坝小区）

（二）传承生态环境

三都县中和镇中和社区中和村中和四组位于平地，距三都县城约 27 千米。全组共有 75 户水族居民，姓氏均为石姓。房屋以木砖混合结构为主。

石绍霞家里共有 4 人，她与丈夫育有 2 子。丈夫潘三弟在三都县住房和城乡建设局工作，大儿子潘明俊在荔波县高速公路服务区工作，小儿子潘明佳在三都县农商行工作。家有木砖混合结构住房 1 栋。家庭经济的主要来源是夫妻二人的工资。在日常生活中，主要使用水语和本地方言交流。

（三）传承情况

石绍霞从小爱好唱歌，3 岁开始跟随祖母学习水歌，主要学习《秧鸡歌》《知了歌》等儿童歌曲。凭借超强的记忆能力和优越的声音条件，石绍霞 8 岁时便已学会很多儿歌，初中时开始自己编创水歌，以情歌为主，在村里小有名气。高中时，石绍霞一边上学一边担任电影水语翻译配音演员。2004 年，她开始参加工作，在三都县电视台从事水语播音和电影水语配音。在给电影配音的同时，她还根据每部电影的主题故事内容，创作水族双歌，在电影的片头、片尾播放，内容涉及科教片、纪录片、战争片、爱情片等。据了解，每次在乡村播放电影时，听到片头石绍霞演唱的水歌，村民便会很快聚到放映场聆听。石绍霞唱的水歌深受广大水族群众喜爱，获得很高的赞赏。每逢州庆、县庆活动、水族端节活动时，都会有石绍霞编创的水歌节目参加展演。她还参与《远古走来的贵族》舞台剧中的水歌编创。之后，石绍霞到三都县文化馆担任音乐教员，还被聘为三都民族中学、三都鹏城希望学校的水歌课教师，把水歌带进校园，传承水族文化。

（四）传承发展

1984年11月，翻译配音的科教片《稻虫天敌》被文化部、国家民委评为“水族优秀译制影片”。

1986年5月，演唱曲目《造铜鼓》在贵州省曲艺新曲（书）目比赛中荣获鼓励奖。

2004年1月，在中央电视台举办的“清逸·佳雪杯CCTV西部民歌电视大赛”中荣获优秀民族歌手奖。

2005年10月，在教育部、文化部、民政部、国家广播电视总局和中国残联共同举办的“第六届全国残疾人艺术汇演”中荣获辅导奖。

2006年11月，被聘为三都鹏城希望学校水歌课教师。

2010年12月，被三都县人民政府授予“三都水族自治县首批非物质文化遗产（水歌双歌）代表性传承人”荣誉称号。

2011年3月，被聘为三都民族中学水歌课教师。同年8月，收集整理曲目《现几认恒睢起端》荣获“中天城投杯”2011年多彩贵州歌唱大赛原生态表现形式铜鼓奖。

（五）传承人风采

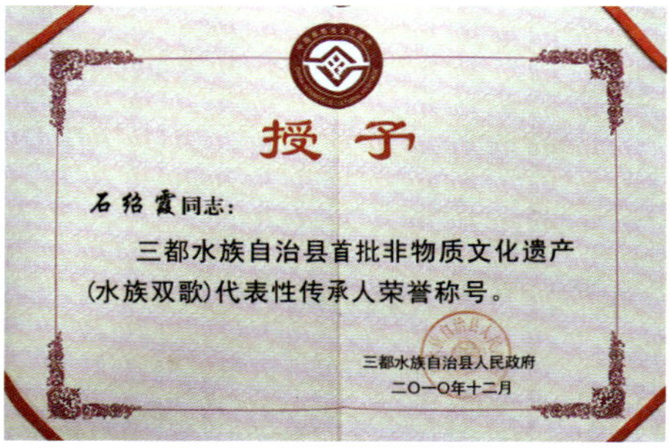

所获荣誉（一）

所获荣誉（二）[①]

① 因存放时间较长，左下图奖牌中部分字体模糊，模糊字体由上至下分别为“授予水族优秀译制影片”“科教片”“《稻虫天敌》”“中华人民共和国文化部”“中华人民共和国国家民委”“一九八四年十一月”。

作者蒙畅访谈石绍霞

九十三、潘世渐

（一）传承人简介

姓名：潘世渐

性别：男

出生年月：1936 年 12 月

民族：水族

身份：农民

文化程度：小学

居住地址：三都县中和镇三洞社区三洞村水根一组

（二）传承生态环境

三都县中和镇三洞社区三洞村水根一组位于山脚，距中和镇政府约10千米，距三都县城约33千米。全组共有108户水族居民，姓氏均为潘姓。房屋以木砖混合结构为主。

潘世渐家里共有7人，除他和妻子外，还有儿子、儿媳和3个孙子。家有木砖混合结构住房1栋，田3亩，地2亩。家庭经济的主要来源是儿子外出务工和夫妻二人在家务农。在日常生活中，主要使用水语和本地方言交流。

（三）传承情况

1976年，潘世渐开始跟随叔父水族著名歌手、“旭早”宗师潘静流学习水族双歌，主要学习迎宾双歌、敬酒双歌、叙事古歌、追悼双歌等。水族双歌主要在热闹喜庆的婚嫁起造、节庆宴席或庄重严肃的追悼会等场合演唱。在叔父的教导和自己的努力下，潘世渐现已成为当地知名的双歌代表性传承人。当地百姓只要遇到婚丧嫁娶，便会邀请潘世渐去唱双歌。在每年十月水族端节的祭祖仪式上，潘世渐会担任主祭人，在仪式上吟唱古歌祭奠祖先，祈求来年大丰收、族人生活更好。目前，潘世渐保存有叔父编写的双歌歌书1本，自己整理编写的歌本《乐以忘忧》《岗别相会》《喜事俄伢》《丧事俄伢》等15本。

潘世渐有1名徒弟，名叫潘世垂。多年来，他传授潘世垂各类双歌。目前，潘世垂已学有所成，除了演唱外，他还开始学习创作双歌，进一步把水族双歌发扬光大。

（四）传承发展

2010年12月，被三都县人民政府授予“三都水族自治县首批非物质文化遗产（水族双歌）代表性传承人”荣誉称号。

2020年12月，水族双歌旭早入选“国家级非物质文化遗产名录”，潘世渐参与申报宣传片摄制工作，并在片中作为双歌代表性传承人出镜演示。

（五）传承人风采

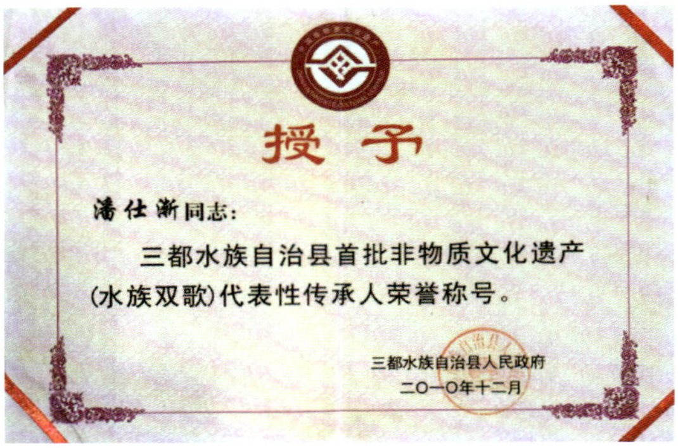
授予

潘仕渐同志：

三都水族自治县首批非物质文化遗产(水族双歌)代表性传承人荣誉称号。

三都水族自治县人民政府

二〇一〇年十二月

所获荣誉

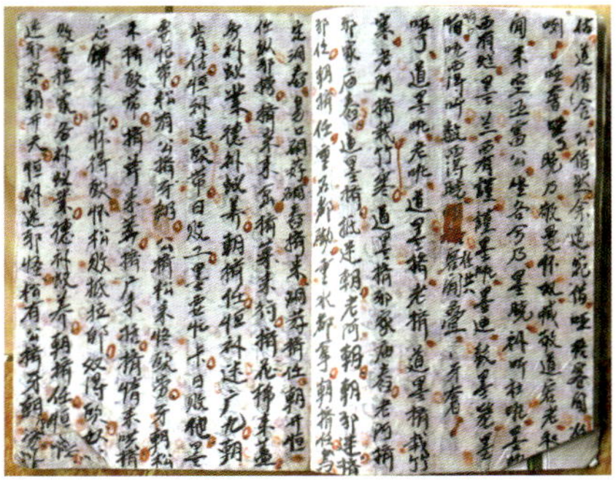

抄录编写的《丧葬诘俄》

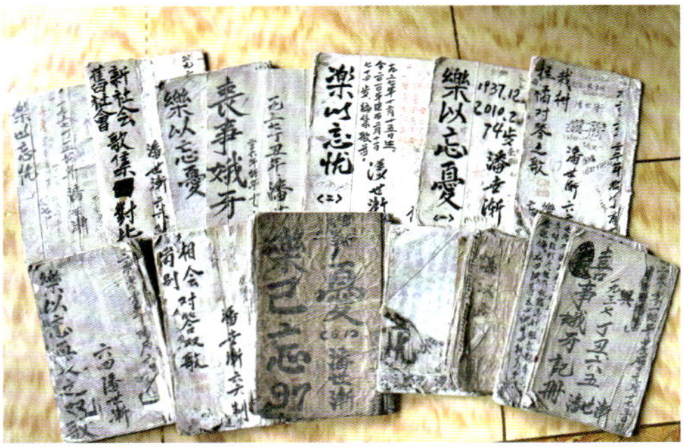

抄录编写的双歌歌书

传授双歌

研读双歌

九十四、石国体

（一）传承人简介

姓名：石国体

性别：男

出生年月：1967 年 6 月

民族：水族

身份：农民

文化程度：小学

居住地址：三都县中和镇三洞社区红星村安岜组（现居中和镇雪花湖移民社区）

（二）传承生态环境

三都县中和镇三洞社区红星村安岜组位于山地，距中和镇政府约 13 千米，距三都县城约 38 千米。全组共有 34 户水族居民，房屋以水族传统杆栏式吊脚木楼和木砖混合结构为主。

石国体家里共有 6 人，他与妻子育有 3 子 1 女。家有木砖混合结构住房 1 栋，田 1 亩，地 12 亩。家庭经济的主要来源是子女外出务工和夫妻二人在家务农。在日常生活中，主要使用水语和本地方言交流。

（三）传承情况

石国体从小爱好唱歌，15 岁开始跟随大哥石昌源学习水歌，主要学习情歌、古歌和孝歌，个人擅长唱情歌。在三都县内，每到端节、卯节、霞节等节日有大型活动时，石国体都受邀去唱歌，还到荔波、榕江等地演唱。受当地政府和文化部门的邀请，石国体常给培训班学员授课，教他们唱水歌。其中，优秀学徒有新阳村兰领寨的石本抓、红星村的远组的石国炯等。本人撰写唱本 40 余本，如《三洞端坡》《廷牌端坡》《水东端坡》《榕江俾当端坡》《甲良板培端坡》等端坡唱本；《古东卯坡》《水东卯坡》《水利卯坡》等卯坡唱本；《计生宣传》《反邪教教学唱本》《学校教育》《消防宣传》等教育传承唱本。

（四）传承发展

2015 年 10 月，在廷牌高丰端坡水歌对唱中荣获最佳赞颂奖。

2016 年 10 月，获得抗谷端节活动“最佳美声”荣誉称号。

（五）传承人风采

所获荣誉

石国体与他人对歌

给学员进行水歌培训

九十五、王敏芝

（一）传承人简介

姓名：王敏芝

性别：女

出生年月：1968 年 1 月

民族：水族

身份：三都县计划生育协会退休干部

文化程度：大学本科

居住地址：三都县中和镇水龙社区安塘村十一组（现居三都县凤羽街道万户水寨社区 A 区）

（二）传承生态环境

三都县中和镇水龙社区安塘村十一组位于山脚，距三都县城约 28 千米。全组共有 30 户水族居民，姓氏均为王姓。房屋以水族传统杆栏式吊脚木楼和木砖混合结构为主。

王敏芝与丈夫育有 2 子，丈夫吴祥在三都县农工局工作，2 个儿子均已成家且均在外经商。家有木砖混合结构住房 1 栋。家庭经济的主要来源是子女在外经商、个人的退休金和丈夫的工资。在日常生活中，主要使用水语和本地方言交流。

（三）传承情况

王敏芝从小爱好唱歌，6 岁时开始跟随村里的老人学习水歌，主要学习酒歌和情歌。2014 年 10 月，王敏芝成立了三都水族自治县水歌协会并担任会长，负责审核水歌创作内容，组织会员排练，每年都会有节目在三都县春节晚会上展演。此外，王敏芝参加过许多水族端节、卯节等民族文化活动，到贵阳、龙里、贵定、荔波等地参加演出，曾在三都咕噜“产蛋崖”景区组织 500 余人的水歌合唱，震撼全场。

（四）传承发展

2014 年 10 月，成立三都水族自治县水歌协会。

2016 年 10 月，组织水歌协会代表队在三都县中和镇人民政府举办的永远跟党走“两学一做”同步小康三洞端节暨首届经典水歌大赛中荣获大合唱第一名。

2018 年 7 月，组织水歌协会代表队在三都县“卯”文化旅游节水族山歌大赛中荣获组合唱二等奖。同年 8 月，组织水歌协会代表队在黔南州乡村文艺秀匀城系列活动——“脱贫攻坚颂党恩”民族山歌赛中荣获组合唱优秀奖。同年 10 月，组织水歌协会代表队在三都县“千车万人·水乡过端”水族古歌大赛中荣获二等奖。

2019 年 7 月，组织水歌协会代表队在三都县“卯”文化旅游节原生态歌唱大赛中荣获一等奖；组织歌手远赴韩国参加服饰展，并在交流会上演唱水歌，受到国外友人好评。同年 12 月，其代表队演唱曲目《扶贫的事》在

“季季有主题·周周有活动暨睢文化旅游节”系列活动之民族山歌大赛中荣获一等奖。

2020 年 9 月 27 日，组织歌手到三都县普安镇高硐村参加电影《我和我的家乡》首映式贵州分会场活动演出，展示水族文化。

（五）传承人风采

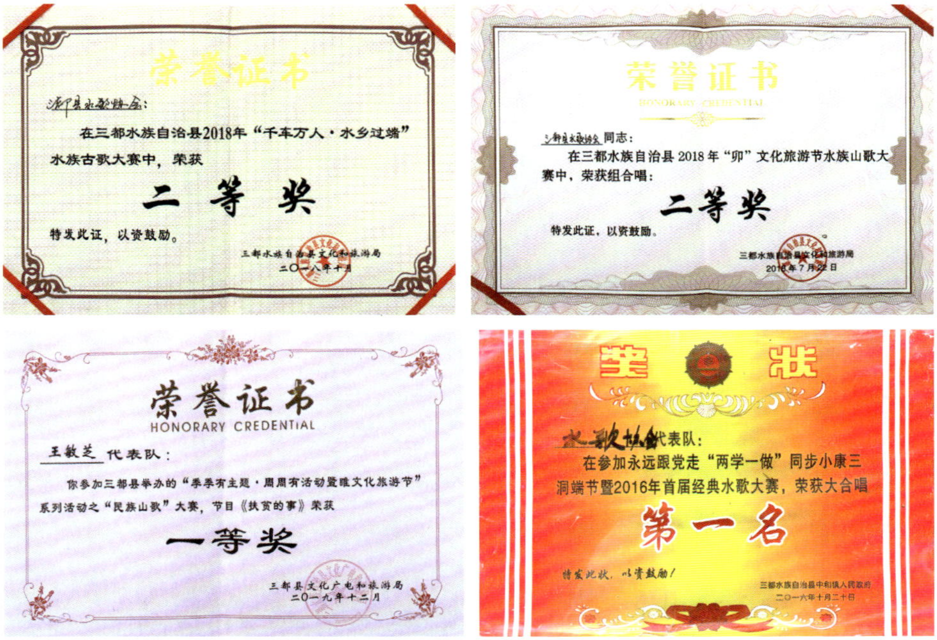

所获荣誉

第三节　舞蹈传承人

九十六、雷增

（一）传承人简介

姓名：雷增

出生年月：1968 年 12 月

民族：苗族

身份：三都县文化馆编导

文化程度：大学专科

居住地址：三都县普安镇交梨社区王家寨（现居三都县三合街道都柳江社区）

（二）传承生态环境

三都县普安镇交梨社区王家寨位于平地，距三都县城约 14 千米。全寨共有 100 余户居民，是苗族、布依族杂居的村寨，姓氏以王姓为主。房屋以木砖混合结构为主。

雷增家里共有 3 人，他与妻子育有 1 女。家有木砖混合结构住房 1 栋。家庭经济的主要来源是个人的工资。在日常生活中，主要使用苗语和本地方言交流。

（三）传承情况

雷增毕业于黔南艺术学校音乐专业，1986 年到三都县文化馆工作，开始跟随文化馆的舞蹈老师宋晓君学习舞蹈，走村串寨地采风。主要学习水族舞蹈《男子铜鼓舞》《女子铜鼓舞》《斗角舞》《水族芦笙舞》《水族弦鼓舞》等，并随歌舞团参加文化下乡展演活动，不断学习、积累经验。1989 年，雷增开始自己创作、做编导。他曾到北京、广州、云南、河南等地参加展演和比赛，获得国家级和省级的各类奖项，得到评委和观众的认可和赞赏。此外，贵州民族大学音乐舞蹈学院、黔南民族师范学院、贵阳学院舞蹈教师和同学曾到三都县与雷增学习、交流，推动水族舞蹈文化的发展。

（四）传承发展

2003 年 9 月，编导作品《弦鼓乐》参加全国第七届少数民族传统体育运动会并荣获三等奖。

2005 年 10 月，编导作品《水族“弦鼓乐”》被评为第七届中国民间文艺山花奖·民间艺术表演奖（民间鼓舞鼓乐）入围作品。

2006 年 8 月，在黔南州建州 50 周年庆典踩街文艺演出工作中被评为先进个人。同年 11 月，编导作品《幂炅》荣获贵州省第六届少数民族传统体育运动会表演项目金奖。

2007 年 11 月，编导作品《幂炅》参加全国第八届少数民族传统体育运动会，在表演项目综合类比赛项目中荣获二等奖。

2008 年 8 月，编导作品《木鼓舞》荣获贵州省第八届少儿艺术节舞蹈比赛少年组三等奖。

2009 年 1 月，被评为三都县文学艺术工作先进个人。

2010 年 1 月，被评为“2009 年度全州文化系统先进工作者”“贵州省少数民族传统体育先进个人”；被三都县委、县政府授予“三都水族自治县优秀人才奖”；同年 9 月，编导作品《水族“斗牛”》荣获贵州省第七届少数民族传统体育运动会表演项目铜奖。同年 11 月，参加贵州省县级优秀文工队文艺调演，荣获优秀编导奖。

2011 年 3 月，被黔南州委、州政府批准享受“黔南州政府特殊津贴”；在第九届全国少数民族传统体育运动会承办工作中，被贵州省委、省政府授予嘉奖。

2012 年 3 月，被三都县委、县政府授予“三都水族自治县县管拔尖人才奖”。

2013 年 10 月，编导作品《水家人》荣获第五届贵州省少数民族文艺会演“创作金奖”和“最佳编剧奖”。

2014 年 7 月，在第六届亚洲大洋洲国际少儿艺术节活动总评选中荣获优秀辅导老师奖。

2018 年 11 月，编导作品《水族斗角》荣获第九届贵州省少数民族传统体育运动会表演项目一等奖。

2019 年 9 月，编导作品《水族斗角》荣获全国第十一届少数民族传统体育运动会表演项目一等奖。

（五）传承人风采

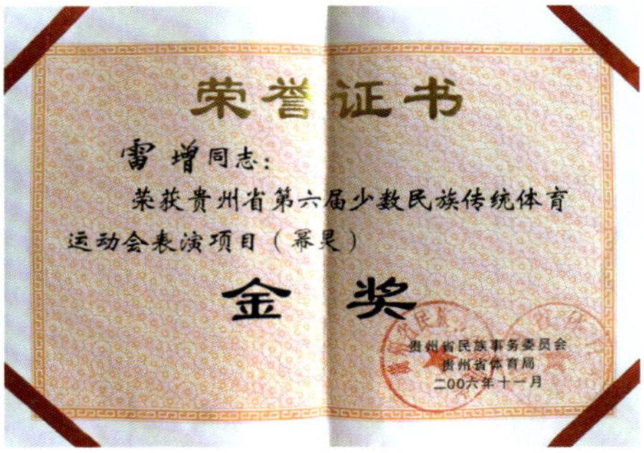

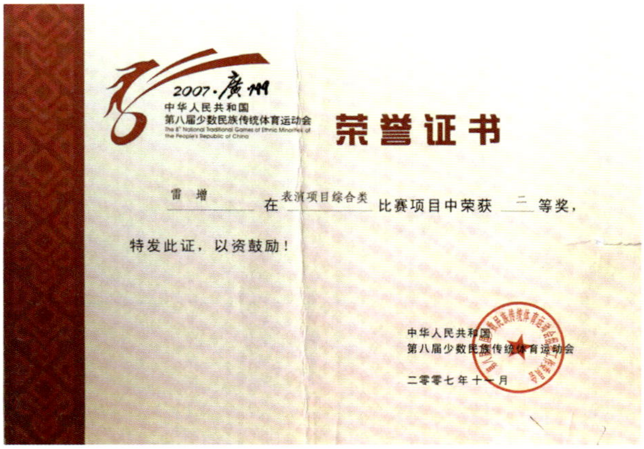

所获荣誉

斗角舞演出现场

指导学生排练斗角舞

第四节　水族“夺咚”传承人

九十七、蒙邦敏

（一）传承人简介

姓名：蒙邦敏

性别：男

出生年月：1968 年 8 月

民族：水族

身份：小学教师

文化程度：大学本科

居住地址：都匀市归兰乡潘硐村二组（现居都匀市环西路水岸铭门）

（二）传承生态环境

都匀市归兰乡潘硐村二组位于山地，距都匀市区约 38 千米。全组共有 23 户水族居民，姓氏均为蒙姓。房屋为水族传统杆栏式吊脚木楼。

蒙邦敏家里共有 5 人，他与妻子育有 1 女，父母健在。妻子黎德娣在都匀市文峰办事处新华社区工作，女儿在读高中。家有水族传统杆栏式吊脚木楼 1 栋，田 1 亩。家庭经济的主要来源是夫妻二人的工资。在日常生活中，主要使用水语和本地方言交流。

（三）传承情况

2006 年，蒙邦敏拜韦佩君、蒙开亮为师，开始学习水族铜鼓文化和铜鼓演奏艺术。蒙邦敏不仅“夺咚”技术水平高，水书的造诣也高。曾拜蒙君昌、韦佩君、吴佩君和吴朝忠为师，学习水书《正五卷》《正七卷》，重点研究水书的理论、规律，主要进行水书学术研究。家中现收藏有《正五卷》《正七卷》等水书。

此外，蒙邦敏还是都匀市第十小学的教师，担任学校的民族文化进校园课堂主讲教师，主要负责水族铜鼓和舞蹈编排，与州级水族剪纸代表性传承人陆武舒共同推动学校民族文化的传承与发展，受到学校师生的高度赞扬。

蒙邦敏尚未正式收徒，他将所有的知识都传授给学生，以民族文化进校园的方式进行传承。另外，在课外活动时间，他会教学生读、写水书里的基础文字，教学生如何演奏铜鼓，把水族水书文化、水族“夺咚”文化带进校园，促进水族文化的传承和弘扬。

（四）传承发展

蒙邦敏先后被授予“非物质文化遗产项目（水族‘夺咚’）市级代表性传承人”“非物质文化遗产项目（水族‘夺咚’）州级代表性传承人”荣誉称号。其论文《水书中的数学问题》《水书与通书的联系》分别荣获贵州省教育科学研究所论文一等奖和二等奖。此外，他还参与水书《正五卷》的翻译工作。2020 年 12 月，被贵州省文化和旅游厅授予“贵州省非物质文化遗产（水族“夺咚”）代表性传承人”荣誉称号。

（五）传承人风采

介绍夺咚

九十八、蒙跃德

（一）传承人简介

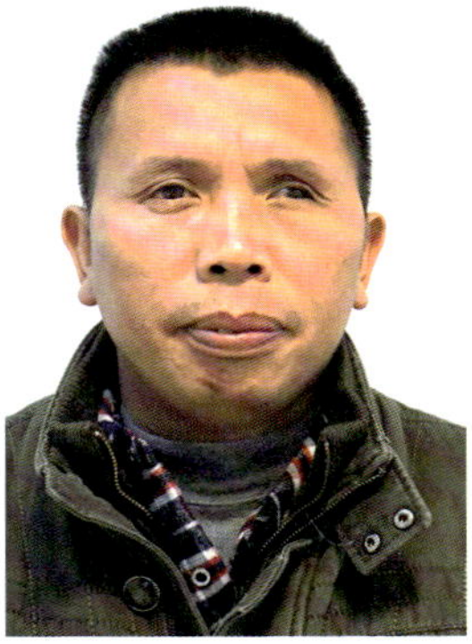

姓名：蒙跃德

性别：男

出生年月：1972 年 6 月

民族：水族

身份：小学教师

文化程度：大学本科

居住地址：都匀市归兰乡富裕村三组

（二）传承生态环境

都匀市归兰乡富裕村三组位于山地，距乡政府约 17 千米，距都匀市区约 42 千米。全组共有 160 余户居民，水族、苗族、布依族杂居，姓氏以蒙姓和韦姓为主。房屋为水族传统杆栏式吊脚木楼。

蒙跃德家里共有 5 人，他与妻子育有 2 女，父亲健在。家有水族传统杆栏式吊脚木楼 1 栋，田 0.8 亩，地 0.3 亩。家庭经济的主要来源是妻子在家务农和个人的工资。在日常生活中，主要使用水语、苗语和本地方言交流。

（三）传承情况

2006 年，蒙跃德拜蒙邦敏、蒙有才为师，开始学习水族铜鼓文化和铜鼓演奏艺术。主要学习水族“夺咚”礼仪、演奏及铜鼓文化等方面内容，主要服务于周边县城乡镇，当地群众认可度较高。

蒙跃德尚未正式收徒。但因他是阳和中心校的教师，在课外活动时间，他会给学生传授水族“夺咚”的基础知识和技能，把水族“夺咚”文化带进校园，为铜鼓文化的传承做出一定贡献。

（四）传承发展

2016 年，参加黔南州建州 60 周年暨第七届都匀国际摄影博览会“黔南传统文化”展示展演活动。

2017 年，在都匀地区庆“六一”文艺汇演中荣获指导教师一等奖。

2018 年，被命名为“非物质文化遗产项目（水族‘夺咚’）市级代表性传承人”；在都匀市归兰乡水族端节铜鼓比赛中荣获三等奖；指导作品《快乐的小叮当》在全省第六届中小学生艺术展演中荣获艺术表演类三等奖。

2019 年，被归兰乡阳和中心学校聘为少年宫铜鼓社团辅导员。因其辅导的社团在“六一”儿童节少年宫活动中表现优秀，被评为校优秀辅导教师；被黔南州文化广电和旅游局授予“黔南州非物质文化遗产（水族“夺咚”）代表性传承人”荣誉称号。

（五）传承人风采

荣誉证书

蒙跃德老师:

您在 2017 年都匀地区庆“六一”文艺汇演中荣获指导教师

一等奖

特颁此证，以示鼓励。

都匀市教育局

二〇一七年六月

荣誉证书

HONORARY CREDENTIAL

命名蒙跃德为非物质文化遗产项目

水族夺咚市级代表性传承人

都匀市文化和旅游局

2018年5月

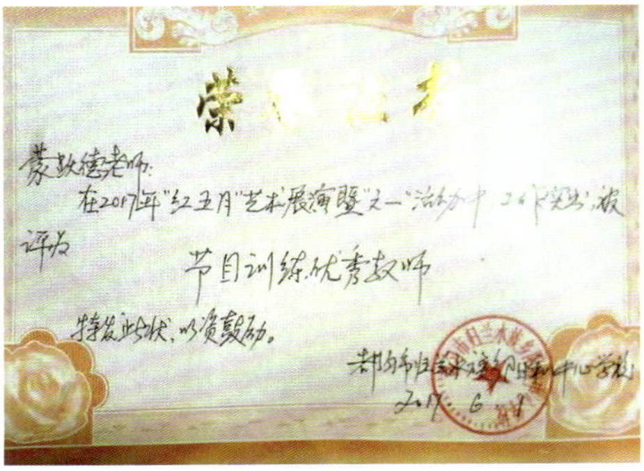

蒙跃德老师:

在2017年“红五月”艺术展演暨“六一”活动中……被评为

节目训练优秀教师

特发此状，以资鼓励。

所获荣誉

第五章　水族棋艺

第一节　水族棋艺概述

水族棋类游戏也叫水族棋艺，是水族民间棋类游戏的总称，也是水族传统体育项目的重要内容。水族独具特色的棋艺主要有三三棋、纺棋、踢棋、挑棋、官王棋等。棋盘的路线各异，棋子的数目不一，走法亦不相同，内容丰富多彩。2019 年，水族棋艺入选第五批“省级非物质文化遗产名录”。

一、三三棋

三三棋，又称三棋、三口棋。三三棋是水族最流行的棋类，男女老少均热衷参与。三三棋的棋盘由三个大小不等的正方形相套，顶点和各边中点连接成线，共有 20 条线段，每一条线段均有 3 个交点，共 24 个交点。该棋棋子可随意就近选用，只要能区分敌我即可，比如一方用石子，另一方用木子。

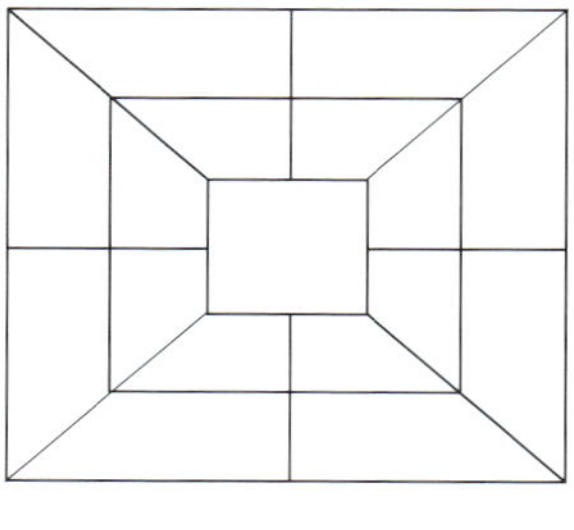

三三棋棋盘

三三棋为两人对弈，一方的棋子占据任何一条线段上的全部交点（3 个）时，有权惩罚对方一次（镇压或拿掉对方一子）。这种状态叫“三”，形成三子一线的瞬间，成“三”的一方会叫一声“三”。

比赛过程分为布子和行子两个阶段。布子是在棋盘上布置棋子，一次落一子，双方交替布子。当成“三”时，镇压对方任意一子（压着但不从棋盘上拿掉）。一旦有镇压，该镇压点所涉及的线段将不可能布置成“三”，即压子双方都不能利用。所有的交点布完则布子阶段结束，进入行子阶段。行子是从棋盘上拿掉镇压点的子，腾出运行空间后双方交替运动棋子。运动成“三”的一方则从棋盘上拿掉对方任意一子，且棋子成“三”的瞬间叫一声“三”。棋子的运动规则是每一步移入相邻空交点，不得移入有子交点或越过空交点。当一方只剩下两子，不可能成“三”时，则判定为失败，另一方获胜。

不管在哪个阶段，对弈双方的目的都是己方成“三”且破坏对手的成“三”意图。布子阶段的主要破坏手段是落子阻碍和镇压破坏。落子阻碍是在对方想成“三”的线段布上己方的棋子，镇压破坏是将对方即将成“三”的关键棋子镇压使其计划落空。行子阶段的主要破坏手段是己方成“三”和移入干扰，杀掉对方的关键棋子。移入干扰是将己方棋子运动到对方密集区占据关键点，让对方难以成“三”。当一子来回走动都能成“三”(连续叫“三”）时，叫“搓三”，水语称为“三菊”，是威慑力极大的阵势。

二、纺棋

纺棋，又称友谊棋、区字棋。纺棋为两人对弈，各摆两子于区字形棋盘，以不同颜色或类别的棋子来区别甲乙双方，甲方先行，乙方后行，每一次只走一步。甲方不能先行锐角的棋子，只能先行直角的棋子。甲方走一步，乙方跟一步，甲方追乙方赶，要手快眼快，不可懈怠，目的是将对方的棋子围困，将对方逼到无路可走方可获胜，反之则为败方。

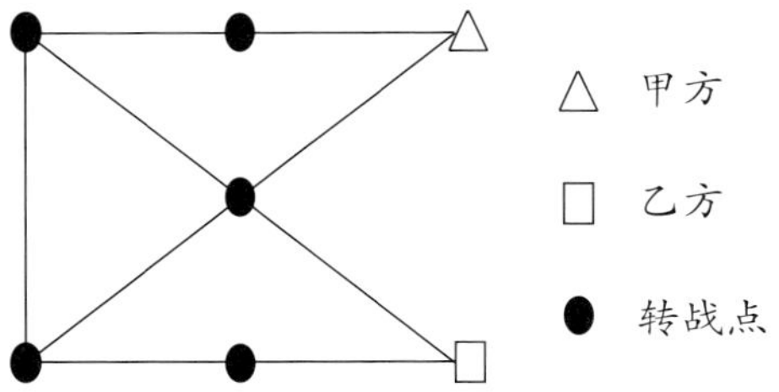

纺棋棋盘

三、踢棋

踢棋，又称战义棋。棋盘上共有 8 条线段，每一条线段均有 4 个交点，共 16 个交点。踢棋为两人对弈，两人各执 6 颗棋子对弈，正向对称地分布于边框 12 个交点，以不同颜色或类别的棋子来区别甲乙双方。由任意一方先行，轮流走子，按照棋盘格式一步步地走，每步落子只能在相邻的空交点上。如乙方先有一颗棋子，而甲方棋子走到与乙方那颗棋子所在的同一条直线上，用自己的两颗棋子踢去乙方的那颗棋子，称为“二踢一”。最后，棋子被踢到只剩一子的一方失败。此棋艺可用二对付一，以强胜弱、以多驱少，为多数水族青少年所喜爱。

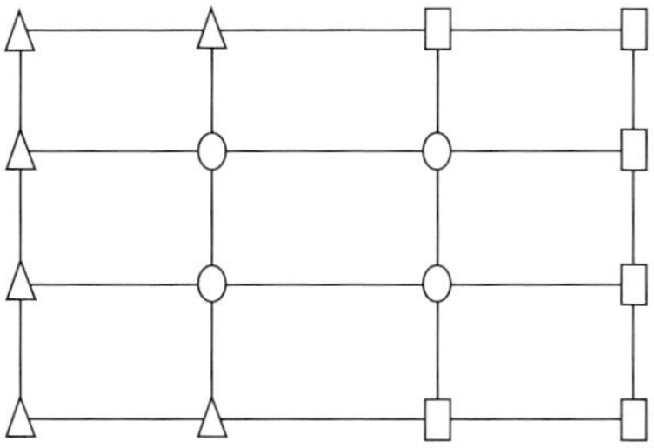

踢棋棋盘

四、挑棋

挑棋，又称挑抬棋。这种棋的棋法比较复杂，最能锻炼智力。挑棋为两人对弈，以不同颜色或类别的棋子来区别甲乙双方。双方在左右两边各摆 7 颗棋子，任意一方先行，轮流走子。棋子按照直线行走，不受棋盘框格的限制，相邻处只要有空格，往返数次均可。只要是直线便可跳一格或数格，跳格问题以双方在下棋前的议定为准，甚至可以直插对方中间空格处。插到对方中间空格处，就可以把双方两边对等的棋子拿掉，换上自己的棋子，这叫“挑”。若一方能在一条或两条线上同时挑对方的子，这叫“双挑”，可以去掉对方被挑的所有棋子，换上自己的棋子。若对方的左边或右边有一颗靠近自己的棋子，左边或右边又空一格，想去掉它，就要设法插到对方的空格处，把对方的一颗棋子夹住，换上自己的棋子，这叫“夹”。双方你一步我一步，直到把对方的棋子换到只剩一颗，并撵进“牢”里，逼到棋盘上方小菱形的顶点，且将其围住动弹不得，则为胜方，反之为败方。

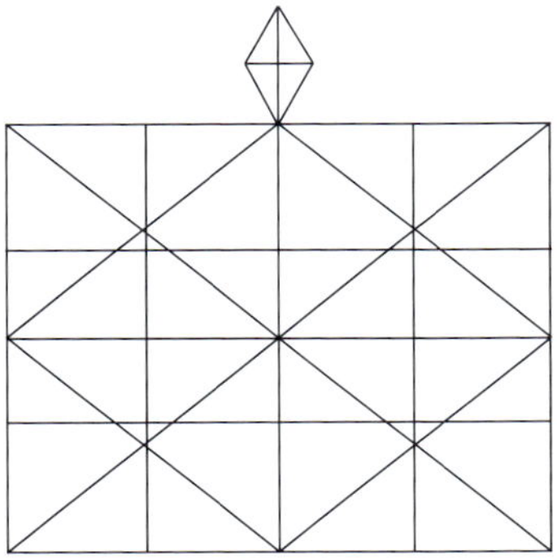

挑棋棋盘

五、官王棋

官王棋，又称叫化棋、封棋、划拳棋、上游棋。官王棋为三人对弈，甲乙丙三方只摆一颗棋子，采取猜拳的方式来动子。比如，甲方要的是一五七；乙方要的是二四八；丙方要的是三六九。猜拳时，三方同时伸出一只手，每人限出三个手指，中一拳就走一格，一个阶梯一个阶梯地爬，到中间的框时要从右边绕下转中线往上爬。挡道的一方要受罚，会被取下放到最后一格。先登顶者则升为“官王”获胜，后到的双方都变成“叫化子”而失败。

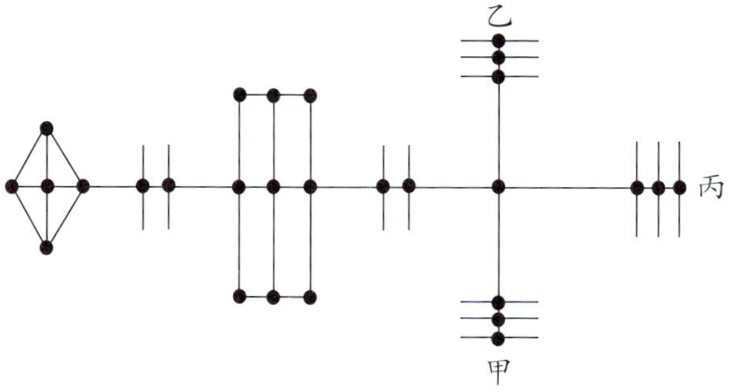

官王棋棋盘

从形成之初发展至今，水族棋艺主要通过口传心记的形式来传承，具有很强的生命力和教育意义，在水族民间、在水族民众的生产生活中扮演着重要角色。水族棋艺不仅有休闲娱乐、开发智力、促进交往、缓解生产疲劳、调节生活气氛的作用，还具有文化思想价值。

在水族聚居区，劳动之余，总能看到水族的男女老少开展水棋对弈。除对弈两方外，旁观者也有不少人。虽然是两三人的对弈，却好似两军对垒，没有“观棋不语真君子”的严肃规矩，观者也积极参与对局，愉悦的气氛感染着棋盘周围的每一个人。多年来，水族棋艺不仅在水族山寨传承和发展，还被水族少年们带进了中小学校园。课余时间，水族地区的学生们会在校园里对弈水棋，气氛也不亚于中国象棋的对垒。近几年，民族文化进校园活动蓬勃开展，水族棋艺成为水族少年校园文化娱乐的技艺，更好地推动了水族棋艺的传承与发展。

与中国象棋、围棋一样，水棋也是通过棋盘上棋子的运动来反映人们智力博弈的过程，棋局变化有赖于人们的智力思考。水族棋艺不仅体现出水族民众的认同感，还能折射出水族民俗的个性特点。因此，在中小学校园有计划地指导开展水族棋艺活动，不但能更好地发挥水族棋艺作为校园文化项目的意义与价值，还有利于开发青少年的智力，对民族地区体育事业起到促进作用，传承、弘扬水族棋艺这一优秀的民族传统文化。

第二节 水族棋艺传承人

九十九、潘中愧

（一）传承人简介

姓名：潘中愧

性别：男

出生年月：1955 年 5 月

民族：水族

身份：农民

文化程度：初中

居住地址：三都县中和镇三洞社区三洞村水根三组

（二）传承生态环境

三都县中和镇三洞社区三洞村水根三组位于平地，距中和镇政府约 8 千米，距三都县城约 33 千米。全组共有 61 户水族居民，姓氏均为潘姓。房屋以木砖混合结构为主。

潘中愧家里共有 5 人，除他和妻子外，还有儿子、儿媳和孙子。家有木砖混合结构住房 1 栋，田 1 亩，地 3 分。家庭经济的主要来源是儿媳在家务农和儿子经营砖厂。在日常生活中，主要使用水语和本地方言交流。

（三）传承情况

潘中愧是民间水族棋艺传承人。15 岁时，他便开始跟随村里的老人学习水族棋艺，主要学习瓦棋、挑抬棋、官王棋、踢棋、三三棋等。每年六七月农闲时，村子的老人、小孩常在庭院乘凉，水族棋艺项目则成为男女老少娱乐的首选，他们用树枝、石头、草棍当棋子，参与其中，乐趣无穷。潘中愧就在这样的环境下学习水族棋艺，他最喜欢下的是挑抬棋、三三棋。

（四）传承发展

潘中愧在村里的庭院将水族棋艺传给青少年，日复一日，年复一年，延续着代代相传的文化传统。村里还有许多像潘中愧一样的水族棋艺传承人，他们将水族棋艺融入自己的生活中。此外，三都县中和镇三洞中学还将水族棋艺作为一门课程带入课堂，聘请棋艺传承人进行讲授，弘扬水族文化。

（五）传承人风采

刻有棋盘的石桌

潘中愧给作者蒙畅讲解“挑抬棋”规则

与村民下“挑抬棋”

与村民下“官王棋”

第六章　水族医药

第一节　水族医药概述

我国幅员辽阔，民族众多。在数千年的文明发展中，各民族的医药不断发展。除汉族的中医药外，苗族、藏族等其他少数民族也有着灿烂的医药文化。少数民族医药中主要分为苗族医药、傣族医药、维吾尔族医药、藏族医药、彝族医药和蒙古族医药几大类。其中，苗族医药和藏族医药已经形成产业，规模日益壮大，其他几种民族医药也通过国家和民间的保护得到挽救和发展。民族医药是我国传统医药的宝贵财富，水族医药是其不可分割的一部分。自古以来，水族民间医生便利用中草药材，为民族抵御疾病、繁衍昌盛做出较大贡献。丰富多彩的水族传统医药，是勤劳智慧的水族人民在长期的生产和生活实践中，在与疾病做斗争的漫长岁月里，积累而成的具有民族特色的医药经验总结和智慧结晶，具有鲜明的民族性和地方性。2007 年，水族医药入选第二批“省级非物质文化遗产名录”。

水族人民主要聚居于贵州省黔南州三都县及其邻近地区。这里处于云贵高原南端的破碎地带，山地沟谷纵横，江河溪流奔腾，年平均温度为 18℃，年平均降雨量达到 1384 毫米，气候温和，雨量充沛，土地肥沃，生物资源丰富，素有“贵州中草药资源宝库”之称。这为水族人民开发、利用中草药资源，进行防治疾病，提供了丰厚的物质基础。

水族地区的中草药具有种类多、蕴藏量大、分布广的特点。据《三合县志略·卷四十三》记载：水族群众常用的“药类”有“黄草、金钗、山药、樟脑、石笋、吴觅、五倍子、柴胡、桔梗、紫苏、车前、薄荷、血藤、火麻仁、杏仁、山楂、厚朴、泡参、菖蒲、松香、茯苓、金银花等”。潘一志在《水族社会历史资料稿》中也有记载：“山药，各地皆有，产量亦多。杜仲，栽五六年，可砍伐一次，九阡地区姑农一带，每次砍伐，可得杜仲皮数千斤。茯苓，九阡地区扬拱一带，每年产几百斤。其他地区也有。……樟脑，野生樟树，早年曾制过樟脑。吴茱萸，俗称米辣子，各地都有。黄柏、前胡、小茴香、石菖蒲、茯神、天门冬、麦门冬、黄精（俗称山姜）、通草、山栀、紫苏、车前、薄荷、血藤、火麻仁、桃仁、杏仁、陈皮、蓖麻、沙参、何首乌、益母草、金银花、仙茅、厚朴、牵牛（俗称马鞭草）、金钗、山楂、松香、香附子、乌梅、大枣、红枣、芍药、丹皮、阴阳果（1957 年在大河区发现一株）、文蛤、麝香、熊胆、牛黄、穿山甲、琥珀、钟乳石、硃（朱）砂、硫磺（黄）等都有出产。”据《三都水族自治县志·卷七·科教文志》（初稿）记载：1966 年，县野生植物普查办公室在收购的中草药和民间草医中查出中草药 605 种；1983 年，县农业区划委员会畜牧组在调查中查出中草药资源近 1000 种。据统计，水族群众常用的中草药就有 500 余种。随着医疗卫生事业、经济社会的发展，水族人民对中草药价值认识得到进一步提高，杜仲、天麻、麦冬、川芎、桔梗、板蓝根等已逐步人工栽培。此外，胡桃、地肤、鸡冠花、芍药、辛夷、垂盆草、绣球花、枇杷、梅、桃、桔、黄皮树、香椿、油桐、续随子、结香、石榴、柿树、夹竹桃、吊兰等已在三都县普遍引种、栽培，既使水族群众得到增收，又能促进水族医药的健康发展。

水族人民使用中草药防治疾病的历史十分悠久。在水族民间故事中，古时，水族生活的都柳江、龙江上游地区疾病流行，水族先民采了 9 种草药和鱼虾一起制成医治百病的良药，最终战胜了病魔。由于年代久远，这种药方失传了。于是，人们就用韭菜代替失传的 9 种草药制成“鱼包韭菜”祭祖，用来怀念祖先。此外，还有“阿妙送医到人间”“神医阿杠”等水族民间故事，都反映了水族医药的历史。

水药以草木和矿物质为主。水族民间医生往往根据病人的症状，结合个人经验，去寻找所需的水药（包括动植物药和矿物质药）为病人治病。问病发药是传统水族民间医生诊疗的主要模式。药物剂量视病人的年龄、身体强弱等情况而定。一般来说，夏天少用发汗药，冬天少用苦寒药；毒性药物要进行加工，一般不内服。煨水内服型主要用于治疗感冒、咳嗽、腹痛、腹泻、月经不调、不育不孕等内科和妇产科疾病；煨水外擦型主要用于跌打损伤、毒蛇咬伤、水火烫伤、肿瘤等外科疾病。在水族医药的经验中，环境卫生、气候、病从口入、过度劳累、房事不节及意外伤害 6 个方面均可致病。出现什么样的症状，则用什么样的药。根据这一原则，按疾病的主要症状来命名，是水族民间医生为疾病命名的主要特点。例如大便不下、产后抽筋、大脖颈病等。出现现代医学用语后，水族民间医生借中西医病名为自己所用，如毒蛇咬伤、水火烫伤、羊癫疯、疔疮、小儿疳积等。

水族医药最早源于“巫医”结合，“巫医结合，神药两解”是水族先民通用的诊疗方法。水族民间医生大多“善识草药，取之疗人疾，辄效”，“耕作之暇，入山采药，沿寨行医”。

水族医药具有悠久的传承性、显著的民族性和地域性。水族民间医生传授医技多“单线”往下传，且“传内不传外”，采用师带徒式的传授方法，多数传给儿子，或传给关系好的亲戚，如传给外甥等。他们或利用赶集天摆摊设点，或在家等病人上门求医，或病人家属前来请出诊，主要治疗农村中的常见病、多发病及中西医难以治疗的各种疑难杂症。

水族民间医生会通过“望、闻、问、触”及弹诊、掌诊、甲诊、舌诊、耳诊、眼诊、面诊、脉诊等获取症候，进行辨症求因，审因论治，并针对症状用药，达到治疗目的。在诊病上，除了“望、闻、问、触”，水医还注意将辨症、辨病、病征相结合，使治疗效果更佳，深受广大民众的信赖。

水族医药治疗主要包括药物疗法、非药物疗法，列举如下：一是内治法，内服水煎剂、酒剂、丸剂、散剂；二是食疗法，将常用谷物、水果、蔬菜、鸡肉、鱼肉、猪肉、禽蛋等食物与少量药物配合做药；三是外治法，如药物外敷、外洗、熏、熨、药浴、火功（将药用植物的枝藤、动物的骨头、灵芝、草心灯、艾叶等用火烤热并在穴位或痛处灸灼）、推疗（手推、药物推、蛋推）、拔罐（羊角、牛角、竹筒）、针挑刺血、杉刺、刮痧（常用手指、骨弓、碗、匙、青蒜、秆草、苎麻）等。

在药物内服上，除单纯水煎外，尚可用水酒煎，或将药物泡酒，或将药物研成粉末、烧成灰并用水或酒送服，还可将药物与鸡、鱼、肉等同炖服用。此外，水族民间常采用药物外用来治病，药物可煎水外洗；可捣烂取其浆汁包在伤处或穴位上；可将药物置于水、酒或醋中研磨后涂于患处；可将药物置入酒或醋中浸泡后涂于患处；视病种类别所需，可按需将药物与茶油、菜油、桐油、芝麻油调匀后敷于患处。药物外用的应用范围很广，剂型多种多样，是水族医药的一大特色。

药浴是水族人民的祖传秘方。长期以来，药浴都是水族人民防病、治病、强身健体的风俗习惯。从古至今，每年端午，水族的家家户户都会上山采药或购买草药来炖、煎、煮、煨以服用和外洗，或挂在大门、卧室，这是水族人民防治流行病的有效方法，对儿童和老人起到很好的保健作用。以防为主、防治结合、养治兼并，这对防治传染病和疑难病、提高水族人民的身体素质和生活质量具有一定的现实意义。

中华人民共和国成立以来，党和政府高度重视少数民族传统医药文化，制定了相关政策措施，重视、保护、抢救、传承、扶持、提高、发展民族医药，使水族的医药事业有了当前的大好局面，已形成医疗、科研、教育、新药开发基本配套和水族医药互相促进发展的格局。《三都水族自治县自治条例》规定："自治县的自治机关重视民族传统医药的发掘、整理和利用，鼓励民族民间医生合法行医，禁止生产和销售假药、劣药，取缔非法行医。"《三都县中草药验方选编》《水族医药》《中国水族医药宝典》等水族医药重要论著先后出版。其中，王厚安于 1997 年出版的《水族医药》一书系统地收集、整理了 182 种水族药物、395 个单验方。这本书分为水族医药简史、水族医药基本理论和治疗方法、水族药物、水族单验方选四个部分，较为全面地反映了水族医药状况，填补了水族医药无文字记载的空白，对发掘和继承民族文化、开发利用水族医药资源具有重要意义，标志着水族医药理论的基本形成。2007 年，《中国水族医药宝典》问世，书中共收集、整理和编辑 216 科、1068 种水药标本，总结医治各种疾病的配方 200 余种。该书对每种药的药物名称、水药名、形态特征、生长习性、性味、功用、如何采集加工等都进行了详细描述，比较全面、系统地反映水药资源和总结医治各种疾病经验。该书收集的药物品种和验方具有鲜明的民族性和地方性，为水族农村防病治病提供了参考。

随着科学文化及医学水平的普及与提高，水族人民有了自己的初、中、高级卫生事业人员，加上各民族间的相互交流、医药知识的相互渗透，水族民间医生也将学到的中西医方面的知识运用到自己的医疗实践之中。随着市场经济的发展，一些水族民间医生开始走出村寨，办理执照行医看病，还有部分具有一些专长的人员，开办了富有民族特色的诊所、医院，这对水族医药事业的发展具有积极的推动作用。21 世纪以来，民族的医药卫生事业，尤其是水族医药事业进入了发展最好、最快的时期，对提高人民群众的健康水平、促进水族地区的经济建设和社会进步发挥了重要作用，给各族人民带来了切实的利益，让各族人民得到了真正的实惠。

第二节　水族医药传承人

一百、韦宗元

（一）传承人简介

姓名：韦宗元

性别：男

出生年月：1956 年 2 月

民族：水族

身份：退休医生

文化程度：大学本科

居住地址：三都县普安镇交梨社区高硐村九组

（二）传承生态环境

三都县普安镇交梨社区高硐村九组位于山地，距三都县城约 15 千米。全组均为水族居民，姓氏均为韦姓。房屋以木砖混合结构为主。

韦宗元家里共有 6 人，除他和妻子外，还有儿子、儿媳和 2 个孙子。家有木砖混合结构住房 1 栋，田 1 亩。家庭经济的主要来源是个人的退休金。在日常生活中，主要使用水语和本地方言交流。

（三）传承情况

韦宗元是民间水族医药传承人。9 岁时，他便开始跟随祖父韦脸德学习水族医药。每次上山采药时，祖父都会带着韦宗元去认草药，希望把祖传的水族医药传承下去。之后，他又学习接骨、治肺结核、治骨结核等，走上学医之路。韦宗元毕业于贵阳中医学院医疗系，在校期间，韦宗元学习刻苦，酷爱钻研，成绩优异。他先后在三都县普安镇卫生院、交梨卫生院工作，后又到三都县人民医院担任副院长、中医院院长。行医期间，除了使用中西医的治疗方法外，他还会运用水族医药来解决疑难杂症，在水族地区颇有名气，得到当地群众的高度认可及治愈者的赞誉。韦宗元现已退休，但三都县中医院又返聘他，请他继续为群众的生命安全保驾护航。

（四）传承发展

韦宗元在水族医药方面颇有成就，参与编著的《中国水族医药宝典》收集、整理和编辑 216 科、1068 种水药标本，总结医治各种疾病的配方 200 余种，充分反映水药资源，详细介绍水族医药治疗各种疾病的经验。韦宗元曾受邀到深圳交流学习，并在会上进行“水族医药”演讲，受到与会人员的高度赞赏。

韦宗元虽然已退休，但仍然在行医救人，每周都会有人来找他治疗疑难杂症。此外，韦宗元还在研究水族药酒中所用草药的药用价值。他希望能够成立自己的水族医药工作室，在行医、治病救人的同时，将水族医药代代相传。

（五）传承人风采

参与编著的书籍

作者蒙畅在访谈韦宗元

后　记

1993年8月，刚刚参加工作的我承担了校正《水家学研究（二）》的任务，这是我首次接触水族文化。同年9月，我参加了贵州省水家学会学术研讨会及都匀市奉合水族乡欢度端节活动。这是我首次接触水族专家学者，面对面聆听他们对水族文化的解读；这是我首次走进水族村寨、走近水族文化传承人，亲身体验水族文化深厚意蕴和独特魅力；这还是我首次参加水族学术研讨会和水族传统节日活动。我印象深刻，意犹未尽！1994年10月，正值水族端节，我首次走进水族腹地——三都县三洞乡水根村参加端节活动。在这里，水族文化传承人将古老的语言文字、精湛的手工技艺、粗犷的歌舞表演、优美的乐器演奏、多彩的民族服饰等传统文化淋漓尽致地呈现在我的眼前，我被深深地震撼了。惊叹之余，我用笔记本、相机等将他们与这些传统文化一一记录下。我想，我与水族结缘了……

此后的20多年里，我参加水家学会工作、从事民族研究。我曾数十次深入黔南州的三都、荔波、独山、都匀、福泉及黔东南州的榕江、雷山、丹寨、从江等水族地区，在水族文化传承人及群众家中走访、调研；数十次主持、参与水族的学术交流、课题项目、文化活动，特别是水书抢救、水书立法、水书申遗等工作。在《中国少数民族古籍总目提要·水族卷》等水族古籍的收集整理中，在《水族文化大观》《水族历史文化的传承发展》等水族著作的编撰出版中，我再次感到水族文化的强大力量。

2014年，我成功申报了两个贵州省民族古籍抢救保护项目。其中，便有我与蒙畅老师共同申报的“黔南州民族古籍传承人普查”项目。项目正在紧张进行中，水族研究人员潘建南老师遴选入我们单位，成为我们课题组的成员。在大家的努力下，项目顺利完成，并获得优秀等次。在这一项目中，我们收录了

100 名黔南州民族古籍传承人。其中，水书习俗传承人就有 39 名。2016 年，我的译著《布依族婚嫁经》在贵州大学出版社顺利出版。2017 年，贵州大学出版社的王印娟老师在策划选题时，问我是否有水族方面的研究成果，我便立即想到"水族文化传承人"这一主题，这将会是在"黔南州民族古籍传承人普查"项目的基础上更系统、更深入的研究。同蒙畅、潘建南两位老师商议后，他们都非常兴奋，特别是潘建南老师，他为自己能为本民族的文化发展出力而自豪。最终，该项目被定名为"文化的延续：水族文化传承人实录"。在认真而严谨的申报工作后，我立刻安排了项目的相关工作……在贵州大学出版社的重视和王印娟老师的努力下，项目很快正式落地。

好事成双。同期，我与贵州民族研究院院长颜勇共同承担了"水族历史文化的传承与发展"项目。两个项目的工作同时推进，对我来说非常不易。好在两个项目都与水族文化研究相关，它们之间能够互相补充、互相促进。2018 年 4 月，受组织选派，蒙畅老师来到三都县中和镇三洞社区三洞村担任第一书记；2019 年 6 月，我也被组织选派到相邻的红星村任第一书记。恰巧，潘建南老师也是三洞社区元幹村人。从此，我们吃住在水乡，书稿的"编著办公室"也移至水乡，与传承人同吃同住、到现场体验文化习俗是我们的常态。我和蒙畅老师两个布依族人已然成了水族的"一份子"，对水族文化传承人的观察与研究，使我们在"我者"与"他者"的纠结中实现了"群己合一"的自我超越。在这两年多的时间里，我们既有分工，又有合作。蒙畅老师主要负责三都、荔波区域的调研工作，潘建南老师主要负责都匀、独山区域的调研工作，而我则负责项目的全盘策划、具体指导及全书的统稿。无论是独自一人还是结伴而行，我们都马不停蹄地奔走在水族文化传承人的家中及其各类活动场所。走访、记录、拍照、摄像；梳理、整理、编目、录入；参阅、请教、交流、论证；释读、描述、阐发、研究……在付出了无数个昼夜的辛劳后，最终，我们将最具有代表性的 100 名水族文化传承人的资料整合成书稿。

2019 年 7 月 15 日，习近平总书记来到内蒙古自治区赤峰博物馆，了解红山文化等史前文化发掘保护情况和契丹辽文化、蒙元文化等历史沿革。在博物馆二层，习近平总书记观看了古典民族史诗《格萨（斯）尔》说唱展示，并同

《格萨（斯）尔》非物质文化遗产传承人亲切交谈。习近平总书记指出："我国是统一的多民族国家，中华民族是多民族不断交流交往交融而形成的。中华文明植根于和而不同的多民族文化沃土，历史悠久，是世界上唯一没有中断、发展至今的文明。要重视少数民族文化保护和传承，支持和扶持《格萨（斯）尔》等非物质文化遗产，培养好传承人，一代一代接下来、传下去。"总书记的这番话好似一股激流，震撼着我们项目组的每一位成员，又如同一剂强心针，使我们将这本书做好的信心和底气更足了！

2020 年 6 月，恰逢我在水乡驻村一周年。昔我来时，也学绣花女；今我回首，水乡添锦绣。同时，书稿如期递交出版社。一年来，在编辑老师的辛勤耕耘和指导下，我们又逐字逐句核对、校正，书稿不断补充、完善……终于，《文化的延续：水族文化传承人实录》出版在即！今天，我也圆满地完成了驻村任务，明早就要离开水乡，踏上新的工作岗位。此刻，夜已经深了。尽管岁月拂过，眼角添痕，风霜侵染，银丝飘落，诸多感慨难以言表，我仍十分欣慰。我与蒙畅老师同水族人民并肩走过几个四季，潘建南老师则是受组织选派到家乡驻村、反哺生养他的水乡大地，我们与水族人民的感情难以割舍。马林诺夫斯基曾言："一个文化人类学家应在所调查地区长期居留，学习当地语言，完全投入到当地人民社会生活中去，才能深入了解当地的文化。"这几年，我们与水族群众吃住在一起、工作在一起、娱乐在一起，喜怒哀乐都洒进水乡的泥土里。他们信任我们，不仅仅是因为我们第一书记的身份，还因为我们真正地与他们心贴心，愿意倾听他们的声音，融入他们的生活。正因如此，我们对水族文化传承人的记录不仅有完整剧目，还有精彩片段。也正因身处第一线，我们能获取第一手资料，内容真实，书稿也以客观、发展的角度解读水族文化传承人，以通俗易懂的话语来讲述他们的传承故事。

感谢黔南州民族宗教事务局、黔南州委党校、黔南州民族宗教工作研究中心、贵州省水家学会的各位领导、同志们对本书在编写校正、出版印刷过程中给予的深切关注和鼎力相助！感谢相关水族聚居县民族宗教事务局、乡镇村组，特别是三都县、中和镇、三洞社区、三洞村、红星村的各位领导、同志们对本书在田野调查、资料收集给予的积极配合和热心帮助！

感谢贵州大学出版社的领导对本书出版的大力支持，特别感谢出版社王印娟老师、责编杨臻圆女士为本书的立项、编辑、出版所付出的辛劳。

在成书的过程中，我们还参考了很多资料，并与许多同志进行探讨、交流。因人数众多，在此不再一一列举，一并致谢！

此外，我还要感谢项目组成员的每一位家人，他们有的是卧病在床的年迈父母，有的是学业繁重的乖巧孩子，有的是孜孜不倦的半百丈夫，有的是知书达理的年轻妻子……此项目能够顺利结题且成书出版，少不了他们的理解、支持和奉献。

本书绝大多数图片为作者拍摄，部分图片由传承人提供。因时间久远，无法知道拍摄者，深怀歉意。原图拍摄者如见察，请通过出版社与作者联系，理当致谢，并付薄酬。

作者功浅笔钝，书中难免有疏漏、错误之处，欢迎读者批评指正。

樊敏

2021 年 5 月 15 日